गाना
चाहता
पतझड़

गाना चाहता पतझड़

नन्दकिशोर आचार्य

वाणी प्रकाशन

वाणी प्रकाशन
'लोगो' वाणी प्रकाशन : मक़बूल फ़िदा हुसेन

वाणी प्रकाशन, 4695, 21-ए, दरियागंज, नयी दिल्ली-110002
वाणी प्रकाशन, अशोक राजपथ (पटना कॉलेज के सामने), पटना (बिहार)

GANA CHAHTA PATJHAD
by Nandkishore Acharya

Collection of Poems

ISBN : 978-93-5000-454-8

प्रथम संस्करण

मूल्य : 195/-

वाणी प्रकाशन
फोन : 0091#11#23273167, 23275710
फैक्स : 0091#11#23275710
वेबसाइट : www.vaniprakashan.in
ई-मेल : vaniprakashan@gmail.com

आर.टेक ऑफसेट प्रिंटर्स द्वारा दिल्ली-110095 में मुद्रित

काम क्या है प्रकाश से
मुझे
रंग ही नहीं है जब दृश्य

अँधेरे को टटोलने
बस तुम्हारा नाम काफ़ी है

अनुक्रम

न जिस को कोई सुने

कितनी भाषाओं में तुम्हें

रात मुस्काती है जब

रात की मुस्कान हैं तारे
सुबह की फूल
—ओस में भीगे

रात मुस्काती है जब
आँखें नम हो आती हैं
उस की
भीग-भीग जाती है
जिस में
सुबह की मुस्कान।

07 नवम्बर, 2008

आँख में बसता है जो

आँख में भर आता है
बाहर जो फैला है
सूनापन
डबडबा जिसे देता
आँख में बसता है
जो जल

आँख सूनी हो जाती है
सूनापन
हो आता है जल।

11 नवम्बर, 2008

हर सूने को

देखता हूँ जब भी
कोई भी सूनापन
अपनी आँख
उस में बसी पाता हूँ

मेरी आँख में पर बसी हो
बस तुम
—इस लिए हर सूने को
तुम से बसा आता हूँ।

14 नवम्बर, 2008

सपने में हूँ

'कैसे हुआ आना'
पूछा मैं ने
आयी जब वह सपने में मेरे

'क्या करती आखिर
प्यार जो करते हो मुझ से'
—उस ने कहा

'तुम नहीं'
—बेकल हो गया मैं

'अपना मैं नहीं जानती'
—वह बोली—
'देखना तुम्हें प्यार में
क्या कम नेमत है'

सपने में हूँ तब से
मैं।

16 नवम्बर, 2008

यह सोच कर

कल कहीं ठिकाना
कर लेगी वह अपना
शबे-फ़िराक़ को यह सोच कर
ले आया घर अपने

लेकिन जाने का नाम ही
अब नहीं लेती वह

और मैं हूँ कि चुप हूँ
—अखलाक़न—
मेहमान को कैसे कहूँ—
जाओ

तुम क्या कहती हो ?

19 नवम्बर, 2009

इस शहरे-बेचिराग में जायेगी तू कहाँ
आ ए शबे-फ़िराक़ तुझे घर ही ले चले। - नासिर काज़मी

तू कहाँ जायेगी कुछ अपना ठिकाना कर ले
हम तो कल ख़्वाबे-अदम में शबे-हिजराँ होंगे। - मोमिन

उस चिड़िया की आवाज़

मेरी रात के सपने
हो जाते हैं हर सुबह
उस चिड़िया की आवाज़
जिस में जागता हूँ मैं

हर रात जब
निंदियायी हो जाती है
वह आवाज़
उस की नींद में
लय होते
सपने
हो जाता हूँ मैं।

22 नवम्बर, 2008

ख़याल ही रहूँ

हक़ीक़त है दुनिया
केवल दुनिया के लिए
ख़याल है वह
ईश्वर की ख़ातिर
खुद जो हक़ीक़त है
ख़याल के लिए

ख़याल ही रहूँ
तुम्हारी खातिर चाहे मैं
हक़ीक़त बनी रहो
मेरे ख़याल में तुम।

23 नवम्बर, 2008

कभी-कभी

कब से
ख़ामोश साज को
कभी-कभी जब सहलाती है
आँख
निसरने लगता है संगीत
नीरव

एक चुप से
दूसरी चुप में
बहते संगीत का
सपना
हो आतीं तुम।

28 नवम्बर, 2008

भाषा से प्रार्थना

वह—एक शब्द है
एक शब्द है—तुम
भाषा से मेरी
बस यही प्रार्थना है
तुम को वह न कहना पड़े

इसलिए खोजने दो
अपने में
अपने मैं को मुझे—
शब्द है
वह भी।

03 दिसम्बर, 2008

मेरे सूने में

एक खामोशी
ख़ुद में गाती है
मुझ को
ख़ुद को ख़लिश एक
मुझ में बुन जाती है

छूती-सी वह आँख
डबडबा जाती
मेरे सूने में
ख़ुद को
एक आवाज
सघन ख़ामोशी में मेरी
घुल जाती है।

12 दिसम्बर, 2008

लो वह

साँस रोके–से
खड़े हैं पेड़
पाखी सभी चुप हैं
ताकता है ताल अपलक
चाँद के होठों पर है
        दबी–सी स्मिति

लो, वह आ रही है
            रात!

12 दिसम्बर, 2008

कैसे बुनो

फिरन–सा पहने रहता हूँ
गले में काँगड़ी–सा तुम्हें
अपनी सर्दियों में
मैं

ठिठुरन से सिमटती हुई
अपने में
लेकिन तुम
ऊन के गोले–सा मुझ को
रखे रहती हो
ताख में कभी—
गोद में कभी अपनी—सोचती हुई—
कैसे बुनो
किस डिज़ाइन में मुझे?

17 दिसम्बर, 2008

पहला शब्द हो जैसे

तुम्हारी आवाज़
ढल जाती है
चेहरे में मेरे ऐसे
वह पहला शब्द हो जैसे
जिस का रूप है
यह क़ायनात सारी!

19 दिसम्बर, 2008

कितने अलग रंग हैं

प्यार सुनना
चाहती हो तुम
कहना नहीं

प्यार सहना
चाहती हो तुम
बहना नहीं

प्यार बोना
चाहती हो तुम
खिलना नहीं

कितने अलग रंग हैं
प्यार होने के
तुम्हारे ?

07 जनवरी, 2009

दुःख यह

अलाव का दोष क्या इस में—
सीली लकड़ी की
नियति में ही
नहीं है वह लपट
सर्द रातों में किसी की
ताप जो हो जाय

नहीं, खुद के धुँआने की
मुझ को नहीं है चिन्ता
किसी की साँसों में मुझ से लेकिन
कड़वी घुटन भर आय
—दुःख यह सहा कैसे
कहा कैसे जाय ?

09 जनवरी, 2009

कविता-सा लिखो

नहीं, अब कोई गद्य नहीं
कविता-सा लिखो
मुझे केवल
न गाना, गुनगुनाना जिसे
न औरों को सुनाना
कभी
सर्द रातों के सूने में
खुद बस पढ़ लेना
चुपचाप
बुझते अलाव के पास
उसी में
रख देना हौले-से
अपने तापने के लिए।

08 जनवरी, 2009

सुख भी मार देता है

दुख ही नहीं मारता
केवल
सुख भी मार देता है

अच्छा है, देती रहो
सुख में मिला कर
कुछ दुख
सह सकूँ जिस से मैं
तुम्हारे प्यार की
यह चुप।

10 जनवरी, 2009

क्यों बताऊँ मैं उसे

सच में नहीं
सपने में आना
मंजूर है उस को
जानती नहीं लेकिन
वह जहाँ होगी
सच कैसे नहीं होगा

यह क्यों बताऊँ मैं उसे?

12 दिसम्बर, 2009

सुनना भी

लिखता हूँ जब कविता मैं
कविता लिख जाती है
मुझ को
हर कविता में लेकिन
मैं तो बस लिखता हूँ
तुम को—

कविता तुम का मैं हो जाना है क्या

तुम भी लिखो न कविता

क्या ?

सुनना भी लिखना है !

12 जनवरी, 2009

अपने सपने के सिवा

न होता हो
चाहे सपना सच
सच होता है खुद सपना
अपने सपने के बिना
कोई सच नहीं होता—
वह भी इसलिए
जो देखता है उसे

सच हूँ
सपना जो तुम्हारा
देखता हूँ मैं
सच हो तुम
देखता हुआ जिस को
हो गया हूँ मैं
सपना सच का
या
सपने का सच!

23 जनवरी, 2009

कहती नहीं मुझ को

डर में अपने
कहती नहीं मुझ को
ख़ामोशी में अपनी लेकिन
घुला लेती है
मेरी नींद में आकर
        जगाती मुझे
नींद में अपनी मुझ को
            सुला लेती है
कंठ में प्यास-सी
जाती है बस वह
पुकारता हूँ जब उस को
जल हो जाती है।

30 जनवरी, 2009

मेरे पट पर

कोई भी राग गाओ तुम
तानपूरे के इस स्वर को
अपनी संगत में
पाओगी
न लोगी साथ
गर मुझ को
सुर में अपने कुछ
कमी पाओगी

तुम्हारे कंठ में बसना
न हो मेरी नियति चाहे :
—अपने स्वरों की गूँज तो
मेरे पट पर
अंकित कर जाओगी।

08 फरवरी, 2009

तुम पर है

ईश्वर होता है शब्द
दृश्य दुनिया—
अब यह तुम पर है
मेरी दुनिया
होना है तुम्हें
या ईश्वर

चाहो तो
पुकार लो मुझे
या मेरी दुनिया
हो जाओ
तुम।

10 फरवरी, 2009

उस ख़ामोशी को

आँखें गाने लगती हैं
जब वह देखती है
मुझे
गाते–गाते
जब भी सम पर
ठहर जाती हैं
काँपने लग जाते हैं होंठ
मुँदती हुई पलकों में
लौटा ले जाते हैं जो
उस ख़ामोशी को
जिस को गाती हैं आँखें।

14 फरवरी, 2009

मुँदा रहता है जब तक

मुँदा रहता है
जब तक आँखों में
सच रहता है सपना

निकलता है जब
सच होने को
बह जाता है जल हो कर
जल कर सूख जाता हुआ।

16 फरवरी, 2009

यह जो

यह जो डबडबा आया है
सारा सूनापन उस का
झील के
सोज़ भरे सुर में—
लो, लहरा आया
    राग–कमल।

17 फरवरी, 2009

पिरो लेती है

ठहर-ठहर कर
डूबती-सी आती है
उस चिड़िया की आवाज़
पिरो लेती है
जंगल की ख़ामोशी के फूल
तार में अपने

सो कर किसी की नींद
कोई आँख
सँजो लेती है
किसी की आँख के सपने।

18 फरवरी, 2009

कहीं गुम है

रात भर गाता रहा
            आकाश
            खामोशी
कलरव में सुबह चुप है
सुन रहा था तन्मय
अँधेरा जो
धूप में कहीं गुम है।

19 फरवरी, 2009

एक बिम्ब में

ख़ला में गूँजती है जैसे
ख़ामोशी
जलों का मेरे वैसे
लहराना हो तुम

जैसे एक शब्द में
व्यंजित है सब खला
तुम्हारे एक बिम्ब में
ढल आते सब जल।

22 फरवरी, 2009

हर जल में मेरे

सारा आकाश
उस में सिमट आया है
या अछोर तक
शब्द
व्याप जाता है उस में

कहूँ गर जानूँ
मेरे सभी जल
एकाग्र है तुम में
हर जल में मेरे या
तरंगित हो तुम।

24 फरवरी, 2009

लजातीं नदी

अलकें बिखराये
सो रही बेसुध
पहली किरण-से
मद्धम खग-स्वर की मृदु छुअन से
वह जगाता है उसे
समेट देता उस की अलकें—
अधखुली-सी पलकें
देखतीं सूरज

जाग आती है
लजाती नदी।

01 मार्च, 2009

बचने की ख़ातिर

कुछ नहीं बचता
स्मृति के सिवा जो
आख़िर :
न सही वजूद अपना
होने दो स्मृति अपनी
मुझे
मेरे बचने की ख़ातिर।

05 मार्च, 2009

भास्वर

छक कर पीती
आलोक-गर्भ
उस चिड़िया की आवाज़

भास्वर कर देती
सब अँधियारे सन्नाटों को
जिन में प्यासी रही भटकती
रात।

07 मार्च, 2009

हवा है वह

लहर नहीं है जल
रूप उस का जो दिखता है
हवा है वह
जल से अपनी बेचैनी
                    कहती हुई
गूँजती है जल के सुर में जो
उस की साँय-साँय है वह।

09 मार्च, 2009

अँवेर लेती है

उलझती हुई हवा
अपने से
मुझ को घेर लेती है
बिखेर देती है
अपनी उलझन में
पँखुड़ियाँ सब मेरी
मेहर उस की
हौले से खुद ही अपने आँचल में
उन को
अँवेर लेती है।

10 मार्च, 2009

यही है क्या प्यार

खोजती रहती हो तुम
मुझे
आ कर सपने में मेरे
और पाती नहीं वहाँ
खोजता होता हूँ मैं तुम्हें
सपने में तुम्हारे—
तुम नहीं होती लेकिन जहाँ

यही है क्या प्यार :
किसी के सपने में जाकर
खोजना उसे
और भटकते पाना
अपने सपने में उस को!

11 मार्च, 2009

बेचारगी

देखा है कभी
बेचारगी को
मुस्कुराते हुए—
महक जाये जैसे
हलकी-सी इक मुस्कान की
हसरत
खिलते-खिलते में
झर रही है जो।

13 मार्च, 2009

मालूम है शायद

एक सपने-सा सपना है
कोई सच नहीं
—उस को देखने की भी इजाज़त
नहीं है फिर भी
—जो सच नहीं
क्या देखना उस को—

मालूम है शायद
हर सपना सच का बीज होता है
सिंच कर आँखों से
अंकुरित होता।

15 मार्च, 2009

सूनापन अपना

एक ख़ामोशी
उभरती है
सुरों में तुम्हारे
मेरे सुरों में उभर आती
ख़ामोशी की ओर

न मिले सुर से सुर चाहे
ख़ामोशी ही ख़ामोशी में
मिल जाय

न सही वजूद
मुझ को होने दो
सूनापन अपना
तुम्हारी ख़ामोशी
जिस में
ख़ुद खिल–खिल आय।

17 मार्च, 2009

मौलिक

लिखता हूँ
कितनी भाषाओं में तुम्हें
हर भाषा में मौलिक
कहीं भी तुम अनुवाद नहीं

वसन्त की हो या पतझर की
पाखियों की या पातों की
पर्वतों की या निर्झर की
सूखे की या बरसातों की

मरुथल के बगूलों की हो
समुन्दर के तूफ़ानों की
छुपने की, या खुल जाने की
चुप की हो या बतियाने की
रोने की, मुस्कराने की
मिलने की, मिलने से या
          तंग हो जाने की

हर मौलिकता
अपने में निराली है—
मेरी हर कविता
नयी भाषा कर देती हुई।

18 मार्च, 2009

रचते राग

एक ख़ामोशी है
सुर में
एक सुर है
ख़ामोशी का
तलाश को एक-दूसरे की जो
गाते हुए
भटकते ही रहते हैं सदा
रचते राग

गोया तलाश है राग
खामोशी के सुर में
सुर की खामोशी की

तुम किस को गा रही हो—
अपनी ख़ामोशी में मेरा सुर
या
अपने सुर में मेरी ख़ामोशी

कर लूँ मैं संगत?

28 मार्च, 2009

खिल आने के लिए

कितना भी बुहारूँ, पोंछूँ
सूनेपन को अपने
गर्द कुछ जम ही जाती है
मेरे सूनेपन की लय में
खुद को विन्यस्त करती हुई--
अपनी लय के
खिल आने के लिए।

03 अप्रैल, 2009

पेड़ के साज पर

पेड़ क्या इसी तरह

पेड़ ने झरा दिया है
इसे
या खुद ही झर गया है यह
सूख जाने पर

झरना क्या मरना है—
फिर किस की तलाश में
भटकता
रहता है यह पत्ता

पेड़ क्या इसी तरह
करता है इस को याद
उग आये हैं जिस पर
नये हरियल पात।

10 नवम्बर, 2008

क्या फ़र्क़ पड़ता है

कोई फ़र्क़ नहीं पड़ेगा
पेड़ को
झर जो जाती है पत्ती
फिर उगा लेगा वह

कोई फ़र्क़ नहीं पड़ेगा
धरती को
पेड़ मर भी जायेगा जब
निरन्तर घूमती ही रहेगी
आकाश में वह

आकाश को
क्या फ़र्क़ पड़ना है
यदि रुक जाय यह धरती

पत्ती को तब क्या फ़र्क़ पड़ता है—
वह रहे या झर जाय?

11 नवम्बर, 2008

पतझड़ जानती है बस

मैं गाना चाहता
          पतझड़
—स्मृति जो वसन्त की
शामिल है उस में

वसन्त केवल वसन्त है
अपने खिलने में मगन
सब कुछ भूल जाता हुआ

वसन्त क्या है
वसन्त क्या जाने
पतझड़ जानती है बस

मैं गाना चाहता हूँ उसे।

14 नवम्बर, 2008

उस के सुर में

ख़ुशबू फूल का सुर है
या मूरत है फूल
            ख़ुशबू की

रात घुला लेती है ख़ुद में
                मूरत को
खुद उस के सुर में
गूँजती रहती।

19 नवम्बर, 2008

जानते होते

जानते होते अगर ये फूल
झर जाना है उन को
क्या कुछ कम खिले होते वे
अपने में—
झूमते नहीं हवा से मिलकर
फैलाते कुछ कम खुशबू
बस झरते रहते
झर जाने के ख़याल में

तुम्हारा क्या ख़याल है ?

21 नवम्बर, 2008

सिहर जाती वह

सूखा हुआ पत्ता
झर आता है चुपचाप
अपने में खोयी झील के
जल पर

वह कितना ही हो निर्भार
कितनी गहरी हो झील
अन्तस् तक
सिहर जाती वह
अपने अंक में लेती हुई
उस को

अपनी आँखों के जल में
जैसे
लेती हो तुम
मुझ को।

21 नवम्बर, 2008

हवा को कहाँ है फ़ुरसत

हवा को कहाँ है फ़ुरसत
ठहर कर सुने
उस की बात

यह क्या कम है—
वह उस की रहगुज़र में हैं
देर बाद तक
सिहरता ही रहता है जो
पात।

23 नवम्बर, 2008

देवदार यह

किस का इंतिज़ार है इसे—
बाँहें फैलाये
देवदार यह
अपने में डूबा है जो।

30 नवम्बर, 2008

हर रंग में

अलक्षित हो रहा होता
पीला या ताम्बई जब हरा
न याद है वह हरे होने की
न भय पीला हो जाने का

कितनी-कितनी रंग-छायाएँ
हरे के पीले या ताम्बई—बैंगनी भी कभी—
होने में
वह जीता है जिन्हें
आते-जाते अपने
हर रंग में खिलता।

02 दिसम्बर, 2008

वसन्त को फुसफुसाती है

झरे नहीं हैं
बस झरने-झरने को हैं पते—
पेड़ के कानों में धरती
वसन्त को
फुसफुसाती है

गिराती नहीं है पत्ते
शिशिर की हवा—
संगत करते हैं वे
प्रतीक्षा को वसन्त की
जब वह गाती है।

03 दिसम्बर, 2008

झरते हुए भी

लहरा रहे हैं पात
झरते हुए भी—
झर जो रहे हैं वे
पेड़ की खातिर—
नहीं तो कैसे वह
जी पाये हर मौसम

उन से उदासीन पर
पेड़ लय है
ध्यान में अपने
झरते सुरों में बुनता
वासन्ती राग के सपने।

09 दिसम्बर, 2008

सजना है झरना

झर रहे हैं पात
सूनी हो रही शाखें
देखकर भर आये
हर किसी की आँखें

यह जंगल जानता है बस
सजना है झरना
अपने वसन्त की ख़ातिर
पतझड़ का।

10 दिसम्बर, 2008

होते जाना पेड़

जितना पकता जाता है
वह
झरता जाता है
पेड़ से उतना
झर पाता है जितना
पेड़ होता जाता है पेड़
उतना ही

पेड़ का होते जाना पेड़
पत्ता हो जाना भर नहीं
हो कर झर जाना है

मेरे झरने में क्या
तुम भी
झरते जाते हो
कुछ-कुछ होते जाते
ईश्वर!

15 दिसम्बर, 2008

हरे में झरता जाता

झर रहे हैं पात
शिशिर की रात
गुनगुनाते हुए बारिश
सुनते हुए मैं
    जिस के
हरे में झरता जाता हूँ।

16 दिसम्बर, 2008

किसलिए

गुज़रते ही रहना है जब
हवा को
पत्तों के झरने से
निस्संग
किसलिए वह जगा जाती है
वह संगीत
पत्तों की उदास चुप में
सोया है जो
मुर्झाता हुआ।

26 दिसम्बर, 2008

कहो-सुनो ऋतु को

रूँख से मत कहो कुछ
क्यों हरा था वह
क्यों रहा है सूख
न मतलब है
हरे होने से उस को
न सूख जाने से

वह केवल समर्पण है
ऋतु के मिज़ाज पर है
चाहे जैसा वह
बरत ले उस को

कहो-सुनो
   ऋतु को
जो कहना-सुनना हो।

30 दिसम्बर, 2008

पत्तियों में है

कितना भी कहें पुराना उसे
पत्तियाँ हरी उस में
अभी उगती हैं
झर जाता है जो
पत्तियों के साथ
पत्तियों के साथ
हरा होता जाता हर बार

शाखों में नहीं है पेड़
अपनी पत्तियों में है
यादों में जिनकी
हरा होता रहता है कभी
कभी झरता रहता है वह।

01 जनवरी, 2009

उजाड़ का सौन्दर्य

एक भी पत्ता
नहीं है—हरा या सूखा
सूनी हैं सभी शाखें
नहीं, अब कोई प्रतीक्षा नहीं

कितना सुन्दर है फिर भी
रूँख
डूबा हुआ
अपने उजड़ जाने में

उजाड़ का भी
अपना
सौन्दर्य होता है
—उदासीन
ऋत के आने-जाने से।

10 जनवरी, 2009

सूनेपन पर इस के

विस्मित हैं सभी
रीत गये जाने कितने मौसम
उगा था नहीं जिस पर
          एक भी पत्ता
उस पर खिल रहा है
               फूल

किस जल से सिंचा है
               यह

भीग आयी थीं
क्या आँखें तुम्हारी
सूनेपन पर इस के?

11 जनवरी, 2009

काई–सा ही सही

जानता है वह
उतरेगी नहीं उस पर
अब कभी हरियाली
ठूँठ फिर भी
बारिश के इंतिज़ार में है
सोचता हुआ :
खुल कर भीग जाने को

काई–सा ही सही
हरा फिर उगेगा उस से—
मृत्यु में सो रहा जीवन!

11 जनवरी, 2009

नया सच रचने

पत्तों का
झर जाना
शिशिर नहीं
जड़ों में
यह सपनों की
कसमसाहट है
अपने लिए नया सच
रचने की खातिर—
झूठ हो गया है जो
खुद झर जाता है।

18 जनवरी, 2009

तृप्ति है जिस पल

तपता उजाड़
लहरा–सी देती हैं
आँखें हरिण की
स्मृति के जल से

स्मृति तृप्ति है
    जिस पल
तृषा है
उसी पल से।

27 जनवरी, 2009

जो ऋतु गाती है

किसे गाता है पेड़
वसन्त को
या पतझड़ को ?

पेड़ गाता नहीं कुछ
संगत करता है
जो ऋतु गाती है—
नहीं कर पाता जब संगत
मर जाता है

ऋतु उस के मरने में भी
गाती रहती खुद का जीना।

07 फरवरी, 2009

पेड़ के साज पर

गा रही है हवा
पेड़ के साज पर
          आकाश
मौन है झरता हुआ पत्ता
                    लहराता
दो सुरों के बीच की
ख़ामोशी को
दृश्य करता हुआ।

10 फरवरी, 2009

झरा भी नहीं

हरा नहीं है
पर झरा भी नहीं
यह सूखा हुआ पत्ता—
अपनी ज़र्दी से
हरों के हरेपन को
और हरियाता।

13 फरवरी, 2009

सूखे पत्ते भी

सूखे पत्ते भी
करते रहते
धरती पर छाया
झरते नहीं जब तक वे

झरने में भी
रच देते लय
आकाश की
धरती को सम्बोधित

विलय हो जाते हैं
धरती में रचने
उस की लय
आकाश की ख़ातिर।

17 फरवरी, 2009

देखे तो सही

ठूँठ हो जाये चाहे
रूँख मरता नहीं
जम रही धूल तक भी
हरिया जाती है
रेशा-रेशा भीग जाता है
          बारिश में जब
मृत्यु में जीवन-सी
काई खिल आती है

देखे तो सही
बरस कर जल!

25 फरवरी, 2009

जब तक

झर जायें सब पत्ते
वृक्ष फिर भी वृक्ष है
—जब तक किसी का
घोंसला है वह

फैलने में नहीं है
            वृक्षत्व
फैलने का सिमट जाना है
होने को किसी का घर--
सूने में लिये तिनका
भटकता है जो।

06 मार्च, 2009

बुहार कर

बुहार कर झरे पत्तों को
कर दी है बगिया साफ़
            मालिन ने
सोचती है उन्हें सुलगाती—
सचमुच ही
जल जायेंगी क्या
यादें बगिया की

गीली हो आती हैं
कड़वे धुँए से आँखें।

16 मार्च, 2009

अक्स हो जाना

उभरा है झील में जो
अक्स पाखी का
उड़ता जाता जो चीरता
                आकाश :
झील का मर्म भी
क्या चिर रहा है
            कुछ

किसी का अक्स हो जाना
सम्भव है क्या सचमुच
चिरने के बिना अपने

नहीं तो झील क्यों देखे
बूँद भर जल
पाखी की चोंच में
हो आने के सपने।

19 मार्च, 2009

हवा ने

बुहार कर हवा
पेड़ से सूखे पत्तों को
बिखरा देती है हौले–से
आँगन में मेरे

हरा होते जो रहना है
पेड़ को सदा
और स्मृति उस की मुझे

हवा ने यही रुख
तय किया
मेरे लिए।

20 मार्च, 2009

हरी हो आती है

सूख कर झरता है
जब भी कोई पत्ता
झरे पत्तों में
हरी हो आती है स्मृति
सूख कर झरने की अपने—
हरे थे जितने भी सपने।

20 मार्च, 2009

सरक जाती है

भरी दुपहरी
सो रहा जंगल
औचक जग न जाये कहीं—
नींद में उस की
दबे पाँवों गुज़रती हवा
धूप के कानों में कुछ
फुसफुसाती है

देखती कनखियों से धूप
मुस्काती, अकेला छोड़ उन को
सरक जाती है।

21 मार्च, 2009

सो रहा जंगल

सिमट कर घोंसले में
सो रहा जंगल
सुला रही है रात
एक चिड़िया की ख़ामोशी के
                                सुर में
गाती हुई उसे।

27 मार्च, 2009

ईश्वर होता जाता हूँ

हवा को खिला रहा है
पेड़
झरता हुआ
खिला आ रहा ख़ला
खुद को
ख़ाली करता हुआ

हर पल मर–मर कर
मुझ में
खुद को पा रहा
ईश्वर
हर पल
ईश्वर होता जाता हूँ मैं
मरता हुआ।

27 मार्च, 2009

खिल आयी है ख़ामोशी

लय हो गया है हरा
साँवली लय की घाटी में
            गहराता हुआ

लय के उभारों के बीच
खिली है ख़ामोशी जैसे
गहराई में अपनी
राग को मूर्त करती हुई।

31 मार्च, 2009

जब वह

चिड़िया की उड़ान है वह
सूनेपन को जो मेरे
कर देती आकाश
आकाश को जो कर देता है
नाद
उस का ही रव है वह

रुकना उस का
कर देता नीड़ मुझे
ठहर जाती है
जब
आँखों में वह मेरी।

01 अप्रैल, 2009

चुप है पेड़ शर्मिन्दा

सुबक रही है हवा
लिपट कर
पेड़ से अब
वक़्त के बहकावे में
जला दी क्यों
हरियाली उस की

चुप है पेड़ शर्मिन्दा :
पश्चाताप में जलती
हवा को
कैसे शीतल करे ?

06 अप्रैल, 2009

न जिस को कोई सुने

उस की नहीं हुई जो

हर कोई परीशाँ है
दुनिया के हाल पर
पर दुनिया है कि मगन है
अपने में
कोई फ़र्क़ नहीं पड़ता उसे
कुछ भी कहीं भी हो—
किसी के—
ख़ुद उस के भी साथ

और ईश्वर है कि रो रहा है
अपनी उस दुनिया पर
उस की भी नहीं हुई जो।

10 नवम्बर, 2008

जो कभी हुआ ही नहीं

किसे मार पायेगी
वह
जो मैं ने जी लिया
उसे
या उस को
नहीं जिसे जी पाया मैं

जीना
जीते जाना है
मेरा

और मरना—
उस का मरना—
जो कभी हुआ ही नहीं।

13 नवम्बर, 2008

उसी की खोज में

ईश्वर अब क्या करे मेरा
उस की लीक में
गर नहीं चलता मैं—
अधिक से अधिक
मृत्यु को
दे सकता है मुझे

पर मैं
उसी की खोज में तो हूँ।

29 नवम्बर, 2008

पछता रहा है वह

अब पछता रहा है वह
अपने स्वर्ग से
बाहर कर के मुझ को
सूना हो गया है जो

भेजता है कभी पैग़ाम
कभी आ जाता है
खुद ही
बदल कर रूप

नहीं, अब नहीं लौटूँगा
रहने भी दे गर वह
अपने स्वर्ग में मुझ को

वह मेरा कहाँ होगा?
मेरा नहीं होगा जो
स्वर्ग कैसे वह भला होगा?

29 नवम्बर, 2008

सनातन

न जिस को कोई सुने
सनातन
गूँजती रहती पुकार
वह

सनातन
इसलिए वह भी
पुकारा जा रहा है
जिसे।

16 दिसम्बर, 2008

वर्जित का फल

वर्जित में
बुरा ही क्या है
यह दुनिया जब सारी
वर्जित का फल है

क्या इसी लिए
तुम दुनिया हो मेरी—
खुद ईश्वर से
समर्पित मुझ को।

20 दिसम्बर, 2008

उस पल को

एक पल के लिए
सोची थी अपनी दुनिया एक
तब से दुनिया वह
भटका रही है आज तक
मुझ को

तुम ने भी
क्या दुनिया बनायी है
अपने भटकने के लिए?

तुम भी
क्या याद करते हो
भटके हुए
उस पल को?

21 दिसम्बर, 2008

शर्मिन्दा है ईश्वर

उबरने दुःख से अपने
ईश्वर रचता है
            मुझे
तुम ने रचा है मुझे
अपने दुःख को पाने

अब शर्मिन्दा है
            ईश्वर
देखकर
दुःख को अपने—
क्षमा कर दो उसे।

24 दिसम्बर, 2008

चुपके-से चुप

हर कोई एक चुप है
गहरे कहीं समाये हुए
अपने में
अकथ है जो

कथन वह
तभी होता है
कोई चुप
चुपके-से जब
कहती है उस को
सुनती हुई।

25 दिसम्बर, 2008

क्या कहे पर नींद

कृतज्ञ उस नींद का हूँ मैं
देखा जिस में
सपना वह

क्या कहे पर नींद
        सपने को
जब से देखा है उसे
जाने कहाँ जा कर
सो गयी है वह।

27 दिसम्बर, 2008

नदी है तो बहेगी ही

सूखी है तो क्या
नदी है तो
बहेगी ही
अपने सूखने में भी
जल को कहेगी ही

सूने घाट पर लहराती यादों की
थपकियाँ
रहेंगी ही

जल कैसे जायेगा
उस के बिना खुद तक
इस लिए नदी
होने को अपने
सहेगी ही।

11 जनवरी, 2009

वह जगह हम में

कभी मिलती है
भटकते हुए
कोई जगह
जहाँ जी करता है
        बस जायें

कुछ है लेकिन
ठेलता हुआ लिये चलता है जो
जब ठहरता है जहाँ
बसेरा वहीं होता है

हम बसे होते हैं कहीं
वह जगह
हम में बसी होती है—
बसेरे को हमारे
करती हुई सराय।

11 जनवरी, 2009

जो सूना है ख़ुद

यह जो दीखता है
मैं नहीं हूँ दरअस्ल
अक्स है यह—
बस आईना मैं हूँ
दीखता है वक़्त
        जिस में
क्षत-विक्षत
हाँफता, लड़खड़ाता हुआ
हाथ फैलाता
सहारे के लिए

आईना पर—जो सूना है ख़ुद—
सहारा भला कैसे हो?

13 जनवरी, 2009

खो गये अपने में

किनारे पर बिखर आती
लहराती गूँज में
बेकल है ख़ामोशी
समुद्र की जो
लौटना ही होता है
उस को
फिर-फिर अपने में

देखता हो नींद का सपना
जैसे कोई सपने में
उचट कर जाग जाये
खो जाये
खो गये अपने में।

31 जनवरी, 2009

सपना जो नहीं हो पाया

सपना ही सही
मेरा है वह—
सच क्या कम है यह
उस किसी भी सच से
सपना जो नहीं हो पाया ?

05 फरवरी, 2009

भरोसा

नहीं, कोई आवेग नहीं
धीरज से आती है लहर
और लौट जाती है—हौले-से
चूम कर किनारे को
भरोसा है उसे
उसी का है किनारा यह

किनारा जो डूब जाना चाहता
आगोश में उस के
चुप है
अपने को धन्य समझता हुआ
कि वह उस का किनारा है
यह भरोसा है उसे।

05 फरवरी, 2009

सँजो रखी थी

ये किस की गोर है
खिल आया है
जिस पर गुलाब यह

अपनी कँटीली
    ज़िन्दगी में
मरने वाले ने
सँजो रखी थी
दुनिया ख़ूबसूरत एक
ख़ुशबू भरी।

07 फरवरी, 2009

हर पल

हर पल
जीने को मरता रहता हूँ
हर पल
मरने को
जीता रहता मैं

हर पल
खुद को ही
खाता रहता हूँ
हर पल
ईश्वर होता जाता हूँ मैं।

08 फरवरी, 2009

अक्स

पल-पल जो
बदलता है
धूप के साथ
किस का अक्स है यह

पेड़ का
या धूप का ही है
पेड़ से छन कर
अपने आप को
रचती रहती है
जो।

09 फरवरी, 2009

तहखाने में

कभी नहीं आती है
मेरी याद
काम का जो नहीं हूँ मैं
जब कभी सफ़ाई होती है
घर की
किसी उत्सव पर
अलग कर दिया जाता हूँ
हर बार
कूड़े में फेंकने के लिए

फेंकते-फेंकते जाने क्यों
तहखाने में फिर
रख दिया जाता मुझे
—काम आ जाऊँ शायद कभी।

बेहतर था कूड़े में फेंक दिया जाना
तहखाने में बेकार
विस्मृत पड़े रहने से।

13 फरवरी, 2009

खाली बासन-सा

नहीं, मैंने नहीं ज़िन्दगी जी
ज़िन्दगी ने ही
जिया मुझे
अब मेरा दोष क्या इस में—
मृत्यु ने
खाली बासन-सा
जो पाया मुझे।

14 फरवरी, 2009

किस को चुनूँ

कहाँ जाऊँ मैं
आ रही है जहाँ से आवाज़
या जहाँ को जा रही है

निश्चय कोई होगा
जहाँ से आ रही है वह
कुछ रचेगा लेकिन
जहाँ को जा रही है

किस को चुनूँ

पर कोई ख़ुद क्या है—
अपनी रचना के सिवा?

15 फ़रवरी, 2009

रह गया होकर कहानी

कविता होना था मुझे
रह गया होकर
          कहानी
न कुछ हो पाने की

मेरा सपना
होना था जिसे
रह गयी हो कर रात
नींद के उखड़ जाने की

उम्र पूरी चुकानी थी
एक पल मुस्कराने की।

18 फरवरी, 2009

वह आकाश

अलग ही नहीं कर देता
सूरज मुझ को
परछाईं बना देता है

अँधेरा कर देता है लोप
मेरा रूप

जिस के भव में
सम्भव हो पाता मैं
निश्छाय वह आकाश
बस तुम हो—
उजागर करता मेरी लय
खुद में लय करते हुए
मुझे।

20 फरवरी, 2009

ख़ुद को आँकता है समय

क्या बचा होगा
समय के पास
        मेरे लिए
—सिफ़र ही सही
ले लेगा मुझे
जब अंक में अपने
सिफ़र कैसे रहेगा वह

खुद को आँकता है समय
मुझ को अंक में लेकर।

24 फरवरी, 2009

बेकली जो

यह जो
होती जाती है अंकित
तड़प सागर की
शिला के रुख़ पर—
शिलित है
बेकली जो
अंक में उस के
पुकारती रहती है अनवरत
सागर के जल को
पा लेने अपना आप।

27 फरवरी, 2009

लौट आती जो

ख़याल ही तो था
ईश्वर का
हक़ीक़त क्यों तुम ने
कर दिया!
बेकली से अपनी
गढ़कर

अब मेरा दोष क्या इस में
जो तुम उस बेकली से ही
परीशाँ हो
लौट आती जो
मिलने के लिए खुद से
तुम्हारी ओर ही
फिर-फिर।

28 फरवरी, 2009

मुंतज़िर है नींद

सपना उदास है
खो गयी है नींद जो
उस की

सबेरा शर्मिन्दा है—
नींद जो संजो नहीं सकता

मुंतज़िर है नींद
दिन के सपने में
ढल जाने के लिए।

07 मार्च, 2009

जितना सच हो

सच जितना सच हो
उस से बड़ा है
        सपना
—सच की तलाश है वह;
सपने को मेरे
ध्वस्त कर दे सच चाहे—
अपना सच
रचता रहता है
        सपना।

08 मार्च, 2009

मुझे भी चाहिए आकाश

हर किसी की एक दुनिया है
एक कोना हर किसी ने
दे रखा है अपनी दुनिया में
मुझे—
कृपा है उस की
हर कोई चाहता है मुझे
एक कोने-सा

उड़ने की लेकिन नहीं है
अनुमति
फुदक लूँ जितना जी चाहे
उस एक कोने में

मुझे भी चाहिए आकाश
जितना समेट पायें मेरी पाँखें
और कभी कुछ देर रह भी लूँ
उस की भी दुनिया के कोने में
जब चाहूँ

पर नहीं
हर कोई अपनी दुनिया के
एक कोने में मुझे रख कर
हो जाना चाहता है खुद
मेरी समूची दुनिया।

12 मार्च, 2009

असल

कहाँ है असल
जिसकी नक़ल समझता
बदहवास है समय
सत्यापित कराने मुझे

समय ख़ुद किस की नक़ल है—
असल है वह अगर
मैं नक़ल कैसे हूँ

समय से कहो
मुझ से पहले
ख़ुद का सत्यापन करा ले वह

अपनी असल लाये
दस्तख़त मुझ से करवा ले जाय
—अगर मैं ही नहीं हूँ
असल उस की!

14 मार्च, 2009

वक़्त

सुबह
रात को याद करना है
रात की प्रतीक्षा है
                    दिन—
रात तुम्हारा इंतिज़ार है बस

इस तरह
होता हूँ मैं वक़्त
गर्दिश हो जिस की
                    तुम।

19 मार्च, 2009

अनन्त जो है

अनन्त आकाश ले कर यह
करूँगा क्या
भटकने के सिवा उस में
तुम्हारे सिवा
किस को खोजना है मुझे
बहुत है मुझ को
तुम्हारी शाख पर रहना
तुम्हीं से शुरू होता है जो
तुम तक लौट आता है
वही आकाश है मेरा

अनन्त जो है
मेरा तो क्या—किसी का नहीं होगा वह—
क्या करूँगा उस का
किसी का नहीं है जो।

30 मार्च, 2009

कविता अमृत है

दाग़ जो सँजो रखा है
दिल में चाँद ने अपने
दर्द किस का दिया है
यह

दर्द क्या पारस है कोई
परस से जिस के
बदल कर आग सूरज की
बरसती है
अमी हो कर।

कविता अमृत है
इसीलिए क्या ?

21 मार्च, 2009

अभिनय नाटक मंच

रचना बांग्ला

शम्भु मित्र

अनुवाद हिन्दी

प्रतिभा अग्रवाल

राष्ट्रीय नाट्य विद्यालय

नयी दिल्ली

प्रकाशक
राष्ट्रीय नाट्य विद्यालय
बहावलपुर हाउस
भगवान दास रोड
नयी दिल्ली-110 001

ABHINAY NATAK MANCH
Hindi Translation of the book by the same title in Bangla by Shambhu Mitra
Hindi Translation by Pratibha Agrawal

ISBN : 978-81-8197-058-9

प्रथम संस्करण 2015
आवृत्ति 2020

आवरण चित्र : राजा आउदिपस की भूमिका में शम्भु मित्र
(चित्र : नाट्य शोध संस्थान, कोलकाता)

मूल्य : ₹ 600

वाणी प्रकाशन, नयी दिल्ली-110 002 द्वारा मुद्रित

To Mrs. Agrawal

very gingerly + nervously

Sombhu Mitra

Jan 1958

जन्म 22 अगस्त, 1915–मृत्यु 18 मई, 1997।

शतकपूर्ति : शत-शत प्रणाम

एक घर। माँ की मृत्यु हो जाती है रात में साढ़े बारह बजे। बड़ी बहन छोटे भाई-बहनों को जगाती है—उठो, माँ मर गयी। सब जग गये, भाई बैठा बहन के उन शब्दों का अर्थ समझने की कोशिश करता रहा। बहन के वे शब्द उसके कानों में आजीवन गूँजते रहे।

12-13 वर्ष के उस किशोर का नाम था शम्भु, जन्म हुआ था 22 अगस्त सन् 1915 को कलकत्ता में। पिता शरत कुमार मित्र और माँ शतदलवासिनी की 8 सन्तानों में से तीन पुत्र, जिनमें शम्भु बीच के थे। बड़े भाई गूँगे और बधिर थे। पिता ने शुरू से ही कह दिया था—अपना जीवन तुम लोगों की अपनी ज़िम्मेदारी है, जो चाहो पढ़ो-लिखो, जो चाहे करो। स्कूल की पढ़ाई तो शम्भु ने पूरी की, प्रथम श्रेणी में दसवीं पास किया। इस बीच पिता के साथ लखनऊ, इलाहाबाद, रायपुर आदि शहरों में रहे फिर कलकत्ता लौट आये। सेंट ज़ेवियर्स में दाख़िला लिया पर जल्दी ही छोड़ दिया, कोर्स की किताबी पढ़ाई में मन नहीं लगा। मन नाना तरह की पुस्तकें पढ़ने और जीवन के वास्तविक स्वरूप को जानने, समझने में अधिक लगता था। आवृत्ति बराबर कर रहे थे, बचपन में 8-10 बार जात्रा में भी भाग ले चुके थे। अन्त में एक दिन कॉलेज की पढ़ाई से छुट्टी ले ली।

इसी बीच महर्षि नाम से विख्यात मनोरंजन भट्टाचार्य से परिचय हुआ और वे शम्भु मित्र को विख्यात अभिनेता शिशिर कुमार भादुड़ी के पास ले गये। कुछ दिन उनकी छाया में बहुत कुछ देखा और सीखा, पर वहाँ काम करने की प्रवृत्ति नहीं हुई।

बीसवीं सदी का पाँचवाँ और छठा दशक—युद्ध की विभीषिका और अकाल! बंगाल जर्जरित हो उठा। इस बीच जन नाट्य संघ की स्थापना हुई।

विजन भट्टाचार्य के नाटक 'आगुन', 'जबानबंदी' और 'नबान्न' का लेखन और मंचन। शम्भु मित्र भी साथ जुड़े, पर मन कहीं रम नहीं रहा था।

एक बात शम्भु मित्र को समझ में आ गयी थी कि वे जो जानना, समझना और कहना चाहते हैं, वह किसी के अधीन रहकर सम्भव नहीं। उसके लिए पूरी स्वाधीनता चाहिए। सन् 1942-43 में जन नाट्य संघ के सम्पर्क में आये, उसकी गतिविधियों में भाग लिया, कुछ फ़िल्मों में भी काम किया पर कहीं टिके नहीं। सन् 1946 में महर्षि मनोरंजन भट्टाचार्य, गंगापद बसु, तुलसी लाहिड़ी, अशोक मजुमदार आदि ने मिलकर एक संगठन बनाया और उसके तत्त्वावधान में अभिनय करने का निर्णय किया। **अशोक मजुमदार ओ सम्प्रदाय** के तत्त्वावधान में 'नबान्न' प्रस्तुत किया गया। दो वर्ष बाद दल का नामकरण हुआ 'बहुरूपी' और उसके तत्त्वावधान में तुलसी लाहिड़ी के दो नाटक 'पथिक' और 'छेंड़ा तार' तथा श्रीसंजीव (शम्भु मित्र का छद्म नाम) का 'उलूखागड़ा' प्रस्तुत किये गये।

ज़िन्दगी का रास्ता तै हो गया। नौकरी नहीं करनी है। नाटक करना है। जीविका के लिए जब जो मौक़ा मिलेगा, उसका लाभ उठाया जायेगा। इसी दौरान तृप्ति भादुड़ी से विवाह हो गया और कालान्तर में कन्या साँओली का जन्म हुआ। यह समय बड़े संघर्ष का था, कैसे गुज़र-बसर हो रही थी, परमात्मा जाने। अब नाटक करना जीवन का अभिन्न अंग बन गया था। उपर्युक्त तीनों नाटकों के बाद एक छोटा नाटक किया 'विभाव'। नाटक और नाटक सम्बन्धी विषयों का अध्ययन चालू था। सन् 1941 में रवीन्द्रनाथ की मृत्यु हो गयी थी। उनके नाटकों के मंचन को लेकर नाना प्रकार की चर्चाएँ वर्षों से चल रही थीं। शम्भु मित्र ने बार-बार रवीन्द्रनाथ की रचनाओं को पढ़ा और वे उनसे इतना प्रभावित थे कि उन्हें मंच पर प्रस्तुत करने के लिए मन बेचैन था। उन्हें लग रहा था कि गुरुदेव का कथ्य आम जनता तक पहुँचना चाहिए। उसका तथ्य, उसका सार, उसका रस सब तक पहुँचना चाहिए। हाथ लगा दिया उनके उपन्यास 'चार अध्याय' के नाट्य रूपान्तर में। उपन्यास का नाट्य रूपान्तर वैसे भी कठिन काम, फिर ऊपर से चार अध्यायों में बँटा कथानक, विवादास्पद विषय, स्वाधीनता-संग्राम में उतरे स्त्री-पुरुषों के सम्बन्ध, उसकी गहराई, उसके साथ चरम त्याग को अंगीकार करना आदि को प्रस्तुत करने का साहस या दुस्साहस शम्भु बाबू ने किया और उसमें उन्हें अपूर्व सफलता मिली।

चार अध्याय की एक और विशेषता का उल्लेख आवश्यक है। चारों अध्याय के चार दृश्यों की परिकल्पना विशिष्ट थी। परिवेश के परिवर्तन में प्रकाश-संयोजन की महत्त्वपूर्ण भूमिका थी। नीचे धरती ऊपर खुला आकाश ऐसे में अपने प्रिय के हाथों मृत्यु का वरण भी इतना मोहक और तृप्तिदायक हो सकता है, यह रवीन्द्रनाथ और शम्भु मित्र की संयुक्त प्रतिभा और संवेदनशीलता का परिणाम था। रवीन्द्रनाथ ने यह दृश्य कमरे में परिकल्पित किया था पर निर्देशक शम्भु मित्र ने खुले में, छत पर इसे दर्शकों के सामने प्रस्तुत किया। दर्शक आँखें पोंछते हुए हॉल से बाहर आते थे। इस पूरे नाटक में तापस सेन का प्रकाश-संयोजन और अशोक मजुमदार का दृश्य-संयोजन अपनी अलग सत्ता के साथ उपस्थित थे तथापि वे नाटक के कथ्य को एक-दूसरे से जोड़ने और समग्रता प्रदान करने की दृष्टि से अत्यन्त महत्त्वपूर्ण थे।

आगामी 25 वर्षों में शम्भु मित्र ने 'बहुरूपी' द्वारा मंचित क़रीब इतने ही नाटकों में भाग लिया। कुछ में नाटककार/रूपान्तरकार, निर्देशक और अभिनेता तीनों भूमिकाओं में संलग्न थे, कुछ में केवल अभिनय किया और कुछ में केवल निर्देशन। इन नाटकों में सबसे बड़ी संख्या थी रवीन्द्रनाथ के नाटकों की—'चार अध्याय' (1951), 'रक्तकरबी' (1954), 'मुक्तधारा' (1959), 'विसर्जन' (1961), 'राजा' (1964) और 'डाकघर' (1957/केवल अभिनय)। अन्य महत्त्वपूर्ण नाटक थे—'दशचक्र' और 'पुतुल खेला' (हेनेरिक इब्सन के 'ऐन एनेमी ऑफ़ दि पीपल' और 'ए डॉल्स हाउस' के रूपान्तर, क्रमशः 1952 और 1958 में), सोफ़ोक्लीज़ का 'राजा अउदिपस' (1964), बादल सरकार का 'पागल घोड़ा' (1971) और विजय तेंडुलकर का 'चोप, अदालत चोलछे' (1971)।

सन् 1976 में शम्भु मित्र बहुरूपी से अलग हो गये। उसके बाद उन्होंने नान्दीकार द्वारा पूर्व-प्रयोजित 'चन्द्रगुप्त' में चाणक्य और बहुरूपी द्वारा पूर्व-प्रयोजित 'दशचक्र' के कुछेक प्रदर्शनों में अभिनय किया। अन्तिम नाटक था बर्टोल्ट ब्रेश्ट का 'गैलेलियो गेलेली' का रूपान्तर 'गलेलियोर जीबन', जो कैलकटा रेपरटरी कम्पनी या कलकत्ता नाट्य केन्द्र के तत्वावधान में खेले गये निर्देशक थे फ़्रिट्ज़ बेनेविट्ज़। अन्तिम प्रदर्शन 1980 में सम्पन्न हुआ। बांग्ला थियेटर के एक युग का पटाक्षेप हुआ।

'अभिनय नाटक मंच' युद्धोत्तर दसेक वर्षों में शम्भु मित्र द्वारा लिखे गये लेखों का संग्रह है, जिनमें अधिकांश तत्कालीन पत्रिकाओं में प्रकाशित हुए थे और जिनका संग्रह के रूप में प्रथम प्रकाशन सन् 1956 में हुआ। विषय रहे हैं उन्नीसवीं सदी के पाँचवें-छठे दशक में बंगाल रंगमच की स्थिति, नाटक से जुड़े नाटककार-निर्देशक-अभिनेता-दर्शक तथा समीक्षक आदि की मानसिकता, नाट्योन्नति के लिए करणीय काम आदि। इन विषयों पर अत्यन्त गहराई और दूरदर्शिता के साथ विचार किया गया है। लेख अपने अलग-अलग अस्तित्त्व के बावजूद बांग्ला रंगमंच की स्थिति और उस समय की मानसिकता प्रगट करते हैं, उनके प्रति लेखक की दृष्टि को प्रगट करते हैं।

ग्रन्थ पढ़ते समय कृपया यह स्मरण रखें कि इसमें व्यक्त विचार आज से प्रायः छह दशक पूर्व के एक शीर्षस्थ निर्देशक और अभिनेता के ही नहीं, वरन् एक चिन्तक के भी हैं, जिसने नाट्य सृजन को समग्रता में देखा था। मंच के ऊपरवाले अभिनेताओं और सामने बैठे सहृदय दर्शकों के बीच नाट्याभिनय सेतु निर्माण करने वाला एक सशक्त तत्त्व है, जिसका सही ढंग से उपयोग मानवजीवन को भाव और आवेग के एक अनिर्वचनीय स्तर पर पहुँचा देता है।

रंगकर्मियों के दायित्व पर विचार करते समय एक स्थल पर कही कुछ पंक्तियाँ विशेष रूप से ध्यान आकृष्ट करती हैं। उनका कथन है—

छोड़िए महानाटक (दस अंकों वाला नाटक) को बाद में देखा जाएगा। पहले हम अपना काम चलाने लायक़ नाटकों की बात करें। हो सकता है उस नाटक में अनेक त्रुटियाँ हों फिर भी हमें उसका अभिनय करना चाहिए, सब जान-समझकर करना चाहिए क्योंकि आज यदि यह चेष्टा नहीं की गयी तो महानाटक का पथ अवरुद्ध ही रह जायेगा। आज हमारा कर्तव्य है कि हम घास को रौंद-रौंदकर एक टेढ़ी-मेढ़ी पगडंडी जैसी तैयार कर दें जो भविष्य में एक रास्ते का स्पष्ट इंगित दे। जब प्रतिभा का विकास होगा तब हम उस कच्चे रास्ते पर रोलर चलाकर नयी सड़क बना लेंगे। हमारा कर्तव्य है कि उस प्रतिभा के लिए उपयुक्त परिवेश तैयार कर रखना।

अपने इस पथ-प्रदर्शक की शतकपूर्ति पर भारतवर्ष के समस्त रंगकर्मियों की ओर से शत्-शत् प्रणाम।

प्रकाशक का वक्तव्य

पिछले लगभग पन्द्रह वर्षों से राष्ट्रीय नाट्य विद्यालय का यह प्रयत्न रहा है कि प्रशिक्षण संस्थान होने के साथ-साथ पत्रिकाओं, नाटकों, नाट्य-रूपान्तरों के प्रकाशन के अतिरिक्त ऐसी महत्त्वपूर्ण कृतियों को भी उपलब्ध कराए, जो या तो किन्हीं कारणों से अलक्षित हैं या फिर, जिनका प्रकाशन किन्हीं कारणों से नहीं हो सका है। आगे भी हमारा निरन्तर प्रयास रहेगा कि नाट्य-सिद्धान्तों, नाट्य-चिन्तन एवं नाट्य-प्रशिक्षण पर भी ज़रूरी सामग्री उपलब्ध करायी जाय, जिससे कि नाटक के विद्यार्थियों को तो लाभ पहुँचे ही, नाट्य-जगत में वे विमर्श भी उभरें, जो रंगकर्मियों के लिए प्रासंगिक और उपयोगी हैं। इसी क्रम में हम ऐसी महत्त्वपूर्ण सामग्री लाने की कोशिश भी कर रहे हैं, जो ऐतिहासिक और दस्तावेज़ी महत्त्व की हैं, परन्तु उनके संकलन, प्रकाशन व पुनर्मुद्रण का काम किसी अन्य संस्था द्वारा नहीं किया गया है। हमारी कोशिश ऐसी आत्मकथा, जीवनी और विवेचनात्मक पुस्तकों के प्रकाशन की भी है, जो किसी महत्त्वपूर्ण अभिनेता/अभिनेत्री, रंग-व्यक्तित्व आदि के कामकाज से तो हमें परिचित कराती ही हों, साथ ही किसी रंग-दौर विशेष के बारे में भी बहुमूल्य जानकारी देती हों।

भारतीय रंगमंच के महान अभिनेता व निर्देशक स्व. शम्भु मित्र के जन्मशती वर्ष में उनके द्वारा लिखित **अभिनय नाटक मंच** का प्रकाशन करते हुए हमें हार्दिक हर्ष हो रहा है। यह एक ऐसी कृति है, जिसका ऐतिहासिक महत्त्व तो है ही, यह रंगमंचीय आख्यान के रूप में भी अपनी ओर पर्याप्त ध्यान आकर्षित करने की क्षमता रखती है। पुस्तक रंगकर्म से जुड़े लोगों के साथ-साथ व्यापक पाठक समुदाय के लिए भी उपयोगी साबित होगी। इन्हीं उद्देश्यों से इस महत्त्वपूर्ण कृति का श्रीमती प्रतिभा अग्रवाल द्वारा हिन्दी में किया गया अनुवाद राष्ट्रीय नाट्य विद्यालय द्वारा प्रकाशित किया जा रहा है।

प्रो. वामन केन्द्रे

नयी दिल्ली *निदेशक, राष्ट्रीय नाट्य विद्यालय*

अनुवादकीय

बांग्ला और हिन्दी भाषा-भाषी समाज के बीच आदान-प्रदान की परम्परा

हो सकता है, पाठकों में से बहुतों को बांग्ला और हिन्दी के बीच क़रीब दो सौ वर्षों से चले आ रहे सम्बन्धों की जानकारी न हो। उन्नीसवीं शताब्दी के प्रारम्भ में एक ओर हिन्दी गद्य लेखन का प्रारम्भ हुआ और दूसरी ओर मुद्रण यन्त्रों का उपयोग शुरू हुआ, जिससे लिखित साहित्य का प्रचार सम्भव हुआ। इस दिशा में श्रीरामपुर में बैप्टिस्ट मिशन प्रेस का प्रारम्भ सर्वाधिक महत्त्वपूर्ण योगदान था। उन्नीसवीं सदी के प्रारम्भ में हिन्दी के प्रथम चार गद्य ग्रन्थ—सदल मिश्र का 'नासिकेतोपाख्यान', लल्लूलाल का 'प्रेमसागर', सदासुखलाल का 'सुखसागर' तथा इंशा अल्ला ख़ाँ का 'रानी केतकी की कहानी' प्रकाशित हुए। 'नासिकेतोपाख्यान' और इंशा अल्ला ख़ाँ का 'रानी केतकी की कहानी' यहीं से प्रकाशित हुए। इतना ही नहीं, सन् 1826 में प्रकाशित हिन्दी का पहला समाचारपत्र 'उदन्तमार्तंड' भी कलकत्ता से ही प्रकाशित हुआ। उन्नीसवीं शताब्दी के उत्तरार्ध में हिन्दी-बांग्ला आदान-प्रदान ने एक नया मोड़ लिया, अनुवादों की दिशा में। यद्यपि यह सच है कि हिन्दी की भूमिका मुख्यतः आदान करने की थी और बांग्ला की प्रदान करने की, तथापि इसका अपना महत्त्व था। माइकेल मधुसूदन दत्त का 'शर्मिष्ठा' नाटक का अनुवाद काफ़ी पहले हो चुका था।

इन गतिविधियों में सबसे महत्त्वपूर्ण भूमिका भारतेन्दु हरिश्चन्द्र की थी। सबसे उल्लेखनीय थी उनकी और ईश्वरचन्द्र विद्यासागर की मैत्री। बात उन्नीसवीं सदी के सातवें-आठवें दशक की है। भारतेन्दु जब कलकत्ता जाते, तो विद्यासागर से मिलते। वे जब बनारस आते तो भारतेन्दु से मिलते। भारतेन्दु जी के पिता

गोपालचन्द्र (गिरिधरदास नाम से लेखन करते थे) का पुस्तकों का एक समृद्ध संग्रहालय था—सरस्वती भवन। एक दिन जब भारतेन्दु उनसे मिलने गये तो वे बोले—"हम सुना कि तुम्हारे पास बहुत-सा अच्छा-अच्छा किताब है। हम अभी शकुन्तला पर कुछ काम कर रहा है। कलकत्ता विश्वविद्यालय के लिए उसका एक प्रामाणिक संस्करण तैयार करना है। हम सुना कि तुम्हारे पास शकुन्तला का कई प्रति है। हम तुम्हारा किताब देख सकता है?" भारतेन्दु बोले—"हाँ, हाँ, शकुन्तला की 2-3 प्रतियाँ हैं, कुछ और सामग्री भी है। पता होता तो हम आज ही लेते आते।" विद्यासागर बोले—"ना, ना। हम तुम्हारे घर खुद आयेगा और देखकर लेगा।" भारतेन्दु की स्वाभाविक प्रतिक्रिया थी—"मेरे धन्य भाग।"

विद्यासागर की उत्सुकता उन्हें बेचैन किये हुए थी। अगले दिन समय से एक घण्टा पहले ही पहुँच गये। ग्रन्थालय देखकर विभोर थे। वहाँ शकुन्तला की 3-4 हस्तलिखित प्रतियाँ थीं, कुछ और पुस्तकें भी थीं। भारतेन्दु ने उनसे आग्रह किया कि अपने काम की सब पुस्तकें ले लें। विद्यासागर ने झट अपनी चादर फैलाई, पुस्तकों की गठरी बनाकर उठ खड़े हुए और दरवाज़े की ओर मुड़ गये। भारतेन्दु ने नौकर को बुलाया। विद्यासागर बोले—"हम किसी को हाथ भी नहीं लगाने देगा। तुम नहीं जानता कि तुमने हमको आज क्या दिया है।" भारतेन्दु ने झुककर उनके चरण स्पर्श किये। उन्हें आशीर्वाद दे विद्यासागर आगे बढ़ चले। ड्योढ़ी में खड़े भारतेन्दु भीगे नयनों से सिर पर पुस्तकों की गठरी उठाये विद्यासागार को जाते देखते रहे।

शिक्षा के क्षेत्र में भी परस्पर विचार-विमर्श होता रहता था तथा हिन्दी के भारतेन्दु हरिश्चन्द्र और बंगाल के विद्यासागर की घनिष्ठ मित्रता ने हिन्दी और बांग्ला भाषा-भाषी लोगों को निकट लाने का काम किया। भारतेन्दु विद्यासागर से बहुत प्रभावित थे। कलकत्ता आने पर दोनों मित्र भाषा, साहित्य और शिक्षा सम्बन्धी विषयों पर चर्चा करते और रॉयल एशियाटिक सोसाइटी भी बराबर जाया करते थे। इससे सम्बन्धित सन् 1874 की एक घटना का उल्लेख प्रतापचन्द्र चन्दर ने अपनी पुस्तक में किया है। एक दिन दोनों मित्र एशियाटिक सोसाइटी पहुँचे। दरवाज़े पर बैठे दरबान ने भारतेन्दु को तो जाने दिया पर तनिक पीछे आ रहे विद्यासागर को रोक दिया। यह देख भारतेन्दु लौट पड़े। कारण पूछने पर पता चला कि भीतर जाने के लिए पैरों में जूता

होना ज़रूरी था। भारतेन्दु पूरी तरह फ़िट-फ़ाट थे पर विद्यासागर तो अपनी विद्यासागरी चप्पलों में ही थे। भारतेन्दु तुरन्त विद्यासागर को साथ ले बाहर निकल आये। भारतेन्दु का मिलना-जुलना तत्कालीन अन्याय लोगों यथा केशवचन्द्र सेन, राजेन्द्र लाल मित्र आदि से भी था। स्त्री शिक्षा, विधवा विवाह, भाषा की एकरूपता आदि के सम्बन्ध में वे विद्यासागर के अनुयायी थे। स्त्री शिक्षा को प्रोत्साहित करने के लिए भारतेन्दु ने पहली बार बी.ए. की परीक्षा पास करनेवाली छात्राओं के लिए साड़ियाँ भिजवाई थीं। उन्नीसवीं शती में बंगाल और उत्तर प्रदेश के बीच नाना स्तरों पर सम्बन्ध बना था और उसने साहित्यिक आदान-प्रदान को भी पुष्ट किया।

बीसवीं सदी बांग्ला से अनुवादों का स्वर्णिम युग था। मनुष्य के अनुभवों और अनुभूतियों का विस्तार हुआ। अनुवादों में बड़ी संख्या उपन्यास या कहानियों की थी, तथापि अन्यान्य विषयों की पुस्तकों का अनुवाद भी होता था। आपको जानकर आश्चर्य होगा कि रवीन्द्रनाथ की 'गीतांजलि' का अनुवाद उन्हें नोबेल पुरस्कार मिलने के पहले ही में हिन्दी में हो चुका था। आदान-प्रदान की स्थिति पूर्ववत् बनी रही, फलस्वरूप हिन्दी प्रदेश तो बंगाल की गतिविधियों और सृजन से परिचित होता रहा पर बंगालवाले उससे अनभिज्ञ रहे। इस दृष्टि से न हिन्दी प्रदेश ने अपनी बात दूसरों तक पहुँचाने का कोई प्रयत्न किया न ही बंगालवालों ने जानने का। बीसवीं सदी के विख्यात अभिनेता, निर्देशक, लेखक और चिन्तक शम्भु मित्र की पुस्तक 'अभिनय नाटक मंच' (सन् 1956 में प्रकाशित) उसी श्रृंखला की एक कड़ी है, जो बीसवीं सदी के बंगाल के एक निष्ठावान सर्जक की जीवन-दृष्टि को, उसके विचारों, उसकी रंग-प्रस्तुतियों, उसके अनुभवों, आवेगों से हमारा परिचय करायेगी और कला के मर्म को समझने में सहायक होगी।

'अभिनय नाटक मंच' के अनुवाद की कहानी

सन् 2014 में मैंने निर्णय किया कि अपने बिखरे हुए लेखों, कविताओं, आकाशवाणी पर प्रसारित वार्ताओं, कुछ ऐतिहासिक महत्त्व के पत्रों, अनूदित (प्रकाशित-अप्रकाशित) सामग्री आदि को एकत्र करके सबकी जो उचित समझ में आये, सद्गति कर दी जाये। पहली फ़ाइल में ही पहली रचना मिली बांग्ला रंगमंच के अप्रतिम अभिनेता-निर्देशक-चिन्तक और सगंठक शम्भु

मित्र के लेख **अभिनय की?** का अनुवाद, अभिनय क्या होता है—क़रीब 25 फ़ुलस्केप पृष्ठ, हाथ से लिखे हुए। मन पहुँच गया पिछली शताब्दी के छठे दशक में जब शम्भु दा के पूर्व-लिखित प्रकाशित-अप्रकाशित लेखों का पहला संग्रह 'अभिनय नाटक मंच' नाम से सन् 1956 में प्रकाशित हुआ था और उसकी एक प्रति उन्होंने मुझे भेंट की थी, हस्ताक्षर के साथ। कुछ समय बाद उसके एक अध्याय का अनुवाद शुरू किया था पर तब तक बांग्ला का ज्ञान सीमित था, अनुवाद कठिन लगा और आगे बढ़ने की हिम्मत नहीं हुई, अनुवाद को वहीं छोड़ दिया। क़रीब पचास वर्ष पूर्व अनूदित उन पृष्ठों को देखकर तथा थोड़ा-सा पढ़कर लगा कि शम्भु दा की रचनाओं का अनुवाद किया जाना चाहिए। यत्नपूर्वक रखी 'अभिनय नाटक मंच' के प्रथम संस्करण की उस प्रति को खोज निकाला और नये सिरे से अनुवाद में हाथ लगा दिया। मुझे विश्वास था कि इस पुस्तक का अनुवाद हिन्दी में तो नहीं हुआ है, सम्भवतः किसी भी अन्य भाषा में भी नहीं। सच पूछा जाय तो हिन्दी क्षेत्र में थियेटरवाले उनके नाम से तो परिचित हैं, तथापि उनकी कला या मान्यताओं से बहुत कम। कोलकाता से बाहर मुम्बई, पुणे, बनारस, लखनऊ, इलाहाबाद तथा दिल्ली आदि शहरों के लोगों को उनके नाटक देखने का अवसर मिला करता था पर बस, उतना ही। एक सशक्त संवेदनशील अभिनेता, कल्पनाशील निर्देशक, गहरी अनुभूति और भावावेग, मर्मस्पर्शी वाणी के धनी की प्रतिभा और क्षमता का साक्षात्कार कम ही लोगों ने किया था। शम्भु मित्र जितने बड़े अभिनेता-निर्देशक थे, उतने ही बड़े चिन्तक भी। यद्यपि उनकी प्रकाशित पुस्तकें अधिक नहीं हैं, तथापि पत्र-पत्रिकाओं में बराबर लिखा करते थे और अनेक ऐसे विषयों पर लिखा करते थे, जिनकी ओर कम लोगों का ध्यान जाता है। उनकी प्रतिभा और गहरी संवदेना के फलस्वरूप रवीन्द्रनाथ ठाकुर के नाटक 'विसर्जन', 'रक्तकरबी', 'राजा', 'शेषरक्षा', 'मुक्तधारा', आदि मंचस्थ किये गये और लोगों को यह समझ में आया कि रवीन्द्रनाथ के नाटकों का मंचन करके उनके मर्म का स्पर्श पाया जा सकता है। मन में आया कि उनकी बातों और विचारों को बड़े समुदाय तक पहुँचाना अभीष्ट है, हम लोगों का दाय है। इतना ही नहीं, व्यक्तिगत रूप से मैंने इसे अपना दायित्त्व भी माना कि मैं इस काम को सम्पन्न करूँ।

अब **अभिनय नाटक मंच** के अनुवाद के सम्बन्ध में कुछ स्पष्टीकरण।

पुस्तक द्वितीय विश्वयुद्ध के बाद के वर्षों में शम्भु मित्र द्वारा नाटक और अभिनय से सम्बन्धित अलग-अलग प्रसंगों और अलग-अलग मनःस्थितियों में लिखी गयी रचनाओं का संग्रह है। फलस्वरूप उनकी भाषा और अभिव्यक्ति में पर्याप्त अन्तर प्राप्त होता है। कहीं गम्भीर संस्कृतनिष्ठ भाषा तो अन्यत्र अत्यन्त सहज आम बोलचाल की भाषा। मेरे अनुवाद में भी इस अन्तर का होना वांछित था। एक और बात का ध्यान रखना आवश्यक था। शम्भु मित्र के विचार और उनके लेखन की जड़ें अपनी धरती में गहरे, बहुत गहरे जमी हुई हैं, अतः अनुवाद के द्वारा मूल कथ्य ठीक-ठीक प्रगट होना चाहिए और पाठकों तक सम्प्रेषित होना चाहिए। उसके लिए आवश्यक था कि अनुवादक भी मूल लेखक के वक्तव्य को गहरे जाकर समझे, अनुभव करे और अपनी भाषा अनुरूप सही शब्दों को खोजकर अपनी अभिव्यक्ति को जीवन्त और माधुर्य-मण्डित करे। शम्भु दा की भाषा और अभिव्यक्ति के नाना स्तरों के साथ मेल मिलाना आसान काम नहीं था, तथापि वह कठिन काम भी निर्धारित समय के अन्तर्गत सम्पन्न हुआ और **अभिनय नाटक मंच** का हिन्दी अनुवाद आपके हाथों में है।

बांग्ला में **अभिनय नाटक मंच** का प्रथम प्रकाशन हुआ सन् 1956 में। प्रस्तुत अनुवाद प्रथम संस्करण पर आधारित है। ग्रन्थ में 'प्रस्तावना' सहित कुल 10 लेख हैं, जिनमें बांग्ला नाट्य-लेखन, उनका मंचन, बांग्ला रंगमंच की तत्कालीन स्थिति, अभिनय तथा अन्यान्य कुछ सम्बन्धित विषयों पर विचार प्रस्तुत किये गये हैं, जिनमें से कुछ का ऐतिहासिक महत्त्व आज भी पूर्ववत् बना हुआ है। अभिनय के सम्बन्ध में वाचिक अभिनय की तैयारी की आवश्यकता का विस्तार से किया गया वर्णन आज भी श्रेष्ठ अभिनेता बनने के लिए उपयोगी साबित होंगे। अभिनय की दृष्टि से 'चरित्र-चित्रण' शीर्षक लेख सुप्रसिद्ध नाट्य-समीक्षक स्टानिसल्वास्की के लेख का अनुवाद है और अन्तिम लेख 'रक्तकरबी' उनके ही नाट्यदल बहुरूपी द्वारा मंचित रवीन्द्रनाथ ठाकुर के नाटक 'रक्तकरबी' के सम्बन्ध में व्यक्त निर्देशक-अभिनेता शम्भु मित्र के स्वानुभव की कहानी है। इसमें अभिनीत नाटक के गम्भीर तात्पर्य, गहन अनुभूति और उसके नाना स्तर, उनकी विविधता, स्थान-काल के समन्वय आदि के बारे में व्यक्त विचार आश्चर्य में डाल देते हैं और अनेक स्थलों पर पाठकों को पूरी तरह अपने साथ बहा ले जाने की क्षमता रखते हैं। नाटक

में क़रीब डेढ़ घंटे तक दीवार के पीछे से केवल वाचिक अभिनय द्वारा अपने पूरे व्यक्तित्त्व को साकार बनाये रखना कला और कौशल दोनों के उच्चतम दृष्टान्त थे।

अभिनय नाटक मंच के कुछ लेख स्वयं लेखक ने अपने संग्रह 'प्रसंग नाट्य' तथा 'सन्मार्ग सपर्या' में सम्मिलित किये थे, सब नहीं। मूल-ग्रन्थ **अभिनय नाटक मंच** का दुबारा प्रकाशन क़रीब 50 वर्षों बाद सन् 2009 में कोलकाता के सप्तर्षि प्रकाशन ने किया, जिसमें सभी पुराने आलेखों को रखा गया है। उनका रचनाकाल और प्रथम प्रकाशन का विवरण भी दिया गया है। प्रस्तुत अनुवाद सम्भवतः किसी भी भाषा में किया जानेवाला पहला अनुवाद है, उनके प्रति समस्त भारतीय नाट्य-जगत की श्रद्धांजलि है।

एक बात। बहुत से पाठकों को—ख़ासकर पश्चिमी भारत के निवासियों को—भाषा में पूर्वीपन या कुछ बांग्ला का प्रभाव लगे। उन्हें ऐसा लगना स्वाभाविक होगा क्योंकि शम्भु दा के विचारों की तरह उनकी भाषा की जड़ें भी अपनी धरती में गहरे गड़ी हुई हैं। अनुवादक को अनेक स्थलों पर एकदम सटीक—और शायद सठीक भी—शब्द हिन्दी में मिल पाना सम्भव नहीं हुआ फलस्वरूप निकटस्थ शब्द ले लिया गया है। स्वर साधने वाले अध्याय में सर्वथा अनुकूल कविता या गीत पाना भी सम्भव नहीं हुआ। ऐसे कुछ स्थलों को छोड़ देने को बाध्य होना पड़ा। क्षमाप्रार्थी हूँ।

मैं आभारी हूँ राष्ट्रीय नाट्य विद्यालय, नयी दिल्ली के निदेशक श्री वामन केन्द्रे की, जिन्होंने इस ग्रन्थ को शम्भु मित्र के शताब्दी वर्ष में ही प्रकाशित करने का निर्णय लिया और इसके प्रकाशन को प्राथमिकता दी, जिसके फलस्वरूप पुस्तक आज आपके हाथों में है। अनुवाद के संशोधन में सहयोगी शमीक बंद्योपाध्याय, बासबी राय, मधुछन्दा चैटर्जी, यामा श्राफ, शर्मिला मित्र, कृष्णा मुखर्जी और अमिताभ श्रीवास्तव सभी की आभारी हूँ।

प्रतिभा अग्रवाल

अगस्त 2015

अभिनय नाटक मंच

युद्धोत्तर काल में लिखी ये रचनाएँ इस ख़्याल से प्रकाशित की जा रही हैं कि ये नाट्यान्दोलन के परिप्रेक्ष्य को समझने में सहायक हो सकती हैं। मेरे अनेक नवागत सहकर्मियों को यदि इनसे थोड़ी भी सहायता मिली तो मैं अपना परिश्रम सार्थक मानूँगा।

खालेद चौधरी न होते तो यह पुस्तक प्रकाशित न हो पाती। आलेखों में ऐसी बहुत-सी बातें हैं, जो उनसे हुई बातचीत पर आधारित हैं। उनके प्रति मेरा आन्तरिक आभार।

शम्भु मित्र

बहुरूपी
कोलकाता-17

ज्योतिनाथ दा को

अनुक्रम

प्रस्तावना

काल निरवधि है और पृथ्वी अति विशाल—यह उक्ति लेखक कह सकते हैं, चित्रकार कह सकते हैं पर हम अभिनेता नहीं। हमारे लिए न भविष्य का कोई अस्तित्व है, न ही समकालीन आवर्तन से ऊपर उठकर बिना किसी लगाव के मूल्यांकन का। हमारे लिए केवल आज है, मात्र आज। हमारी कला के क्षेत्र में जो आज के युग में महान हैं, वे कल किंवदन्ती मात्र रह जा सकते हैं। हमारा अस्तित्त्व अपने-अपने युग के एक सीमित कालखंड में आबद्ध रहता है। उस काल को हम अपने अंग-प्रत्यंग, मन और अपने आवेगों के द्वारा अभिव्यक्त करने की चेष्टा करते हैं। अपने समकालीन युग के ताप को हम ग्रहण करते हैं और फिर उसी में अपने को दग्ध कर डालते हैं। हममें से कुछ लोग हैं जो आतिशबाज़ी की तरह आकाश की ऊँचाई तक उठ पाते हैं, पर बहुतेरे वैसा नहीं कर पाते। सारी आकांक्षाओं के बावजूद वे धरती पर ही दग्ध होते रहते हैं, और फिर एक दिन शेष हो जाते हैं।

मेरा यह सब कहना थोड़ा काव्य जैसा लग रहा है, पर है सत्य। नाना स्तरों पर हमें अपमानित होना पड़ता है। सबसे पहले तो हमारी भाषा बांग्ला होने के कारण भारतीय शासकवर्ग की नज़रों में हमारी हस्ती नगण्य है। उसके ऊपर अपने घर बंगाल में ही हम कमायें-खायें, उसका भी पर्याप्त साधन नहीं। देश को ही टुकड़े-टुकड़े कर दिया गया। एक बार हम लोगों ने बंगाल के ही एक शहर में अपना नाटक दिखलाने का प्रोग्राम बनाया और वहाँ की बिहारी पुलिस से नाटक खेलने की अनुमति माँगी। उसके उत्तर में उन लोगों ने कहा कि हम तीनों नाटकों के हिन्दी अनुवाद पेश करें। हम लोगों ने कलकत्ता में **लालबाज़ार** से जो अनुमतिपत्र प्राप्त किया था, उसे दिखलाने से भी कोई लाभ नहीं हुआ। अनुवाद चाहिए ही। हमारा जाना रुक गया। कारण, किसी हिन्दी लेखक को पकड़कर तीन पूर्णांग नाटकों का अनुवाद करवाने में जो वाजिब पारिश्रमिक

देना पड़ता, उसकी समाई हममें नहीं थी। इसके अतिरिक्त रेलभाड़े में भी कोई सुविधा नहीं मिलती। रुपये-पैसे की बात तो दरकिनार, नियमानुसार जगह मिलने का भी ठिकाना नहीं रहता। अतः जो जहाँ है, वहीं अपनी रोज़ी-रोटी कमाने में लगा रहता है। मनोरंजन-कर की मार है ही, जिसका कोई तर्कसंगत कारण नहीं है। इतना ही नहीं, भाड़े पर हॉल मिलने में भी हज़ारों झमेला। ये सब पुरानी बातें हैं, सभी की जानी-समझी हैं, लम्बे अरसे से चली आती पुरानी शिकायतें हैं। आश्चर्य इस बात का है कि इस सबके बावजूद कलकत्ता शहर में, इस बंगाल में, नाटक करनेवालों के इतने दल काम कर रहे हैं। पहले की तरह वे पेशेवर मंच पर खेले गये सफल नाटकों का मंचन करके सामयिक नाटक खेलने का शौक़ पूरा नहीं करते। वे नया नाटक करते हैं। आज बंगाल में हायतोबा मची हुई है कि यहाँ कला और संस्कृति का अधःपतन हो रहा है। अच्छे उपन्यास, अच्छी कहानी, अच्छी कविता सभी का तो अकाल पड़ा हुआ है। फिर भी, ऐसी जड़ता की स्थिति में भी, इतने दल अच्छा नाटक लिखने की चेष्टा में लगे हैं, अभिनय की नयी शैली की खोज में रत हैं। यह कम गौरव की बात नहीं। इतनी बड़ी-बड़ी बाधाओं के बावजूद सत् प्रचेष्टा में सब लगे हैं, इससे मन को बड़ा भरोसा होता है। हो सकता है कि हर दल को लम्बी उम्र न मिलती हो, तथापि यह आन्दोलन जीवित है और केवल जीवित ही नहीं है, दिन-पर-दिन शक्तिशाली होता जा रहा है।

यहाँ एक बात का खुलासा करना आवश्यक है। मेरे कहने का यह तात्पर्य बिल्कुल नहीं कि कविता, उपन्यास, कहानी आदि में कुछ नहीं हो रहा है, जो हो रहा है वह केवल नाटक के क्षेत्र में, श्रेष्ठ नाटक लिखे जा रहे हैं और वह भी, धड़ल्ले के साथ। मेरे ख़्याल से पिछले युद्ध के समय से ही कला के क्षेत्र में नये रास्ते को खोजकर अपने नयेपन को चरितार्थ करने की चेष्टा दिखलाई पड़ती है। पाँचवें दशक के अकाल के कारण अधिकांश लोगों के मन में यह प्रवृत्ति उभरकर सामने आयी। उसी समय से बड़े पैमाने पर नवजीवन की ओर अग्रसर होने की प्रवृत्ति दिखलाई पड़ती है और (अवश्य ही मेरे ख़्याल से) नव नाट्य आन्दोलन का प्रारम्भ भी तभी से हुआ। उस समय हमारे नाटक और उनकी प्रस्तुतियों में अनेक त्रुटियाँ थीं, तब भी लोग उन्हें पसन्द कर रहे थे, वे लोगों को अच्छी लग रही थीं। कारण, नाटक नये थे, प्रस्तुति की शैलियाँ भी नयी-नयी थीं। लेकिन इस सहज और हठात् मिली सफलता के थोड़े दिनों

बाद ही नाटक के क्षेत्र में एक लम्बी जड़ता दिखलायी पड़ती है। इसका एक कारण यह था कि हमारे देश में साहित्य के क्षेत्र में यश की कामना करनेवालों के मन में नाट्य साहित्य (की रचना) के प्रति विशेष आग्रह नहीं था। कवि, उपन्यासकार, कहानीकार आदि अपने-अपने क्षेत्रों में, अपनी-अपनी दिशा की खोज और उनके परीक्षण-निरीक्षण में इतने व्यस्त थे कि उनका समाधान हुए बिना अचानक एक नाटक लिख डालना, उनके लिए एकदम सम्भव नहीं था। एक और बात थी। '**नबान्न** की आशातीत सफलता से लोगों के मन में न जाने कहाँ से यह बात घर करने लगी कि नाटक लिखना दैवी शक्ति पर निर्भर करता है, इसीलिए नाटक मिलना इतना कठिन हो गया है। फिर भी नाटककार पैदा हो रहे हैं, आ रहे हैं, बढ़ रहे हैं। इससे बड़ी आशा बँधती है। कला के अन्यान्य रूपों की तरह हमारी नाट्यकला भी शक्तिशाली और दुर्बल दोनों ही है, तथापि यह सब हुआ है नाना उत्पीड़नों को झेलने के बाद, नाना त्याग करने के बाद। नाट्यकला के प्रति अपना प्रेम बंगाली प्रमाणित कर चुके हैं।

एक और बात। उपन्यास, कहानी लिखने पर उनके प्रकाशक मिलते हैं, क्योंकि वह एक चालू व्यवसाय है, लेकिन नाटक छापनेवाले प्रकाशक नहीं मिलते। यहाँ तक कि **छेंड़ा तार** जैसे सुप्रसिद्ध नाटक के प्रकाशन के लिए भी किसी प्रकाशक ने रुचि नहीं दिखलाई। अन्त में जो प्रकाशित हुआ, वह स्वयं लेखक के प्रयत्न और व्यक्तिगत रूप से प्रकाशन का व्यय वहन करने के फलस्वरूप। फिर भी नाटककारों ने लिखना तो बन्द नहीं किया, बराबर लिख रहे हैं। अब सवाल यह उठता है कि वे किस दबाव में आकर लिख रहे हैं? जो अभिनय कर रहे हैं, वे किस प्रताड़ना के कारण अभिनय कर रहे हैं? बिना किसी लाभ के, घर का खाकर (बहुत बार बिना खाये ही) जंगल की भैंस भगाने का काम करके इन पागलों को कौन-सी आत्मतृप्ति मिलती है? पता नहीं। पर यही हमारा गौरव है, एक अभिनेता के नाते, एक बंगाली के नाते।

हमारा काम बड़ा जटिल है।कवि, उपन्यासकार अपनी उत्तम रचनाओं को छपवाकर भविष्यत् काल के लिए छोड़ जा सकते हैं, लेकिन हम वैसा नहीं कर सकते। हमारा कारबार आज के लोगों की इच्छा से जुड़ा होता है। इसीलिए हर समय मन में डर बना रहता है कि व्यावसायिक मंच और फ़िल्मों की तरह लोकप्रिय होने के लोभ में कहीं हम भी लोगों के पागलपन का लाभ उठाकर

उन्हें कुसंस्कारी तो नहीं बना रहे हैं? इतनी सतर्कता आवश्यक है, नहीं तो यह आन्दोलन कीचड़ के गर्त में डूब जाएगा। हमारा उद्देश्य है मनुष्य को आनन्द प्रदान करना, उसे महान बनाना। अभी भी हम अपनी चेष्टा के प्रथम चरण में ही हैं। यायावर की तरह कुछ दल बनाकर हम कभी इस सराय में प्रगट होते हैं तो कभी उस सराय में। हँसकर, रोकर, गाकर, कहानी सुनाकर हम उपस्थित जनसमुदाय को आनन्द पहुँचाने की चेष्टा करते हैं। उसके बाद फिर कुछ समय के लिए ग़ायब हो जाते हैं। सराय के दर्शकों में से कुछ कहते हैं—*बहुत अच्छा था,* कुछ कहते हैं—*बड़ा इन्टेक्चुअल था* और कोई-कोई कहते हैं—*अच्छा था पर फालतू।* केवल ये समीक्षाएँ ही हमारा पाथेय होती हैं। इन सबके बारे में सोचते-सोचते हम फिर नये नाटक की तैयारी में लग जाते हैं, नये ढ़ंग से अपने वक्तव्य को सजाने में लग जाते हैं। फिर एक दिन अचानक प्रगट हो जाते हैं किसी एक सराय में।

इधर धरती के नीचे से कुछ सुगबुगाहट, कुछ गुड़-गुड़ शब्द सुनाई पड़ता है। उस आवाज़ के मारे ऊपर के लोगों की हालत खराब हो जाती है, हाल-बेहाल हो जाता है। पर वे उस शब्द के स्वरूप को अस्वीकार करने की चेष्टा में लगे रहते हैं। देखकर डर लगता है, क्योंकि हमारा रास्ता कठिन है। हम पूरे मनोयोग से साम्प्रतिक काल के उस मन्त्र को खोजने की चेष्टा करते हैं जो आग उगलते भूकम्प और भावी काल के बीच एक सेतु का निर्माण करे। यदि वैसा हुआ—यदि हम उतने सौभाग्यशाली हुए तो भी—हमारी क्षमता के शेष होने के साथ ही हम भी किंवदन्ती मात्र रह जायेंगे। बहुत हुआ तो बाल-बच्चे भूली-बिसरी पुरानी कहानी आधी-परधी सुन पायेंगे। वही हो। यह तो जानी बात है ही। फिर भी जहाँ तक सम्भव होगा, हम ऊँची से ऊँची दर पर यमराज से अपना सौदा क़रेंगे। जिन अज्ञात अभिनेताओं ने सोफ़ोक्लीज़ के **ईडिपस** नाटक में या शेक्सपियर के विराट ट्रैजिडी नाटकों में प्राण डाला था, उन पूर्वसूर्यों को प्रणाम करके मैं बिदा लेता हूँ।

बैशाख, 1359 बंगाब्द/सन् 1952

प्रथम प्रकाशन : चतुरंग, बैशाख 1359 बंगाब्द

शीर्षक : नब नाट्य आन्दोलनेर भविष्यते

पाद-टिप्पणी

लालबाज़ार कलकत्ता में लालबाज़ार क्षेत्र में स्थित पुलिस हेडक्वार्टर। उस जमाने में कोई नाटक खेलने से पूर्व उसकी प्रति पुलिस कार्यालय में भेजकर उसे खेलने की अनुमति प्राप्त करनी पड़ती थी। सरकार के ख़िलाफ़ कुछ भी होने पर अनुमति नहीं दी जाती थी।

नबान्न बिजन भट्टाचार्य (1915-1978) रचित बंगाल के अकाल पर आधारित नाटक, जिसमें पहली बार आम आदमी की बात की गयी थी। इंडियन पीपुल्स थियेटर एसोसियेशन (इप्टा) द्वारा यह नाटक पहली बार सन् 1944 में मंचित किया गया था। निर्देशक थे सुप्रसिद्ध निर्देशक—अभिनेता शम्भु मित्र।

छेंड़ा तार तुलसी लाहिड़ी (सन् 1897-1957) द्वारा रचित प्रसिद्ध नाटक। 'बहुरूपी' द्वारा सन् 1950 में प्रस्तुत। निर्देशन, शम्भु मित्र।

नोट : आधुनिक युग में फ़ोटोग्राफ़ी, ऑडियो-विडियो रिकॉर्डिंग आदि के माध्यम से बहुत कुछ बचाकर रखा जा सकेगा।

युद्धोत्तरकालीन बांग्ला थियेटर का संकट

हमारा यह अध्याय थोड़ा बिखरा हुआ है, मत-मतान्तर की उठा-पटक से टुकड़ों-टुकड़ों में विभाजित। मतविदीर्ण बंगालियों में मतैक्य केवल एक मुद्दे पर पाया जाता है और वह है थियेटर का अधःपतन। बूढ़े हों या बालक, गम्भीर हों या वाचाल, सब गहरे विश्वास के साथ एक ही तर्ज़ में इस एक वाक्य में अपना मन्तव्य पेश करते रहते हैं—*थियेटर गया जहन्नुम में।*

पर क्यों?

उत्तर में अनेक लोग कहते हैं—*अपने देश में अच्छे नाटक तो मिलते नहीं। आप ही बतलाइये भरोसा करने लायक़ नाटककार है कोई?* तथापि यह भी सत्य है कि साढ़े पन्द्रह आना बंगाली नाटक देखने के शौकीन होते हैं और कोई बहाना मिलते ही नाटक खेलने की चेष्टा में भी जुट जाते हैं। तब भरोसा करने लायक़ एक भी नाटककार पैदा क्यों नहीं हुआ?

कविता, कहानी, चित्र, नृत्य आदि में से कोई भी कला-रूप उतना लोकप्रिय नहीं हुआ, जितना थियेटर। तब भी इनमें से प्रत्येक विधा में नये-नये सृजन की न जाने कितनी चेष्टाएँ चलती रहती हैं। परीक्षण चलता रहता है आंगिक को लेकर, तर्क चलता रहता है वक्तव्य को लेकर पर थियेटर के क्षेत्र में वही बुढ़िया-पुराण। क्यों वहाँ कोने-कोने में मकड़ी का जाला और गन्दगी दिखलाई पड़ती है? क्यों वहाँ आयोजनों में वही पुरानी कविताओं की आवृत्ति की जाती है और वही बाबा आदम के ज़माने के तेल से चिटचिटाते तकिये रखे रहते हैं?

इसका कारण है—बंगालियों के सांस्कृतिक जीवन का जो स्रोत कविता-कहानी-उपन्यास-चित्र आदि में प्रवाहित होता हुआ निरन्तर आगे बढ़ रहा है, मंच उससे विच्छिन्न हो गया है। बंगाली जाति के सांस्कृतिक जीवन

से ही वह विच्छिन्न हो गया है। ऐसा न होता तो क्या **शाहजहाँ** औरं **बंगे बर्गी** जैसे नाटक आज के मंच पर भी अभिनीत होते और नाट्याचार्य तथा बानीबिनोद उपाधियों से विभूषित कलाकारों को केवल अश्लील गाने गाकर अपनी जीविका का अर्जन करना पड़ता? तथापि वे अच्छे अभिनेता थे। उनमें से अनेक को अतीत में नाना भूमिकाओं में मंच पर देखकर हम पगला जाया करते थे। पर आज वे मंच पर कुछ नया नहीं कर रहे हैं या कर नहीं पा रहे हैं। अब तो बेमानी गाने गाना ही उनका पेशा रह गया है।

लगता है जब अच्छे नाटक नहीं मिलते तब अभिनय कला की ऐसी अवनति सभी देशों में दिखलाई पड़ती है। मंच उस समय जैसे अकेले अभिनेता की सम्पत्ति हो उठता है और नाटक उसके एक्ज़िबिशनिज़्म का एक उपलक्ष्य मात्र रह जाता है। मंच तो नाटककार, अभिनेता और दर्शक की साझा सम्पत्ति है, यह बोध उस समय ग़ायब हो जाता है। ऐसी स्थिति में थियेटर व्यंग्य की वस्तु मात्र होकर रह जाता है।

और जब स्थिति ऐसी हो तो हमें **दुःखीर ईमान** का ससम्मान अभिनन्दन करना चाहिए। किन्तु दुख की बात यह है कि दुःखीर ईमान को लेकर कोई आन्दोलन शुरू नहीं हुआ और यह अकेला दृष्टान्त होकर रह गया। आप इसे अपवाद ही कह सकते हैं। मुद्दे की बात यह है कि हम दुःखीर ईमान से कोई सुविधा या लाभ नहीं उठा पाये। अतः मंच जहाँ था, वहीं का वहीं रह गया।

लेकिन लेखक बन्धु बराबर यही कहते रहते हैं कि अच्छे अभिनेता हुए बिना अच्छा नाटक कभी नहीं लिखा जा सकता। क्या लाभ लिखने का। अपर पक्ष का कहना होता है कि अच्छे नाटक हुए बिना अच्छे अभिनेता कहाँ से पैदा होंगे? अर्थात् ये दोनों वस्तुएँ परस्पर एक-दूसरे की मुखापेक्षी होती हैं।

कौन कहता है कि हमारे देश में अच्छे अभिनेता नहीं हैं? याद कीजिए शिशिर कुमार के **नादिरशाह, आलमगीर** और **रघुवीर** के अभिनय को। याद कीजिए **सीता, रमा** और **दिग्विजयी** नाटकों में उनके प्रस्तुति-नैपुण्य को। रात-दर-रात देश के लोगों की कल्पना को जाग्रत करके, उनके लिए शिक्षा और संस्कृति का अपरिसीम प्रकाश लिए वे नवयुग की सूचना देते हुए मंच पर आविर्भूत हुए थे। कॉलेज के छात्रों को लगता था **रवीन्द्रनाथ** और शिशिर कुमार दोनों एक ही

हैं—उनके लिए नाटककार और अभिनेता एकाकार हो जाते थे।

अतएव, अभिनेता थे। अतुलनीय प्रतिभा-सम्पन्न अभिनेता थे। लेकिन टिके नहीं। मुझे लगता है कि उनकी प्रतिभा अत्यन्त प्रखर थी, इसीलिए आत्मघाती भी हुई। उन्होंने अपने को बंगाली जाति के सांस्कृतिक स्रोत से विच्छिन्न कर लिया। **शरत्चन्द्र** के नाटक के बाद और आगे नहीं बढ़ पाये। अटके रह गये नदी के किनारे के धसकते हुए अतीत के बालूचर में। इसी कारण आज राम की भूमिका को दोहराते शिशिर कुमार को देखकर हँसते हैं, उनके सखियों के दल को देखकर हँसते हैं। सब मिलाकर एक दमघोंटू ओछा आवरण।

लेकिन यह हाल अवश्य ही एक दिन में नहीं हुआ। स्थिति वर्षों से सड़ रही थी। आज उसकी सड़ाँध असह्य हो उठी है, और इसीलिए लोग नाक सिकोड़कर कह रहे हैं—थियेटर गया जहन्नुम में।

इस बारे में सोचने और पता लगाने पर हममें से बहुतो को लगा कि एक ढहते हुए सामन्तवादी जीवन-मूल्य ने मकड़ी के जाले की तरह हर मंच को आच्छन्न कर लिया है। किसी ज़माने में था तकिया और हुक्के की सटक। कुछ दिन पहले तक उसके अवशेष किसी-किसी थियेटर में दिखलाई पड़ते थे। वहाँ उन अभिनेताओं के कक्ष में नट-नाटककार **गिरिशचन्द्र घोष** और साधक **रामकृष्ण परमहंस** के चित्र टँगे रहते थे। परमहंस थियेटर के अभिभावक सन्त (गार्जियन सेण्ट) हो गये थे न!

लेकिन यह बयार गिरिशचन्द्र घोष या अभिनेता अर्धेन्दुशेखर मुस्तफ़ी के समय की नहीं थी। उस समय के बारे में जहाँ तक सुनकर समझा—वह आबोहवा बड़ी शक्तिशाली थी, नया दुस्साहसपूर्ण कुछ करने के लिए सन्नद्ध। सम्भवतः वहाँ भी सटक का नलचा था, सम्भवतः गाव-तकिया भी था, लेकिन वह युग जैसे-जैसे अपने अवसान की ओर अग्रसर हुआ, यौवन का सूर्य जितना ही पश्चिम की ओर अग्रसर हुआ, सटक के नलचे और तकिया की छाया भी उतनी ही लम्बी से और लम्बी होने लगी। एक दानीबाबू में पिता के क़दमों का अनुसरण करने की क्षमता थी, बस। उन्हें छोड़कर सारा मंच गोधूलि वेला के धुँधलके में ढका हुआ था, दिख रही थी तो मात्र एक दीर्घ छाया उस सटक और तकिये की।

शिशिर बाबू ऐसे ही वातावरण में आये थे। उन्होंने लोकप्रिय बनाया था शरतचन्द्र की रचनाओं को, खुद भी उससे जनप्रिय हुए थे। मध्यवित्त जीवन के रोमांटिक चरित्र ने शिशिर कुमार के मंच पर अभिव्यक्ति पायी, लेकिन वे मध्यवित्त हम और आप नहीं थे। इतना ही नहीं, जिस रोमांटिक कल्पना ने इन चरित्रों को रूप दिया था, ठीक उसी तरह की कल्पना ने नादिरशाह और आलमगीर की भी सृष्टि की थी। फल हुआ शिशिर कुमार भी अटके पड़े रह गये वहीं—सामन्तवादी मनोवृत्ति से ओतप्रोत नाटकों में।

लेकिन इधर साहित्य के क्षेत्र में कुछ नया कहने और नये ढंग से अपनी बात कहने की अनुप्रेरणा लेकर जो लोग आये, उन्हें हमारे मंच ने बिल्कुल उद्‌बुद्ध नहीं किया। भले ही पुराने ढंग के पुराने नाटक उन्हें बीच-बीच में अच्छे लगे हों, पर वे प्रेरणा नहीं दे सके। उन्हें नहीं लगा कि जो नयी-नयी बातें वे कहना चाहते हैं, जो बातें मंच के माध्यम से ही सुष्ठु रूप में कही जा सकती हैं, वह उस मंच से सम्भव नहीं थीं। इसीलिए वे हँसे, उन्होंने तालियाँ भी बजायीं, तथापि मकड़ी के जाले से आवृत्त हमारे मंच से वे दूर ही रहे, सारा शिक्षित समुदाय भी कन्नी काटता रहा। जो मंच काव्य-कहानी-चित्रकला-नृत्य आदि कलाओं का मिलनस्थल था, वहाँ से जल्दी ही दर्शक ऊबकर जम्हाई लेते उठकर जाने लगे।

किसी समय जिस बांग्ला मंच की शनि-रविवार की रात तीन-साढ़े तीन हज़ार रुपयों की बिक्री होती थी, उसी मंच पर केवल अट्ठाइस रुपये की बिक्री होने के कारण शो बन्द कर देना पड़ा। यह भी मैंने देखा, अपनी आँखों से। इसका कारण यह समझ में आता है कि साधारण लोग नाटक देखने को जीवन का अपरिहार्य काम नहीं मानते थे। और मानते भी क्यों? न कलात्मक सौन्दर्य और न ही चटक-मटक, कुछ भी तो हमारे नाट्यदल नहीं दे पा रहे थे। इससे कहीं अधिक चटकदार वस्तु उन्हें सस्ते में फ़िल्मों में मिल जाती थी। पर इन सबके बावजूद यह भी तथ्य है कि युद्धोत्तर काल में ही बिक्री बेहिसाब बढ़ी भी थी। और मज़े की बात यह है कि जिस कारण बिक्री बढ़ी थी, ठीक उसी कारण से शुरू से ही उसकी जड़ों पर कुठाराघात किया जाने लगा। हमारा मंच डगमगाने लगा और लगा जैसे फिर सब कुछ गया।

इस अन्धकारमय भविष्य से यदि हम अपनी रक्षा करना चाहते हैं तो मंच

से जुड़े लोगों को एकबार रुककर देखना होगा कि हमसे भूल कहाँ हुई। सब कुछ तो था। सम्मान, सम्पदा, सामाजिक स्वीकृति—सब कुछ तो था इस युग के प्रारम्भ में। सब गया क्यों? बहुत से लोग कुछ व्यक्तियों की नैतिक दुर्बलता को इसका कारण मानते हैं। यद्यपि यह सही है कि जिस व्यक्ति में जितना अच्छा करने की क्षमता होती है, उतना ही बुरा करने की भी। पर यह कैसे मान लिया जाय कि दो-चार लोगों के स्खलन से बांग्ला रंगमंच का इतना बड़ा आन्दोलन नष्ट हो गया। मैंने यह बात भी बड़े गुरु-गम्भीर स्वर में सुनी है कि थियेटर से जुड़े सभी लोग ख़राब होते हैं, इसीलिए मंच की यह दुर्गति हुई है। उनसे और कोई तर्क न करके केवल यह पूछा जा सकता है कि इतने ख़राब लोग कहाँ से आकर यहाँ इकट्ठा हो गये? असल में हर युग में कलाकारों के नैतिक चरित्र को लेकर आँधी-तूफ़ान उठा करता है, निन्दा और कुत्सा की बाढ़ आया करती है, पर इससे कलात्मक सृजन तो रुकता नहीं। ऐसा भी तो नहीं है कि अर्थलोभी मालिकों ने शोषण कर-करके कलात्मक सृजन का सारा ख़ून चूस लिया हो, क्योंकि फ़िलहाल चार में से दो दलों के मालिक तो स्वयं अभिनेता हैं।

तब? यीट्स ने एक जगह कहा है कि—The play that is to give them (दर्शकों को) a natural pleasure should tell them either of their own life, or of that life of poetry where every man can see his image.

यही तो चाहिए। किसी एक श्रेणी या दल विशेष के जीवन का नहीं, पूरी जाति के, समस्त श्रेणी के लोगों के सुख-दुख, आशा-आकांक्षा को लेकर जो महत् जीवन नाना रेखाओं के माध्यम से हमारे देश के अनागत भविष्य की पृष्ठभूमि रच रहा है, उस महत् जीवन-स्रोत को मंच पर, मंच के बीच से प्रवाहित होने देना होगा, उस स्रोत में अवगाहन करने देना होगा दर्शकों को। ऐसा होने से ही आशा बँध सकती है, अन्यथा नहीं।

फ़र्माइश तो कर दी गयी पर इसकी तामील कैसे होगी? इन बातों को सुनकर किसी साहित्यिक बन्धु ने कहा था—*लेकिन इसमें केवल एक नहीं, दो फ़र्माइशें हैं। पहली, नाटक लिखना होगा। यह कम समस्या नहीं है, विश्वास मानिए। चेष्टा करके भी मैं नहीं कर पाया। दूसरी बात, मान लो मैंने नाटक लिख भी लिया पर ऐसा नाटक कैसे लिखूँ जो हर श्रेणी और हर वर्ग को आनन्द देने की क्षमता रखता हो? यह तो और भी बड़ी समस्या होगी।* कैसे

लिखने से रचना सहज भी होगी और कलात्मक भी, यह तो इतने साल से माथा मारने पर भी नहीं समझ पाया। और देखिए न, इसी कारण साहित्य को लेकर वाद-विवाद का अन्त नहीं। समालोचना करने चलो तो प्रायः हाथापाई की नौबत आ जाती है। वैसे, चेष्टा हम सभी कर रहे हैं पर कोई भी सफल नहीं हो पा रहा है। कारण वही—वह केन्द्रबिन्दु हममें से किसी को खोजे नहीं मिला है, जहाँ खड़े होकर बात कहने से बात समस्त बंगाली जाति के प्रतिनिधि के रूप में कही जा सके—जहाँ न कोई हिन्दू हो न मुसलमान, न ज़मींदार न किसान, सब केवल बंगाली हों।

युगों-युगों से बंगाल की जो प्रवहमान चेतना हममें से प्रत्येक व्यक्ति की चेतना के पीछे छाया की तरह स्थित है, यदि हम उस चेतना के सच्चे उत्तराधिकारी बन सकें तो हमारा लेखन सहज भी हो जायेगा और गम्भीर भी, लोगों को आनन्द भी देगा और उद्बुद्ध भी करेगा। लेकिन मुश्किल क्या है कि वह चेतना हमारे वश में नहीं है, अनायत्त है। वह है, यह तो हम समझ रहे हैं, पर उसे लायें कैसे? हमें तो यह भी पता नहीं कि किस रास्ते पर आगे बढ़ने से उसे पाया जा सकता है।

आप सोच रहे होंगे मैं रहस्यवाद झाड़ रहा हूँ। बिल्कुल नहीं। आपने कभी रात में हाट के बीच किसान-मजदूरों के साथ बैठकर गाना सुना है? आपको क्या कभी ऐसा अनुभव नहीं हुआ कि गाने की किसी एक कड़ी को सुनकर जिस तरह आप वाह-वाह कर उठे थे, ठीक उसी तरह गाँव के गँवार किसान भी वाह-वाह कर उठे थे? यदि वैसा हुआ था तो सोच देखिए, क्यों हुआ था? अब, इससे उलटा अनुभव भी हुआ है। रवीन्द्रनाथ का *आयरे मोरा फ़सल काटि* पढ़े-लिखे लोगों के बीच यह एक मधुर गाने के रूप में प्रचलित है। इसी गाने को हमने दो किसानों को बड़े आनन्द और जोश के साथ गाते हुए सुना था। उन्होंने भी माथा हिलाकर कहा था—आ हा। कैसा मीठा गाना है। इतना ही नहीं, उनमें से एक हिन्दू था दूसरा मुसलमान। तात्पर्य यह कि यदि कोई एक केन्द्र नहीं होता तो आपको और उस किसान को एक तरह का रोमांच कैसे होता? चूँकि मैं अभी तक उस केन्द्र को नहीं खोज पाया हूँ, इसलिए अधिक कुछ नहीं कह पा रहा।

इसके उत्तर में मेरी तरह जो लोग मंच के साथ गहराई से जुड़े हुए हैं, उनका कहना है कि उस केन्द्र की तलाश उपन्यास-कहानी की तुलना में मंच

के माध्यम से अधिक सहज और सरल ढंग से की जा सकती है। दुर्भाग्य से हमारे देश के लोगों का एक बड़ा भाग निरक्षर है। लिखित भाषा के माध्यम से उन तक नहीं पहुँचा जा सकता, लेकिन मंच से कही गयी बात वे हाथ के हाथ समझ जायेंगे। इससे बड़ी एक और बात है। अभिनय और गायन आदि कलाओं का प्रभाव तत्काल अनुभव किया जा सकता है। प्रदर्शन के साथ ही साथ आप जान जाते हैं कि कहाँ आपका सृजन सार्थक हुआ और कहाँ व्यर्थ। अर्थात् किसी मनमौजी दायित्त्वहीन समालोचक की स्तुति या निन्दा से आपके मन में घिन (घृणा) होने की आशंका नहीं। आम आदमी की राय को मन में रखकर आप अपनी द्वितीय परीक्षा के लिए प्रस्तुत हो सकते हैं।

अतः बात यहाँ आकर ठहर जाती है कि जहाँ तक नाटक का सवाल है, चिरस्थायी साहित्य (क्लैसिक) की बात भूलकर हमें आज का लेखक होना होगा, आज के दिन का। और आज का यह दिन जितनी ही अच्छी तरह हमारी रचना में प्रस्फुटित होगा, उतना ही हमारा लेखन चिरन्तन साहित्य बन सकेगा। यह हिसाब ग़लत तो नहीं है न?

थियेटर एक कारखाना है, जहाँ नाटक बनाया जाता है। नाटककार का काम होता है उस माल को तैयार करने में मदद करना। हमारे नाटककार बन्धुओं ने घर बैठकर नाटक लिखने की भूल की थी। उनका स्थान घर न होकर थियेटर होना चाहिए। उन्हें अभिनेता-अभिनेत्रियों की बात ध्यान में रखनी पड़ेगी कि कौन किस प्रकार की भूमिका कर सकता है, किस तरह का संवाद देने से अभिनय में सुविधा होगी, अलग-अलग व्यक्तियों के बात करने के छन्द को अलग-अलग पकड़ना होगा, आदि-आदि।

दूसरी बात। उन्हें दर्शकों को जानना होगा। किस बात या घटना से उन्हें हँसी आयेगी ही आयेगी, किस तरह के तर्क या बातचीत वे उत्सुकतापूर्वक सुनेंगे ही सुनेंगे, इसे जानना होगा अर्थात् आज का आदमी होना होगा।

तीसरी बात—उन्हें हमलोगों के मंच की सुविधा-असुविधा की बात भी ध्यान में रखनी होगी। उस पर क्या करना सम्भव होगा और क्या नहीं। उदाहरणस्वरूप, जिन्हें घूमनेवाला (रिवॉल्विंग) मंच उपलब्ध है, वे एक अंक में कई दृश्य रख सकते हैं और बहुत थोड़े समय में उन्हें बदल भी सकते हैं। पर उसमें वे अधिक गहराई वाले किसी दृश्य का संयोजन नहीं कर पायेंगे

अर्थात् मंच पर जितने और जैसे पर्दे आदि लगाना सम्भव होगा, उन्हें उतने से ही सन्तोष करना पड़ेगा। इसके विपरीत यदि मंच घूमनेवाला न हुआ तो आप **सीता, दिग्विजयी** आदि नाटकों को मंचित कर सकेंगे, जिन्हें गहराई वाले मंच की जरूरत है। ऐसा हो तो हर अंक में एक ही दृश्यबंध होने से नाटक प्रस्तुत करने में सुविधा होगी। जो भी हो, कहने का मतलब यह कि नाटक लिखनेवालों को इस तरह की बहुत-सी छोटी-मोटी बातों पर ध्यान देना होगा। अन्य मसिजीवियों से वे भिन्न हैं। वे एक कारीगर हैं, एक विशेषज्ञ हैं और यदि आपकी बड़ी इच्छा हो ही तो उसे एक हैक राइटर (सस्ता लेखक) भी कह सकते हैं।

एक नाटककार का काम होगा पूरे नाटक का एक ढाँचा खड़ा करना। वह हुआ नाटक की विषयवस्तु पर आधारित जो घटनाएँ सँजोयी गयी हैं, उनका एक ऐक्शन प्लान—ख़ाका (चार्ट) तैयार करना। इसमें संवाद गौण होगा। सम्वाद नाटक नहीं है, वह नाटक का एक अंग मात्र है अर्थात् आनुषंगिक मात्र है। पृथ्वी का सर्वश्रेष्ठ संवाद भी एक फ़ालतू नाटक की रक्षा नहीं कर सकता।

लेकिन थियेटर लेखक को केवल हैक बनाकर छोड़ देता है, सो नहीं। वह उसे अतुलनीय सुअवसर भी प्रदान करता है। उसके लिखे संवाद भले ही आनुषंगिक हों, लेकिन ऐक्शन का इतना सशक्त आनुषंगिक और कहीं भी (किसी भी विधा में) नहीं मिलता। यदि नाटककार सचमुच कवि-हृदय होंगे तो इसी में उन्हें वैचित्र्य और भावों की गहराई भी मिल जायेगी। सॉनेट के कवि मानो कारागार में क़ैद आदमी हों। पर याद कीजिए **मैकबेथ** और **हैमलेट** को। आप अनुभव करेंगे जैसे उनमें कवि ने अपनी सम्पूर्ण प्रकृति की व्याप्ति में मुक्ति पा ली हो। इसके लिए उन्हें अपने तरकश के सारे अस्त्रों को सान देकर तेज़ बनाकर रखना पड़ता है। कारण, वे तो उपन्यासकार नहीं कि इच्छानुसार जिस दृश्य को चाहें बाद देकर आगे बढ़ जायें। जिस तरह जेन ऑस्टेन को यह समझ में नहीं आता था कि घर में कोई महिला न हो तो दो पुरुष आपस में क्या बात कर सकते हैं, अतः वे ऐसे प्रसंगों को बाद दे दिया करती थीं। लेकिन इस तरह बच कर निकल जाने की क्षमता नाटककारों में बिल्कुल नहीं होती। उनकी व्याप्ति का क्षेत्र कितना ही सीमित क्यों न हो, उन्हें उसके बारे में सूक्ष्म से सूक्ष्म जानकारी होनी ही चाहिए। यहाँ फाँकी देने से काम नहीं चलेगा। यदि वे सब कुछ ठीक-ठाक कर सके तो हो सकता है **हैमलेट** ही निकल आये। और यदि न कर सके तो वह भी हाथ के हाथ पता चल जायेगा, बोली-आवाजा शुरू हो जायेगा।

अतएव आनुषंगिक हैं, इसीलिए नाटक के संवाद दूसरे संवादों से भिन्न होते हैं। उपन्यास के संवादों को यदि मंच पर प्रस्तुत किया जाये तो वे उतने ठीक नहीं उतरते, क्योंकि उपन्यास के संवाद स्वयं सम्पूर्ण होते हैं। उन्हें चिल्लाकर बोलने के सिवा अभिनेता को कुछ करने को नहीं रहता। उदाहरणस्वरूप रवीन्द्रनाथ के बहुत से नाटकों की बहुत-सी पंक्तियों की बात। लेकिन वास्तविक संवाद कभी भी इस तरह का नहीं होता। उसके रन्ध्र-रन्ध्र में इतनी बातें, इतने सूक्ष्म संकते छिपे रहते हैं कि कहा नहीं जा सकता। और उन रन्ध्रों से झाँककर देखें तो पायेंगे कि उन्हीं के साथ ताल से ताल मिलाकर एक पूरा ऐक्शन प्लान गुँथा हुआ है। एक सामान्य-सी भौंह ऊँची करना या तिरछे देखने से अचानक निस्तब्धता या गहरा सन्नाटा तक सभी कुछ उन रन्ध्रों में रहता है। संवाद में केवल आधी कहानी वर्णित होती है, बाक़ी आधी उन रन्ध्रों में रहती है और अभिनय के माध्यम से जीवन्त होती है।

अब हमारे साहित्यकार बन्धु यदि सचमुच नाटक लिखना तै करें (हमारे उपकार के लिए ही सही) तो उन्हें शुरू में ही इस ऐक्शन की अनिवार्य गति का ख़ाका बनाना होगा। ऐक्शन का मतलब अभिनेता का मूक क्रिया-कलाप नहीं वरन् किसी एक घटना के फलस्वरूप नाटक के विभिन्न पात्रों में हुई प्रतिक्रिया और उस प्रतिक्रिया के फलस्वरूप जन्म लेनेवाली नयी घटनाएँ होता है। इस तरह की कुछ बड़ी घटनाओं के अन्दर से उपजी अनेक छोटी घटनाओं के माध्यम से पात्रों के चरित्र का प्रस्फुटन होता है। वे उस बड़ी घटना के घटित होने के अनिवार्य कारण होते हैं। इन सबके सम्मिलन से ही नाटक में प्राण का संचार होता है, उसके क्रियाकलाप का एक ख़ाका तैयार होता है। इस ख़ाके की अनिवार्यता को हमारे नाटककार जितना स्वीकार कर पायेंगे, उतनी ही उनकी बात धारदार होगी, उनकी वह टूटी-फूटी वाणी भी काव्यमयी हो उठेगी। कहानीकार में कवित्त्व कम होने में ही भला है, पर श्रेष्ठ नाटककार को तो कवि होना ही होगा।

लेकिन कविगण काव्यमय नाटक लिखने की भूल कर बैठते हैं। मानों काव्य अपने आप में काव्य की इति हो, वह नाटक का एक बड़ा अस्त्र नहीं हो सकता। साथ ही वह थियेटर के बाहर की भी चीज़ नहीं, जिसे रूज़ लिपिस्टिक की तरह ऊपर से लगा लिया जाय। इस काव्य की खोज में हमें अपने सुप्रसिद्ध कवियों का दरवाज़ा खटखटाने से लाभ नहीं। इसके लिए जाना

पड़ेगा इब्सन या सिंज जैसे वास्तववादी लेखकों के पास।

यह हुआ नाटक में काव्य का सबसे उपयुक्त उपयोग—अपने आप में शेष हो जाने के बदले एक ऐसी विशेष स्थिति ला खड़ी कर देना जो उसका सामना करने का सबसे माकूल हथियार हो। यहाँ पर एक सर्वविदित नाटक से एक उद्धरण का लोभ संवरण नहीं कर पा रहा हूँ। मेरे उतने-से उद्धरण से ही नाटक की टूटी-फूटी भाषा, उसका काव्य, उसका सारा आवेग, सभी दिखलाई पड़ेंगे। नाटक का नाम है—दी डे आइ डाइ, लेखक क्लिफ़ोर्ड ओडेट्स। नाटक के अन्तिम दृश्य में अर्नेस्ट जब फिर से अपने भाई के डेरे पर लौटता है तब वह नात्सीवादियों के अत्याचार के फलस्वरूप भीतर-बाहर दोनों तरह टूट गया था, दुर्बल हो गया था। उसके माथे में भी जैसे सब गोलमाल हुआ जा रहा था। इधर उन्हीं नात्सियों के दुष्प्रचार के कारण उसके अपने ही दल के लोग और भाई उसे विश्वासघातक मानने लगे थे। रास्ते में लोग पीछे से अचानक उसे मारते थे, लड़के चिढ़ाते थे, टिटकारी भरते थे। उसकी स्मृतिशक्ति क्षीण होने लगी थी, वह कुछ भी याद नहीं रख पा रहा था। लेकिन इतनी बात उसे याद थी कि पुलिस को कुछ नहीं बतलाना है, दल के लोगों को किसी भी हालत में वह पकड़वायेगा नहीं। इतनी-सी बात याद रखने के कारण उसने पुलिस का अत्याचार सहा, दल के लोगों का अविश्वास सहा और आम आदमियों की घृणा बटोरता रहा। एक दिन रात में हठात् उसको लगा कि वह और बरदाश्त नहीं कर पाएगा, हो सकता है दल की सारी बात वह उगल ही दे। इसीलिए अगले दिन वह अपने भाई के पास लौट आता है, अपनी स्त्री के पास लौट आता है और कहता है—Take the gun Carl, you loved me once. Kill me... !

Tilly–There must be no talk of dying.

Ernst: For me there's one thing.

Tilly–nothing is left to do. Carl?

Carl : They've killed you already.

Ernst : That's right. But you are alive, other comrades are working. The day is coming and I'll be in the final result. That right can't be denied to me. In that dizzy dazzling structure some part of me is build. You must understand. Take the gun, Carl.

Carl : (drawing hand away) I won't do it.

Ernst : I couldn't do it myself. There isn't enough strength left... Tilly, no tears! (wearily smiles) Such bourgeois traits in a worker...

What is your answer, Carl!

दुःख की बात यह है कि उदाहरण के लिए हमें विदेशियों का दरवाज़ा खटखटाना पड़ता है। इस लेख के लिखे जाने के पीछे उद्देश्य भी यही है कि इसके माध्यम से इस विषय पर बातचीत की जा सके कि किस त्रुटि के कारण हमारा बांग्ला थियेटर इस तरह मर रहा है। आज अपने चारों ओर जब नज़र डालता हूँ तो यही पाता हूँ कि हर व्यक्ति की सोच गड़बड़ा गयी है, उसके जीवनबोध का मापदण्ड टूट गया है। हम एक चरम विशृंखलित स्थिति में पहुँच गये हैं। समझ में नहीं आता कि हम क्या चाहते हैं, इतने दिनों तक क्या चाहते आये हैं? इतना ही नहीं, वास्तविक स्थिति क्या है इसके बारे में हमें कोई ज्ञान ही नहीं है, न हम कुछ जान पाते हैं और न समझ पाते हैं। ऐसी स्थिति में देश के लोगों को उपयुक्त परिप्रेक्ष्य में अपना वास्तविक रूप दिखलाना, वस्तुस्थिति के बारे में उन्हें सही स्थिति की जानकारी देना, यह काम कलाकार के अलावा और किसका होगा? मंच के माध्यम से देशवासियों के सामने उस सत्य का उन्मोचन करने के लिए क्या अपने देश में कलाकार नहीं मिलेंगे? क्या कोई आगे नहीं आयेगा?

पौष, 1354 बंगाब्द

पाद-टिप्पणी

शाहजहाँ *द्विजेन्द्र लाल राय* (सन् 1863-1917) रचित लोकप्रिय ऐतिहासिक नाटक।

बंगे बर्गी और दुःखीर ईमान *तुलसी लाहिड़ी* (सन् 1897-सन् 1959) रचित प्रसिद्ध नाटक।

नादिरशाह *बरदाप्रसन्न दासगुप्त* रचित नाटक। प्रथम अभिनय 25 दिसम्बर, सन् 1921।

आलमगीर *क्षीरोदप्रसाद विद्याविनोद* (सन् 1863-1922) रचित नाटक। प्रथम अभिनय 10 दिसम्बर, सन् 1921।

रघुवीर *क्षीरोदप्रसाद विद्याविनोद* (सन् 1863-1922) रचित नाटक। प्रथम अभिनय 11 मार्च, सन् 1922।

सीता *द्विजेन्द्र लाल राय* (सन् 1863-1917) रचित नाटक। प्रथम अभिनय 14 दिसम्बर, सन् 1928।

रमा सुप्रसिद्ध उपन्यासकार *शरत्चन्द्र चट्टोपाध्याय* (1898-1954) जिनकी अनेक रचनाओं का नाट्य-रूपान्तर करके मंचित किया गया। अपने उपन्यास **पल्ली समाज** का रमा नाम से स्वयं लेखक ने नाट्य रूपान्तर किया जो खूब लोकप्रिय हुआ। प्रथम अभिनय 4 अगस्त, सन् 1928।

दिग्विजयी *योगेश चौधरी* (31 चैत्र 1425 बंगाब्द—30 भाद्र 1349 बंगाब्द) प्रथम अभिनय 14 दिसम्बर सन् 1928।

रवीन्द्रनाथ ठाकुर (सन् 1861-1941) विख्यात कवि, कथाकार, नाटककार, संगीतकार, शिक्षाविद्, दार्शनिक तथा चिन्तक। आपकी पुस्तक गीतांजलि के लिए आपको सन् (1913) में साहित्य का पहला नोबेल पुरस्कार मिला।

गिरिशचन्द्र घोष (सन् 1844-1912) बांग्ला के विख्यात नाटककार और अभिनेता। **दानी बाबू** नाम से सुपरिचित गिरिशचन्द्र घोष के सुपुत्र सुरेन्द्रनाथ घोष (सन् 1868-1932) लब्धप्रतिष्ठ अभिनेता।

अर्धेन्दुशेखर मुस्तफ़ी (सन् 1850-1908) अपने समय के विख्यात अभिनेता। नाटकों में आपके सशक्त अभिनय को बड़ी प्रशंसा मिली थी।

शिशिर कुमार भादुड़ी (1889-1959) बांग्ला रंगमंच के शीर्षस्थ अभिनेता, जिन्होंने चार दशकों तक दर्शकों को बाँधे रखा था। उनके द्वारा अभिनीत **नादिरशाह, आलमगीर, रघुवीर** आदि नाटकों को लोग आज भी स्मरण करते हैं।

बांग्ला थियेटर

नाटक सम्बन्धी चर्चा हो रही हो तो बीच-बीच में कोई-कोई मित्र यह मन्तव्य कर बैठते हैं कि थियेटर तो हमारे देश की वस्तु है नहीं। यह विलायत का अवदान है। इसीलिए यदि हम विशुद्ध अपनी चीज़ से देशवासियों को उद्‌बुद्ध करना चाहते हों तो हमें **जात्रा** करना होगा। इसके अलावा और कोई उपाय नहीं।

विदेशियों से उधार ली चीज़ पर नाच-कूद रहे हैं—यह व्यंग्य सुनकर पराधीन जाति के लोगों के स्वाभिमान को गहरी चोट पहुँचती है और हृदय की पुकार की उपेक्षा करके हम उल्टे रास्ते चलकर यह प्रमाणित करना चाहते हैं कि हमारा स्वदेशाभिमान किसी से कम नहीं। किन्तु यह चेष्टा आम तौर पर आज तक सफल नहीं हो पायी है। बंगाली लोगों को थियेटर से प्रेम होता है। केवल शहर के बाबू लोगों को ही नहीं वरन् गाँव के किसानों को भी। इसीलिए जात्रा आज थियेटर का अनुसरण कर रही है, वह उसकी प्रतिद्वन्द्वी नहीं है।

बहुत दिनों पहले एक प्रसिद्ध साइलेंट सिनेमा देखा था। उसमें दिखलाया गया था कि कुछ सफ़ेद चमड़ीवाले व्यापारी, सफ़ेद पालवाले जहाज़ों पर सवार एक छोटे टापू पर पहुँचते हैं। वहाँ के श्यामवर्ण आदिवासियों को एक समुन्नत सभ्यता विरासत में मिली थी। व्यापारियों ने उन्हें रंग-बिरंगे पोत और दूसरी छोटी-मोटी चीज़ें देकर बदले में मोती इकट्ठा करना शुरू कर दिया। ढेरों मोती, बेदाग़। बदले में कुछ फ़ालतू चीज़ें उन्हें पकड़ा दीं। ज़बरदस्त लोभ अपने बड़े फनों को फैलाकर आ बैठा। उपनिवेश बना। धीरे-धीरे उस सुन्दर प्राचीन सभ्यता के चारों ओर दरारें दिखने लगीं। दरार के कारण पुराने ढाँचे से चप्पड़ निकलकर गिरने लगे। पुरुष अपनी कोपीन छोड़कर चारख़ानेवाले पैंट पहनने लगे। औरतों ने भी अपनी सुन्दर पोशाक छोड़कर बदसूरत छापेवाली विदेशी पोशाकें पहनना

शुरू कर दिया—तकिया के खोल की तरह की। लोग घर में तैयार किये गये हलके मादक आसव को छोड़कर विदेशी शराबख़ानों में तैयार की हुई तेज़ शराब पीकर होश-हवास खोने लगे। अब उन्हें जाज़ संगीत सुनकर आनन्द मिलता था, अपने घर के आँगन में पारम्परिक नाच-गान बचकाना लगने लगा।

इस फ़िल्म ने मुझे बहुत बेचैन कर दिया था, तभी आज तक उसे भूल नहीं पाया हूँ। छोटी उम्र से ही हम विदेशी चमक-दमक की तुलना में अपना नपुंसक आत्म-तिरस्कार देखते आये हैं। तो क्या हमारी जात्रा के मुमूर्ष होने का कारण भी वही है? सुना है कि पहले-पहले जब कम दाम में गहरे रंग की जर्मन अलवान की बिक्री हमारे देश में शुरू हुई तो गाँव के किसान भी उसे अधिक पसन्द करने लगे। लोहे की चीजों का भी वही हाल था। यह जानते हुए भी कि लोहारख़ाने में बनी चीज़ें ज़्यादा टिकाऊ होती हैं, कारख़ाने में बनी चीज़ों की बिक्री ज़्यादा होने लगी।

तुच्छ चीज़ों का आकर्षण अधिक होता है, क्या इसीलिए थियेटर जीत गया? बच्चों को बहलानेवाली मंचसज्जा और लाल-नीली रोशनी के खेल में उलझाकर?

अवश्य ही एक बात इसके उत्तर में कही जाती है कि यदि देश खुद ही अपने शरीर में कीचड़ लेपता है तो उसे देखेंगे तो इसी देश के लोग। तो फिर हम वैसी ही साजसज्जा क्यों न करें जो उन्हें अच्छी लगे? हमारे देश के लोग ही हमारे सब कुछ हैं। देश के लोगों की दुहाई देकर अन्याय करने की यह एक अच्छी चतुराई है। जो भी हो, यह सच है कि बहुत-सी विदेशी चीज़ें हमें ग्लैमरस लगती हैं। यह भी सच है कि हमने अनेक मामलों में भूलें की हैं। और यही स्वाभाविक था। केवल दो देश ही नहीं वरन् दो युग की विचारधाराओं में टकराव हुआ था। उसमें कुछ वांछित लुप्त हो गया, कुछ अवांछित आसन जमाकर बैठ गया। लेकिन वह छोटा-सा अंश ही। नयेपन के कारण (यहाँ सस्ते की बात उठाने से लाभ नहीं, क्योंकि वह कुटीर शिल्प और मशीनी शिल्प का विषय है) कुछ दिन लोग फ़ालतू की चीज़ों से खेलते हैं पर अधिक दिन नहीं। उनका स्वदेशी प्रेम ही उन्हें बचा लेता है। और तभी ज़रूरत पड़ती है औपनिवेशिक उत्पीड़न के एक दानवीय शासन-यन्त्र की। द्वीपवासी कभी भी खुद को उतनी आसानी से नहीं बेचते। प्रथम महायुद्ध के बाद यूरोप के लोग जब हताश होकर पूर्व को लेकर उछल-कूद कर रहे थे, उसी समय उसकी प्रेरणा से ही वह निर्वाक् फ़िल्म बनाई गयी थी। असल में ज़ोरदार

विरोध गहरा रहा था। अन्यथा ढाका के बुनकरों की उँगलियाँ न काटी जातीं, साम्राज्यवाद को आराम से पीठ सहला-सहलाकर टिका दिया जाता। पर उसके बदले में दिखी पुंजीभूत घृणा जो कहीं-कहीं (तेज़) लहरों की तरह पछाड़ खा रही थी और टूट-टूटकर नयी लहरें पैदा करने की आकांक्षा लिए फेन के रूप में दूर-दूर तक, सुदूर देशों तक, फैलती जा रही थी।

इसी तरह अपने देश में भी ऐसी उथल-पुथलवाली स्थिति में थियेटर ने देशप्रेम की अनुप्रेरणा जाग्रत रखी थी, शिवाजी को लेकर, सिराजुद्दौला और राणा प्रताप को लेकर। हमारे नाटककारों ने अन्य अनेक ऐतिहासिक नामों को केन्द्र में रखकर अपनी पराधीनता की पीड़ा को भाषा दी थी। अभिनय के माध्यम से उसने अभिव्यक्ति भी पाई, नहीं तो शासकों की कोपदृष्टि के सामने अपने देश के पुरानपन्थी नीतिज्ञों की निन्दा-मुखर उपेक्षा और अवहेलना के सामने थियेटर क़रीब-क़रीब अस्सी सालों तक अपने अस्तित्त्व को बनाये न रख पाता। जात्रा नहीं टिक सकी। चारण कवि **मुकुन्द दास** व्यतिक्रम ही थे।

किन्तु व्यतिक्रम व्यर्थ नहीं गया। इसीलिए आज भी बीच-बीच में लोगों का ध्यान जात्रा की ओर जाता है। एक और कारण समझ में आता है कि थियेटर अपने कर्म से च्युत हुआ है, कर्मभ्रष्ट हुआ है। हो सकता है और भी हो। विदेशियों के प्रतिकूल व्यवहार के समय हम घरवाले सब एकजुट थे। आज उसके मन्त्र के फलस्वरूप हमारे अपने घर में ही गंडगोल हो गया है। व्यवस्था अच्छी नहीं लग रही पर उसका विरोध करने का साहस नहीं। अनेक स्वार्थों ने चारों ओर अपनी जड़ें फैला रखी हैं। लेकिन अब दर्शक असहिष्णु हो उठा है। वह सोचने लगा है—मुक्ति शायद जात्रा का रास्ता पकड़ने में ही है।

हो सकता है जात्रा का रास्ता पकड़ने में ही हो पर पुरानी जात्रा का नहीं। उसे नये रूप में खोजकर प्राप्त करना होगा। हममें से भी अनेक उसी रास्ते की खोज में हैं। एक ऐसी नाट्य-कला को खोजकर निकालना चाहते हैं जो पूरी तरह, हर माने में बंगाल की हो। कोई हमारा थियेटर देखकर यह न कह सके कि हमारा थियेटर चौथी श्रेणी का विदेशी नाटक है। हमारे बंगाल की फ़िल्में, हमारा नाच, हमारा काव्य, सब उस नाट्य को प्राण दें, जीवन्त बनायें। बंगाल का आन्तरिक प्राण उसमें प्रगट हो। वही होगी हमारी जात्रा, हमारा बंगाली थियेटर।

मित्रगण जब जात्रा के बारे में बात करते हैं तो उनकी बात में तंग दृष्टि

का छोटापन दिखलाई पड़ता है। उससे पीड़ा होती है। उनके अनुसार जात्रा का पहला बड़ा गुण यह है कि उसे न मंच का सहारा लेना पड़ता है न ही सीन-सीनरी का और दूसरा यह कि वह गाँवों में होती है।

हममें से बहुतों ने बचपन में जात्रा को देखा है (मैंने तो उसमें आठ-दस बार भाग भी लिया है)। उसमें भरी दोपहर में दुर्योधन ऐसा लगा था जैसे द्वैपायन ह्रद के किनारे अन्धकार में छटपटा रहा हो। कल्पना को वहाँ तक पहुँचाने के लिए आवश्यकता थी काव्य की। वह काव्य रवीन्द्रनाथ के कुछ नाटकों में पाया जाता है। जैसे **विसर्जन** में। आज तक वे ही हमारी जात्रा के श्रेष्ठ नाटककार हैं। और तो कोई जात्रा लिखता नहीं। कविगण अपनी रोज़मर्रा की समस्याओं में इतना व्यस्त रहते हैं कि नाटक जैसी तुच्छ वस्तु की ओर ध्यान देने की उनमें कोई रुचि नहीं। इसके अलावा, कविता में केवल दो व्यक्तियों के मन का ध्यान रखने की ज़रूरत होती है—एक लिखेनवाले के और दूसरे पढ़नेवाले के। नाटक में जितने चरित्र, उतने ही व्यक्तियों का मन। उसके ऊपर से दर्शक। लगता है, इतने लोगों के मन की बात को दिमाग़ में रखना आज के कवियों के मन-मिज़ाज के अनुकूल नहीं।

इसके अलावा नाटक में दृश्य-सज्जा और आलोक-संयोजन के फलस्वरूप मंच पर एक ऐसे वातावरण की सृष्टि सम्भव है जो जात्रा में नहीं। जैसे, कोई आदमी लम्बे अरसे बाद अपनी पुरानी पुश्तैनी जगह जाता है। लटक आये बाँस पर हाथ फेरता है। एक कोने में एक छोटा-सा माचा है, उस पर साग-तरकारी नहीं हैं पर पक्षियों को दूर रखने के लिए चूने से दाग़ दी हुई हाँड़ी आज भी है। आगे बढ़कर उस पर हाथ रखता है। अन्धकार भरे स्टेज पर केवल एक फ़ोकस उसका अनुसरण करता है। पीछे की ओर उसकी माँ का कमरा था, जिसकी दीवारें गिर चुकी हैं, केवल नींव रह गयी है। एक कोने में एक सूखा फटा बाँस है। उस जगह, उस नींव की दीवार पर खड़े होकर वह आकाश की ओर देखता है और हाऊ-हाऊ करके रो उठता है।

यह दृश्य जात्रा में व्यक्त नहीं हो पाता, तथापि उस आदमी का दुख सत्य था और वह आदमी स्वयं भी। अतएव अभिव्यक्त करने का तरीक़ा अवश्य ही है। और यदि वह नहीं ही तो फिर जात्रा को लेकर माथा मारने की कोई ज़रूरत नहीं। वह पद्धति क्या है, यह जात्राप्रेमी लोक करके दिखलाते हैं।

थियेटर तो विदेश से आयातित है, यह व्यंग्य बराबर सुनने में आता है। लेकिन कालिदास का **शकुन्तला** कैसे अभिनीत होता था? क्या उस पर विदेशी प्रभाव नहीं था?

बांग्ला की अभिनय शैली का उद्‌गम हुआ है कथा-कहानी कहने की कला से, कथकता से। कहानी सुनाते-सुनाते गाना गा उठना जात्रा में भी होता था, थियेटर में भी और सिनेमा में भी।

तब?

हमें लगता है कि इस तरह के तर्क का न कोई तुक है और न ही प्रयोजन। लक्ष्य करने की बात यह है कि (अपने) देश का गुणगत वैशिष्ट्य किस रूप में प्रगट होता है। जात्रा शिक्षा और संस्कृति का वाहन थी। देखा है, दुर्योधन मंच पर प्रवेश करके *जानामि धर्मम् न च मे प्रवृत्ति, जानाम्यधर्मम् न च मे निवृत्ति* कहने के बाद अनेक नीति की बात करता है और वैसा करके वह स्वयं अपने आप को आश्वस्त करना चाहता है कि उसकी दृष्टिभंगी सही थी। यह जो तर्क हुआ, जो विचार-विमर्श हुआ, वह था बाक़ायदा बुद्धिमार्ग की रीति पर—अर्थात् इंटलेक्चुअल। अन्यथा कहानी तो खूब परिचित थी, बड़ी पुरानी कहानी। और यह तो था नहीं कि एक किसी घटना से अचानक सबको आश्चर्य में डाल देने मात्र से जीत हो जायेगी। फिर भी इतने श्रोता, तल्लीन होकर सुननेवाले श्रोता आते क्यों थे? कारण, दैनन्दिन जीवन में हम भिन्न-भिन्न जिन लोगों के सम्पर्क में आते हैं और नाना तरह के तर्क-वितर्क सुनते रहते हैं, उन सबको प्रस्तुत करने का साधन थी यह अभिनय कला। और तर्क की बुनियाद था एक सर्वजनग्राह्य नीतिधर्म।

हमलोगों ने अपने अनुभव से यह भी जाना-समझा है कि गाँव के किसान-मजूर शहरी बाबू लोगों की तुलना में अधिक इंटलेक्चुअल होते हैं। नाटक में यदि न्याय-नीति से सम्बन्धित कोई बात हो रही हो तो वे ख़रगोश की तरह कान खड़ा करके सुनते हैं। भौंहें सिकोड़कर पूरा दिमाग़ लगाकर बात को समझने की कोशिश करते हैं। उस स्तर की एकाग्रता शहर के दर्शकों में दुर्लभ होती है। नाटक की आलोचना से हम दूर रहते हैं, या हुई तो शंकित होकर सोचने लगते हैं, या फिर कोई चिल्ला उठता है—देखो, देखो, गुरुजी पहाड़ा पढ़ा रहे हैं।

तथापि इस वैशिष्ट्य को ही हमें बनाये रखना होगा या फिर खो गया हो

तो वापिस लाना होगा। वही देसवाली वस्तु होगी, नितान्त अपनी। एक मत के साथ एक अन्य मत के संघर्ष के जो चित्र **विसर्जन** में हैं, जहाँ देवी के पुरोहित देवी के नाम पर मिथ्याचरण करते हैं और उसके समर्थन में तत्त्वज्ञान बघारते हैं, वही हुआ सच्चा बंगाली। उससे किसान-मज़दूरों को भी आनन्द मिलेगा। तथापि बुद्धि के उस आवेग का हमने वर्जन किया, इसलिए हृदय के आवेग ने भी चौंका देनेवाले आवेग का रूप लेना शुरू कर दिया। किसी तरह लोगों को चौंकाकर बाज़ार हथियाने की चिन्ता में लग गया।

इनमें से देशप्रेमवाले नाटकों में मन का आवेग होता था, तथापि हमारे स्वाधीनता आन्दोलन की ही तरह वह भी कम-अक़्ल लोगों का उच्छ्वास मात्र बन गया। इसके लिए मैं सभी श्रद्धेय नाटककारों की आलोचना नहीं कर रहा। असल में सारे देश ने ही वह भूल की। उसी दिन से यदि हम अच्छी तरह कारणों की खोज करते तो आज की सी स्थायी कलंकमज्जित लज्जा में न डूबना पड़ता और धर्म तथा आवेग को प्रश्रय देनेवाले एक धर्मांध के हाथों गाँधी जी की हत्या न होती।

लेकिन अब उपर्युक्त उदाहरण से शिक्षा लेनी चाहिए। उस समय जिस तरह का एक न्यायबोध लोगों में था कि किसी को पराधीन रखना पाप है तो पराधीन रहना भी पाप है, उसी तरह आज भी लोगों की धारणा है कि असमानता की भित्ति पर सभ्यता नहीं टिक सकती। लेकिन इस बुनियाद पर आज यदि खड़े होकर हम पुराने दिनों की तरह वल्गाविहीन उच्छ्वास में पगला उठेंगे तो उसका परिणाम भयंकर ही होगा। आज भी यदि संयत होकर हम हर दृष्टिकोण से, तर्क के माध्यम से, इस तथ्य को उपलब्ध नहीं करेंगे तो हृदयवृत्ति की असम्पूर्णता हमें नयी सभ्यता तक ऊपर नहीं उठने देगी। हृदयवृत्ति की सटीक चर्चा बुद्धि मार्ग पर चलकर ही हो सकती है।

हमारे देश का और भी वैशिष्ट्य है। वह है कला के सम्बन्ध में हमारी मूल दृष्टि का। प्राचीन यूरोप में भी देवी-देवताओं की मूर्तियाँ गढ़ी गयी थीं और हमारे भी। लेकिन कितना बड़ा पार्थक्य था। प्राणप्रतिष्ठा दोनों में की गयी है पर एकदम भिन्न रूपों में, यहाँ तक कि विपरीत रूपों में भी। वह भारतीय शैली-वैशिष्ट्य हमें रवीन्द्रनाथ के नाट्यानुष्ठानों में प्राप्त होता है। मंच-सज्जा के प्रतीकों के विरल प्रयोग के कारण उसमें सुरुचि का समावेश हुआ। आज हमारी प्रगति (!) हमारे नाट्यआन्दोलन में जाने-अनजाने उस

तथ्य के ज्ञान के कारण सर्वत्र दिखलाई पड़ती है। और हमें लगा कि हमारे पेशेवर रंगालयों की मंच-सज्जा की तुलना में हमारी आज की साज-सज्जा अधिकांश लोगों को अधिक रुचिकर लग रही है। सबको नहीं। कारण, आखिर हम कर ही कितना पाते हैं। हमलोगों के नाटक दुखिया की कार्तिक पूजा की तरह फीके और प्राणहीन लगते हैं। कर्तव्यबोध के कारण ही कुछ लोग उससे जुड़े हैं, अन्यथा वह अधिकांश लोगों को प्रीतिकर नहीं हो सकती। मैं स्वयं लुक-छिपकर किसी तरह अपनी जिन प्रस्तुतियों को बाहर से देख पाया हूँ, उनसे ऐसा ही अनुभव हुआ है।

रवीन्द्रनाथ के असाधारण रुचिबोध ने उन्हें फ़ॉर्म के बारे में बहुत सजग रखा था। उसके ख़ाके का इतना तजुर्बा अपने देश में सम्भवतः किसी और को नहीं था। किन्तु उनके अद्‌भुत और अभूतपूर्व नाट्याभिनय के साथ-साथ साधारण रंगालय में दीनबन्धु मित्र और गिरिशचन्द्र घोष के नाटक हो रहे थे। उनमें ठाकुरबाड़ी वाली सुरुचि नहीं थी, लेकिन उनका महत्त्व तब भी था और आज भी है। उस समय से कलकत्ता के—या कहिए बंगाल के—नाटकों में अपनी मिट्टी की सुगन्ध होती थी। कला का सत्य वहाँ भी वर्तमान था। रवीन्द्र नाट्याभिनय में इस मिट्टी की सुगन्ध नहीं थी। उन्होंने देना ही नहीं चाहा था। उनके रुचिबोध ने उनके फ़ॉर्म को इतना जकड़कर रखा था कि आम आदमी के लिए वह कविता की अति होकर रह गया। इस फ़ॉर्म ने ही साधारण मन को अपने से दूर रखा है, उसे रसास्वादन करने ही नहीं देता। अवश्य ही आज वह रुकावट काफ़ी कम हो गयी है, तथापि तब भी रवीन्द्रनाथ असम्पूर्ण रह गये। उस समय की साधारण रंगशाला (व्यावसायिक) और उन्हें निकट लाने का काम वर्तमान को करना होगा।

और बात भी है। संस्कृत नाटकों के मंचन में भी प्रचुर विदेशी प्रभाव रहता था। पर वास्तव में वह इसी देश की चीज़ होती थी। कुछ लक्षण तो सोलह आना इस देश के होते थे—इस महादेश के—समग्र एशिया के। जैसे—राजा रथारोहण नटयति। इस नटयति का तात्पर्य? राजा रथ पर आरोहण करने का अभिनय करता है। न रथ की ज़रूरत थी न घोड़ों की, केवल नटयति कहकर रथारोहण को बतला दिया जाता था। यह रीति आज भी चीन और जापान में प्रचलित है, अतः हम भी क्यों नहीं प्रतीकात्मक भंगिमाओं का इस्तेमाल कर सकते। इस विषय पर और भी कहने को है पर इस समय इसकी गुंजायश नहीं।

कीर्तन गायन बंगाल की एक अद्भुत वस्तु है। उनमें **आखर** देने की रीति विशिष्ट होती है। प्रबल आवेगपूर्ण स्थिति में गायक गान के स्वरूप को बीच में ही तोड़कर आखर के माध्यम से उसे विस्तार प्रदान करता है। जात्रा में भी यह चलन है। अभिनय जब एक ऊँचे स्तर पर रहता है तब गाना उसे विस्तार प्रदान करता है। इसी कारण दो गायकों की जोड़ी अभिनय के बीच में उठकर गाना शुरू कर देती है। आवेग का विस्तार करने के साथ ही विश्लेषण के लिए भी जोड़ी का उपयोग किया जाता है। और अधिक विश्लेषण की ज़रूरत होती है तो विवेक या नियति जैसे पात्रों को लाया जाता है। इसका ही अन्तिम बचा रूप देखने को मिलता है हम लोगों के सिनेमा में, बात-बात में नायक-नायिका के युगल गान में। यह देखकर हम चटकारे भरते हैं। कुछ अन्याय नहीं करते। तीव्र भाव और भावनाओं के आलोड़न के बीच अचानक पूरे वेग के साथ गाना आ टपकता है, यह कोई तुच्छ या हँसने की बात नहीं है। इसी तरह का एक किस्सा सुना था—जो सीज़र शेक्सपीयर के पूरे नाटक में अंग्रेज़ी में बात करता है, वह मरने के समय चीख उठता है—ईट।। टू ।। ब्रटस...। इस छलाँग की ज़रूरत थी एक महान भाव की अभिव्यक्ति के लिए, महान काव्य के लिए।

हम लोगों के भण्डार में भी गहरी भावाभिव्यक्ति के लिए ऐसे तरीक़े थे, लेकिन यथोचित उपयोग के अभाव में वे लुप्त हो गये। आज आवश्यकता है कि हम भण्डारघर में बैठकर अपनी पूरी सम्पत्ति की खोज-ख़बर लें और उन्हें घिस-माँजकर देखें। जो आज काम में आने लायक़ हों; उन्हें काम में लें।

अब यह स्वदेशी और विदेशी का सवाल जो उठ खड़ा हुआ है, यह गहरा है। अनेक क्षेत्रों में जिस प्रकार इसका लोगों को छेड़ने के लिए इस्तेमाल किया जा रहा है, उसी तरह असल काम के समय भी यह शनिग्रह जैसा रूप ले लेता है। अंग्रेज़ जब इस देश में उपनिवेश स्थापित करने के लिए आये, तब उनमें भी प्रगति की एक भावना थी। वह थी सामाजिक विकास के लिए ऐतिहासिक कानून की प्रगति। मेरी देखी उस निर्वाक् फ़िल्म में भी वही था। किन्तु उस उपनिवेश के लोग जब विरोधियों के विरुद्ध कठोर हो उठते हैं, स्वदेशी-स्वदेशी करके थोड़ा ज़्यादा ही हंगामा करना शुरू करते हैं तब, उसमें भी प्रगति की एक इच्छा होती है। पराधीनता को तोड़कर स्वाधीन होने की इच्छा भी प्रगति को ही एक चेष्टा थी।

मगर अलग-अलग इनमें से कुछ भी सत्य नहीं है। सत्य है इनका

सम्मिश्रण। सहज एवं छन्दमय मिलन। अलग-अलग जिसमें जितना सम्भव होगा, उतना दूसरे के गुणों का समावेश होगा। इस रास्ते को पकड़कर, रवीन्द्रनाथ की परीक्षा की जानकारी को ग्रहण करके हम अभिव्यक्ति की एक ऐसी भंगिमा का निर्माण कर सकेंगे जो पूरी तरह बंगाल की होगी। इस गहरे स्तर पर जो कुछ बंगाल का होगा, वह सारी पृथ्वी का होगा।

चैत्र, बंगाब्द 1357

पाद-टिप्पणी

जात्रा बंगाल का लोकनाट्य जो प्राचीन काल में मनोरंजन और लोगों को प्रबुद्ध करने का सशक्त माध्यम था।

दीनबन्धु मित्र (सन् 1830-1873) सुप्रसिद्ध नाटककार जिनके 'नीलदर्पण' नाटक ने ब्रिटिश सरकार की जड़ें हिला दी थीं। आपका दूसरा नाटक 'एधबार सकादशी' भी बहुत लोकप्रिय हुआ था।

विसर्जन रवीन्द्रनाथ ठाकुर (सन् 1861-1941) का सुप्रसिद्ध काव्य नाटक।

ठाकुरबाड़ी कलकत्ता स्थित ठाकुर परिवार का पैतृक मकान, जहाँ रवीन्द्रनाथ ठाकुर का जन्म सन् 1861 में हुआ था। उनके जीवन की अनेक महत्त्वपूर्ण घटनाओं की गवाह हैं ठाकुरबाड़ी की दीवारें। साहित्य और कलात्मक गतिविधियों के केन्द्र इस भवन में रवीन्द्र संग्रहालय के साथ ही रवीन्द्र भारती विश्वविद्यालय के कुछ विभाग यहीं से संचालित होते थे।

आखर—किसी भाव को तीव्र तथा और प्रभावपूर्ण बनाने के लिए बंगाल में कीर्तन में बीच-बीच में गायक समूह कुछ अंश की पुनरावृत्ति करके कथा को एक अन्य धरातल पर पहुँचाने का काम करते हैं।

जोड़ी दो गायकों की जोड़ी जो कीर्तन गायन के भाव को और घनीभूत करने के लिए बीच-बीच में खड़े होकर पंक्तियों को पूरे आवेग के साथ दोहराकर श्रोता मण्डली को भाव-विभोर कर देती हैं।

कुछेक अभिनय-पद्धतियों की जन्म-कथा

अभिनय के लिए नाटक का चुनाव करना एक ग़रीब किरानी की कन्या के लिए लड़का ढूँढ़ने जैसा ही है। जो मन को भा सकते हैं वे अपनी पहुँच के बाहर होते हैं और जो पहुँच के भीतर होते हैं—उनके प्रति मन में कोई उत्साह नहीं होता। वैसे उनकी भी संख्या ऐसी कुछ ख़ास नहीं होती और समय हाथ से इस तेज़ी से फिसलता जाता है कि आराम से बैठकर सोच-विचार करने की गुंजाइश ही नहीं रहती। अन्त में आँख मूँदकर जिस किसी के हाथ सम्प्रदान करके बेटी के बाप के मुँह से यही निकलता है—विधाता की मर्ज़ी। जो भाग्य में लिखा होगा, होगा।

हम लोगों की अवस्था बहुत कुछ वैसी ही होती है। इसीलिए हर दल के लिए यह ज़रूरी है कि वह नाटककार की परवरिश करे, उसकी जीविका की व्यवस्था करे, उसे उत्साह दे। अवश्य ही हम लोगों की सामर्थ्य ही कितनी है, फिर भी इतना तो कर ही सकते हैं कि नाटक का चुनाव हो जाने के बाद प्रति प्रदर्शन के हिसाब से नाटककार को रॉयल्टी की कुछ राशि मिले। जानता हूँ, वह राशि बहुत सामान्य होगी फिर भी अन्य किसी को कुछ भी मिलने से पहले हम नाटककार का सम्मान करने की चेष्टा करते हैं, यह भी बड़ी बात होगी। और ऐसा करना उचित है, शुरू से ही।

अपने अनुभव की बात कहूँ। हम लोगों के हाथ में प्रायः दो तरह के नाटक आते हैं। एक वे, जिनकी कहानी बहुत अच्छी होती है पर चरित्रचित्रण अस्पष्ट या असंगतिपूर्ण। दूसरे वे, जिनमें चरित्र-चित्रण तो सशक्त रहता है पर कहानी लचर होती है। इनके अलावा एक और तरह के नाटक होते हैं, जिनकी न कहानी में दम होता है न ही पात्रों में, जो मन को बिल्कुल आकृष्ट नहीं करते। उन्हें मोटामोटी अक्षम या बेकार नाटक कहा जा सकता है। उनकी

बात छोड़ें। जिन नाटकों में कहानी और चरित्र-चित्रण दोनों ही मन को रुचिकर लगें वे तो हुए महानाटक। वैसे उनके आसानी से मिलने की आशा ही नहीं करनी चाहिए। अतः उनकी बात भी बाद। नाट्य दलों का यह कर्तव्य है कि जिस नाटक में उपर्युक्त दोनों गुणों में से कोई एक गुण भी हो, उसे वे अपनी सामर्थ्य के अनुसार खड़ा कराने की चेष्टा करें। कहानी में यदि कोई त्रुटि हो तो यह कर्तव्य बनता है कि सबलोग मिलकर सोच-विचार करें कि किन छोटी-मोटी घटनाओं का समावेश करके उस कहानी को हृदयस्पर्शी बनाया जा सकता है। उदाहरणस्वरूप बहुरूपी के **पथिक** नाटक को लीजिए। पहले आलेख में कोयला ख़ान की दुर्घटना का कोई उल्लेख नहीं था। फलस्वरूप बाउड़ी लोगों की भूमिका बहुत सामान्य थी। पूरे नाटक का अन्त भी भिन्न था। तब दल के ही सब लोग विचार करने को बैठे कि किस तरह कहानी में कुछ जोड़कर उसे बढ़ाया जाये। विचार-विमर्श के उपरान्त जो ठीक हुआ, उसे एक दिन नाटककार श्री तुलसी लाहिड़ी जी को बतलाया गया। कुछेक दिनों में ही वे एक नया अंक लिखकर लाये। बहुरूपी द्वारा खेले गये पथिक नाटक का वही दूसरा अंक बाद में लिखा और जोड़ा गया नया अंक था। सुनकर हम मुग्ध हुए, क्योंकि हमें मन ही मन भय था कि फ़र्मायशी लेखन कभी अच्छा नहीं होता। लेकिन हुआ यह कि तुलसी बाबू ने केवल हमारे अनुरोध को ही ध्यान में रखकर परिवर्तन नहीं किया, वरन् आलेख में उन्होंने उसके आगे भी कुछ दिया—वह था रासू धर का चरित्र जिसे महर्षि मनोरंजन भट्टाचार्य ने अपने अभिनय द्वारा अविस्मरणीय बना दिया था। इससे अन्त में थोड़ी अड़चन हुई थी। जो बाउड़ी लोग शुरू में नगण्य थे, वे नये रूप में नायक हो गये, कोई एक पात्र नहीं वरन् समग्र रूप में पूरा बाउड़ी समाज। नाटक की महत्त्वपूर्ण बातें उनके द्वारा ही कही गयीं।

अवश्य ही इस घटना से यह नहीं मानना चाहिए कि ऐसा करने से हाथ के हाथ महानाटक तैयार हो जायेगा। छोड़िए, महानाटक को बाद में देखा जायेगा। पहले हम अपना काम चलाने लायक नाटकों की बात करें। हो सकता है उस नाटक में अनेक त्रुटियाँ हों फिर भी हमें उसका अभिनय करना चाहिए, सब जान-समझकर करना चाहिए, क्योंकि यदि आज यह चेष्टा न की गयी तो भविष्य में महानाटक का पथ अवरुद्ध ही रह जायेगा। आज हमारा कर्तव्य है कि हम घास को रौंद-रौंदकर एक टेढ़ी-मेथी पगडण्डी जैसी तैयार कर दें जो

भविष्य में एक रास्ते का स्पष्ट संकेत दे। जब प्रतिभा का विकास होगा तब हम उस कच्चे रास्ते पर रोलर चलाकर नयी सड़क बना लेंगे। हमारा काम है उस प्रतिभा के लिए उपयुक्त परिवेश तैयार कर रखना।

जहाँ कहानी खूब अच्छी हो और चरित्र अस्पष्ट या दुर्बल वहाँ नाट्य दल का काम होगा अभिनय के द्वारा कहानी को जीवन्त बना देना, उसे ऐसा रूप दे देना कि उसके बाद और कुछ कहने को रहे ही नहीं। बहुत दिन पहले की बात है, बर्नार्ड शॉ दूज का अभिनय देखकर मुग्ध हुए थे और उन्होंने एक समालोचना लिखी थी। नाटक सुडरमान का लिखा था। हेस मागदा नाम की एक लड़की एक दिन बाप से झगड़ा करके घर छोड़कर चली जाती है और एक गायिका के रूप में काम करने लगती है। उस दौरान एक लड़के से उसका प्रेम होता है, लेकिन एक दिन वह मागदा को गर्भावस्था में छोड़कर चला जाता है। इसके बाद मागदा को बहुत कष्ट सहना पड़ता है पर वह खूब मेहनत करती है और खूब नाम कमाती है। कुछ दिनों बाद अपनी ओर से आग्रह करके पिता से मिटमाट करके वह घर लौट आती है। लौटने पर उसे पता चलता है कि उसका पूर्व प्रेमी इस घर के घनिष्ठ मित्रों में से है। इस दृश्य का बर्नार्ड शॉ ने वर्णन किया है। मागदा जब नौकरानी के हाथ से कार्ड लेकर उस पर लिखा नाम पढ़ती है तो उसे एक झटका लगता है। वह अपने को संयत रखने की पूरी चेष्टा करती है और उसमें सफल भी होती है। वह आदमी आता है, फल का गुच्छा भेंट देता है, दो-चार इधर-उधर की बातें भी होती हैं। यह साफ़ समझ में आ रहा था कि मागदा ने अपने को सम्हाल लिया है। इतना ही नहीं, दूज की मागदा स्वयं समझ गयी थी कि वह सम्हल गयी है और संकट की घड़ी टल गयी है। अब उसने खुद अनुभव किया कि वह सहज हो सकती है, खूब सहज होकर बात कर सकती है, और इतना ही नहीं, वह उसकी ओर देख भी सकती है। अचानक उसके मन में आया कि देखे कि वह देखने में कितना बदल गया है। इस इच्छा के कारण मामला गड़बड़ हो गया। मागदा को लगा कि उसका चेहरा लाल हो गया है। उसने चेहरा घुमाने की व्यर्थ चेष्टा की पर कुछ भी नहीं हुआ। उसे लगा सारा खून चेहरे पर इकट्ठा हो गया हो। हठात् वह दोनों हाथों से अपना मुँह ढक लेती है।

यह पूरा विवरण नाटक के लिए नहीं है, अभिनय की तैयारी के लिए है। नाटक में इसका संकेत मात्र भी नहीं। एक असाधारण प्रतिभासम्पन्न अभिनेता

ने उस भेंट के सामान्य-से दृश्य के आधार पर पूरे नाटक को जीवन्त बना दिया, एक नयी कलात्मकता प्रदान की, जिससे नाटक कहाँ से कहाँ पहुँच गया। अवश्य ही हममें से अनेक उस प्रतिभा से सम्पन्न नहीं हैं कि हमारे चाहने मात्र से मिट्टी सोना हो जाये। लेकिन अपनी सतता और गहरी निष्ठा के साथ यदि हम नाटक के चरित्रों के परस्पर सम्बन्धों को विश्लेषित करने की चेष्टा करें तो अलग-अलग चरित्रों का पार्थक्य हमारे सामने स्पष्ट होने लगेगा। वे वास्तविक चरित्र ही नाटक की गति को वेग प्रदान करेंगे और वे जो भी कहेंगे, वही संवाद बन जायेगा।

हममें से कौन कैसा आदमी है यह प्रगट होता है हमारे सामाजिक व्यवहार के द्वारा, इस बात से कि हम किससे कैसा व्यवहार करते हैं। नाटक के पाँच अलग-अलग पात्रों का चरित्र नाटक में उनके परस्पर सम्बन्धों के माध्यम से मुखर होता है, हमें मुग्ध करता है। वैसी स्थिति में नाटक की गति और परिणति हमें उतनी ही महत्त्वपूर्ण लगती है। और उसमें कुछ छोटे-मोटे परिवर्तन करने होंगे तो समझदार नाटककार अवश्य ही स्वीकार करेंगे। इससे उन्हें लाभ ही होगा।

इसके बात आता है संवाद। हो सकता है नाटककार द्वारा दिया गया संवाद अभिनेता को पूरी तरह अनुकूल न लग रहा हो, वह अभिनेता की सहायता करने के बदले उसके अभिनय में अवरोध उत्पन्न कर रहा हो। ऐसी स्थिति में संवाद में अभिनेता के अनुकूल हेर-फेर करना ही पड़ता है। यह कुछ कठिन काम नहीं होता। अवश्य ही उसमें शेक्सपीयर की अतुलनीय भाषा का सौन्दर्य नहीं आयेगा, लेकिन उस समय का काम चलाने लायक संवाद तैयार हो जायेगा। हम फ़िलहाल आम नियमों की बात कर रहे हैं, अपवादों की नहीं।

जो भी हो, किसी नाटककार के मूल उद्देश्य को अच्छी तरह समझकर और उसे पूरा सम्मान देते हुए यदि हम नाटक के सम्बन्ध में विचार-विमर्श कर पाते हैं और आवश्यकतानुसार नाटक में कुछ जोड़ना-घटाना कर पाते हैं तो अवश्य ही हम दो-एक, दो-एक करके अनेक नाटक पा जायेंगे। केवल अनेक नाटक ही नहीं, अनेक अच्छे नाटक पा जायेंगे।

इस तरह नाटक तैयार हो जाने के बाद अब अभिनय की बारी।

सर्वप्रथम हम अभिनय को उसकी समग्रता में देखें। समग्रता अर्थात् केवल

अभिनेता-अभिनेत्रियों का काम नहीं वरन् जिसमें दृश्य-सज्जा, प्रकाश-संयोजन, यहाँ तक कि अन्त का पटाक्षेप भी शामिल हो, क्योंकि उसमें भी अभिनय होता है। अवश्य ही, ये बातें हम सबकी जानी हुई हैं, खूब अच्छी तरह। लेकिन वह कहावत है न कि मन करता है एक बड़े से काँसे के कटोरे में एक कटोरी गरम दूध लेकर पहले फूँक मारूँ, फिर पीऊँ, फिर फूँक मारूँ फिर पीऊँ। पर यहाँ तो न काँसे का कटोरा है न दूध, है तो बस इच्छा और फूँक। हम लोगों का भी वही हाल हैं। *न ढाल न तलवार निधिराम सरदार,* लेकिन दायित्त्व तो है। हम लोगों के अभिनय में लोग पेशादारी रंगमंच की तुलना में बहुत अधिक निष्ठा, बहुत अधिक बुद्धि और सुरुचि की आशा करते हैं। यह हम लोगों के लिए गौरव की बात है। लोगों ने हम लोगों को सीरियसली लेना शुरू कर दिया है, इसीलिए हमारी इतनी चर्चा होती है। ठीक है, हम भी दुराग्रह नहीं कर सकते। लोगों की इस आशा पर खरे उतरकर ही हम बने रह सकेंगे। असुविधाजनक स्थिति में संघर्ष करके ही हम बढ़ सकेंगे। क्या हुआ, ढाल नहीं है तो न सही, तलवार नहीं है तो न सही। पता है नव-नाट्य आन्दोलन के सब निधिराम हमें नोचेंगे-बकाटेंगे, तब भी हम हटेंगे नहीं।

शुरू से ही इस पर विचार करना जरूरी है कि नाटक को कैसे सजाया जाय कि वह अच्छा लगे। पूरी तरह खूब अच्छा लगे, यही सोचना चाहिए। इस प्रयत्न में यदि ख़र्च चार अंक पार हो रहा हो तो भी परवाह नहीं करनी चाहिए। अरे, यह तो मालूम ही है कि होगा नहीं पर सोचने में क्यों कंजूसी की जाये। दूसरों का पता नहीं, पर हममें से बहुत से लोग क्या सोचते हैं, उनकी बात जानता हूँ। केवल यही एकमात्र रास्ता हो सो नहीं, तथापि कई रास्तों में एक रास्ता यह भी है, यह बात सही है। इस तरह की बेलगाम कल्पना के बाद अब सोचें कि नाटक करने में क्या-क्या बाद दिया जा सकता है, जिससे वस्तु में जान भी रहे और सस्ते में काम सलट जाये। इस तरह सोचने का फल यह हुआ कि मख़मल की जगह आ घुसा टाट, ऊपर जाने की सीढ़ी तो भीतर चली गयी या फिर एक पैकिंग बॉक्स पर एक और पैकिंग बॉक्स रखकर एक कोने में उसका आभास दे दिया गया, घने जंगल का आभास देने के लिए पीपल की दो-तीन डालों को सजा दिया गया, बस। काम चल गया।

यहाँ, एक बात ध्यान में आ रही है। हम लोगों ने जब **नबान्न** किया था तब टाट के पर्दे झुलाए थे। उसके पहले कभी टाट के पर्दे लगाये गये, इसकी

जानकारी हमें नहीं है। हम लोगों के दिमाग़ में यह बात आयी हो, सो नहीं। एक दिन हम लोग महर्षि के घर गये थे, और यही सब चर्चा हो रही थी कि किस-किस दृश्य में क्या मंच-सज्जा की जाये। पेशादारी मंच पर पेंट किये पर्दों के सिवाय और कुछ तो मिलेगा नहीं। और जंगल या किसी गृहस्थ का घर आँका जायेगा तो उसकी बहार तो देखने लायक़ होगी। पर हम तो वैसा करना नहीं चाहेंगे। महर्षि अचानक बोले—पर्दे इस्तेमाल करो और उनके सामने जो-जो प्रतीक इस्तेमाल करना चाहते हो, उन्हें बैठा दो।

मैं तो चौंक उठा। पर्दा? उसमें तो बहुत ख़र्च लगेगा। महर्षि बोले—*क्यों? हम ग़रीब हैं, दूसरे लोग जहाँ मख़मल लगाते हैं, हम वहाँ टाट लगायेंगे। वे जहाँ पाइन काठ इस्तेमाल करते हैं, वहाँ हम बाँस लगायेंगे। और उससे एक किसान के घर के लिए उपयुक्त परिवेश तैयार हो जायेगा। टाट लगाओ टाट।*

यह थी टाट के इस्तेमाल की शुरुआत, कम से कम, जहाँ तक हमारी जानकारी है। मंच पर लगे नये टाट के पर्दे के ऊपर जब पहले दिन प्रकाश डाला गया तो हम सब उसका झकाझक रूप देखकर मुग्ध हो गये थे। उस रंग में रत्ती-भर भी ग़रीबी का लेश नहीं था। इसीलिए आज भी नये टाट के पर्दे के प्रति मेरे मन में बड़ी दुर्बलता है।

जो भी हो, इस तरह सस्ता करने के चक्कर में हमें बहुत सारी चीज़ें बाद देनी पड़ीं। मान लीजिए, एक किसान के घर का आँगन दिखलाना है। आपने जब कल्पना की थी तो उसमें एक साफ़-सुथरा लीपा-पोता चबूतरा, ऊपर उलटायी नाव के आकार की छाजन, एक ओर एक बाँस की घिनौची, उसके पास एक-दो मिर्चा के गाछ, उसी ओर एक कोने में रखा हल, गाय के रहने की जगह, उसी के पास ज़मीन में एक गमला गाड़कर गाय को सानी-पानी देने का इन्तज़ाम, उसके बाद मिट्टी की दीवाल, उसके उस ओर एक आम या आमड़ा का पेड़, और सब बड़े-बड़े पेड़ों का माथा, कुछ और दूर, सब दूर होते जा रहे हैं, लगता है कि उनके पीछे से छलाँग लगाकर आकाश पास आ गया हो, वहाँ थक्का-थक्का नरम सादे बादल और बादल की छाती पर चील।

ऐसे में मन में आयेगा ही कि हम आख़िर चाहते क्या हैं? हम क्या केवल एक सुन्दर दृश्य-सज्जा चाहते हैं—दृश्य-सज्जा के लिए दृश्य-सज्जा या नाटक के लिए एक उपयुक्त परिवेश तैयार करना चाहते हैं? यदि परिवेश तैयार

करना चाहते हैं तो हमें सबसे पहले ये देखना चाहिए कि क्या-क्या चीज़ें परिवेश तैयार करने में सहायक होंगी और क्या-क्या नाटक को कुछ देंगी नहीं। जैसे मान लीजिए, आप सचमुच मेघ दिखलाने के लिए मशीन चलाते हैं और सचमुच मेघ दिखलाते हैं। बस, इधर दर्शक नाटक देखना छोड़कर मेघ को ही देखने में लग जाते हैं। कहते हैं—देखा बादल कैसे उड़ रहे हैं। अर्थात् गया आपका नाटक। इससे अच्छा मेघ नचाने के बदले कुछ और दिखाया जाये। मान लीजिए, हम लोगों के देसी तरीक़े से पेंट किये पर्दे पीछे बैक-ड्रॉप की जगह झुला दिये जायें तो? उसमें भी असुविधा है। अलग-अलग मंच का माप अलग-अलग होता है। एक मंच के माप का पर्दा दूसरे मंच पर छोटा हुआ तो दोनों ओर फाँक रह जायेगी और बड़ा हुआ तो बहुत कुछ ढक लेगा। यह असुविधा दूर की जा सकती है एक छोटे पर्दे को बीच में रखकर। वैसा करने से केवल चित्र के चारों ओर की जगह बड़ी-छोटी करने से काम चल जायेगा। लेकिन दूसरी असुविधा बड़ी है। क्या यह प्रत्येक दल के लिए सम्भव होगा कि एक पेंटर को बुलाकर रंग-ब्रश आदि ख़रीदकर उतने बड़े एक पर्दे को पेंट करवाकर टँगवा सकें, उतना ख़र्च कर सकें? मेरे हिसाब से तो नहीं। और जिनके लिए यह सम्भव नहीं होगा, उन्हीं लोगों के लिए तो मेरा यह लेख है। तो फिर मान लिया जाए कि सम्भव नहीं।

तीसरी बात। मंच पर जहाँ सजीव लोग चल-फिर रहे हों वहाँ पीछे दो परिप्रेक्ष्यवाले (टू डायमेन्शनल) पर्दे फबेंगे नहीं, अटपटे लगेंगे। दो-एक जगह भले ही चल जायें पर आम तौर पर तीन डायमेन्शनवाले चलते-फिरते सजीव लोगों के पीछे टू डायमेन्शनल पर्दे—चाहे वे कितने ही ख़ूबसूरत क्यों न हों, अजीब-से लगते हैं। मंच का अन्तरंग हिस्सा नहीं बन पाते। आँके घर-मकान सामने खड़े लोगों के ही घर-मकान हैं, यह मन स्वीकार नहीं कर पाता। इसी वजह से पिछली शताब्दी में ऐडल्फ़ ऑम्पिया नामक एक सज्जन पीछे के रंगीन पर्दों के स्थान पर वास्तविक चीज़-सामान ले आये, जैसे एक चबूतरा, दो-एक सीढ़ियाँ, कुछेक खम्भे आदि। उनका कहना था कि सजीव अभिनेताओं के आसपास ऐसी वस्तुएँ ही अनुकूल परिवेश तैयार कर सकती हैं, अन्तरंग नाटकीय परिवेश। और इनका ही सहयोगी होगा प्रकाशक-संयोजन भी। पेंटेड पर्दे के वे घोर विरोधी थे। वैसे म्यूनिक में भी एक और व्यक्ति थे, नाम फ़ूक्स। उनका एक सिद्धान्त था—वे कहते थे कि जिस तरह रंगीन पर्दे अवास्तविक

हैं, उसी तरह तीन डायमेन्शन वाली वस्तुएँ भी। एकदम वास्तविक परिप्रेक्ष्य तो मंच पर कभी उपस्थित किया ही नहीं जा सकता। उसकी जगह नाना तरह से सजावट करके पेंटेड पर्दे का इस्तेमाल अच्छा ही है। जीवन्त मनुष्यों के पीछे पटभूमि के रूप में वे चबूतरे, सीढ़ी या खम्भे की तुलना में कहीं अधिक अनुकूल लगेंगे।

इस तरह के जितने भी सिद्धान्त बने हैं, उनमें से सभी को कम-ज़्यादा देखा है। वे किसी न किसी जगह इस्तेमाल में सहायक होते हैं। सब कुछ चूँकि नाटक पर निर्भर करता है, इसलिए उसकी आवश्यकतानुसार कभी थ्री डायमेन्शनल चीज़ें और कभी टू डायमेन्शनल पर्दों को उपयोग में लिया जा सकता है। जैसे, कई माप के काठ के फ्रेम तैयार करके उन पर कपड़ा लगा दिया। अब किसी पर अनाज रखने का कोठा (मराइ), किसी पर और कुछ। इसी तरह बहुत सारी चीजों के अलग-अलग फ्रेमों पर पेंट करके उन्हें मंच पर सजा दिया गया। इसके लिए किसी बड़े कलाकार की ज़रूरत नहीं पड़ेगी, अपने लोग ही मिलजुलकर यह काम कर सकते हैं। और ठीक रंग का इस्तेमाल करके सुन्दर काव्यमयी सृष्टि भी की जा सकती है। पर जहाँ काव्य मुख्य न हो, मुख्य हो नाटकीयता—वहाँ? यह बात फिर कभी।

आइये, अब कुछ आधुनिक प्रस्तुतियों की चर्चा की जाये—**पथिक** और **उलूखागडा** को लें। पथिक में एक ही स्थल पर सारी घटनाएँ घटित होती हैं, इसलिए अच्छी तरह सोच-विचार कर स्टेज सजा लेने से एक बार में ही छुट्टी। उलूखागडा में भी शुरू के एक छोटे दृश्य के बाद पूरे नाटक में घटनास्थल एक ही है। अतः एक ही तरह की बहुत-सी चीज़ों का जुगाड़ करना हमारे लिए आसान हुआ जैसे टेबुल, कुर्सी, खड़ा लैम्प, किताबें, अलमारी आदि। अतः इससे एक ओर मंच को सजाना जितना आसान हुआ, उतनी ही अभिनेताओं को भी सुविधा हुई। नहीं तो, मान लीजिए, एक प्रेम का दृश्य है। उसमें ख़ाली स्टेज पर सामने आकर हाथ के नाखून कुपुटते-कुपुटते या पैर को कचलते-कचलते या फिर साड़ी का आँचल लपेटते-लपेटते प्रेम का अभिनय करना पड़ा था। महा कष्ट का काम था।

इन सबके फलस्वरूप स्टेज़ पर चीज-सामान जैसे-जैसे ज़रूरी होने लगा, रंगीन पर्दे का महत्त्व वैसे-वैसे घटने लगा। पर्दे की बहुत-सी इधर-उधर की चीज़ों

में ध्यान बँटने की जगह अब सामने के अभिनय क्षेत्र पर केन्द्रित होने लगा। इसी कारण पथिक में हम लोगों ने स्टेज के तीन हिस्सों को टाट से पूरा ढक दिया था। खिड़की-दरवाज़े उसी में काटकर बना दिये गये थे। उलूखागडा में आवश्कतानुसार खिड़की-दरवाज़ों को मंच पर खड़ा कर दिया गया था। पीछे पर्दा था। किसी को जब आना-जाना होता था तो उस फ्रेम के भीतर से ही आता जाता था। यद्यपि मंच पर प्रचुर खुली जगह थी, क्योंकि दीवाल तो खड़ी की नहीं गयी थी तथापि ऐसा करने से दर्शकों को कोई असुविधा नहीं हुई।

इसके बाद उठाया गया **छेंड़ा तार।** इस नाटक में तीन अंक में कुल नौ दृश्य हैं, अर्थात् द्रुत परिवर्तन की आवश्यकता थी। अतः किसी भी दृश्य में ज़्यादा चीज़ें नहीं रखी जा सकती थीं। दृश्य था गाँव का रास्ता और रहीमुद्दि का घर। तीन दृश्य हैं मध्यवित्त परिवार का बैठने-उठने का कमरा। दो दृश्य हैं एक ऐग्रिकल्चरल ऑफ़िसर का बैठने का कमरा। सजाने की दृष्टि से सबसे अधिक मार खाया इन दृश्यों ने। एक टाट के पर्दे पर कुछ सामान या एक खिड़की आँक दी गयी और उसके सामने दो-एक कुर्सियाँ या मोढ़ा आदि रख दिये गये थे। एकदम विश्वसनीय नहीं लग रहा था पर इससे अधिक कुछ करने की सामर्थ्य हममें नहीं थी, अतः दिमाग़ में कुछ आया भी नहीं। हम लोगों ने अपना ध्यान लगाया साधारण किसानों के घर पर। दूर से देखने पर गाँव का-सा लगे, ऐसा चित्र अढ़ाई फ़ीट चौड़ी और क़रीब तीस फ़ीट लम्बी दफ़्ती (पिचबोर्ड) पर आँक दिया गया। उसे एक काठ के फ्रेम पर लगाकर पीछे के पर्दे से क़रीब-क़रीब सटाकर रख दिया गया। जब गाँव के सामान्य रास्ते का दृश्य दिखलाना होता था तो मंच पर और कुछ नहीं होता था। हमलोगों ने एक हल्के तख़्तपोश पर कुटिया का सामने का हिस्सा आँक रखा था। जब रहीमुद्दि का घर दिखलाना होता था, तब उसे ही मंच पर ठेल दिया जाता था। प्रथम अंक के लिए दूसरी ओर केले का एक पेड़ और छोटी-सी झोंपड़ी जैसी बनाई जाती थी। वह सब अकालवाले दृश्यों आदि में नहीं रखी जाती थी। हम लोगों का कोई अपना मंच न होने के कारण और नाटक में अनेक दृश्य-परिवर्तन होने के कारण न हम मध्यवित्त भद्रलोक महिम के घर को ठीक से सजा सके और न किसान रहीम के आँगन को ही। लेकिन नाटक और अभिनय की गुणवत्ता के कारण छेंड़ा तार जम गया। हम लोगों की समझ में आया कि नाटक के ख़ास तत्त्व होते हैं नाटक और अभिनय। वे ही दर्शकों

के मन को आकृष्ट करते हैं। इसी के साथ यदि आँखों को भी तृप्ति प्रदान की जाये तो आकर्षण और बढ़ जाता है। इसी कारण हम लोगों के मन में है कि भविष्य में कभी सम्भव हुआ तो हम नये ढंग से साजगोज करके, अर्थात् नवपर्याय में, छेंड़ा तार एक बार फिर से करेंगे।

उपर्युक्त तीनों नाटकों को करके समझ में आया कि नाटक एक सचल चीज़ है। उसके पीछे एक अचल पेंट किया पर्दा टाँगकर हम उसकी स्थूलता ही नहीं बढ़ाते, उसकी नाटकीयता को भी क्षति पहुँचाते हैं। अवश्य ही कोई नयी बात नहीं है, ऐसी बातें रवीन्द्रनाथ वर्षों पूर्व कह गये हैं। इस समय हमने उस बात को और अच्छी तरह समझा। दृश्य के शुरू में ही दर्शक को बता देना चाहिए कि जगह कौन-सी है। उसके बाद नाटक को आगे बढ़ाते चलना। हम लोगों के मन में आया, एक नाटक हम बिना किसी वस्तु (प्रॉपर्टी) के करें। हुआ **विभाव** नाटक। उसमें हमारी समझ में आया कि केवल दृश्यपट ही नहीं, चरित्र के अनुसार पूरी वेशभूषा भी ज़रूरी नहीं, कुछ सामान्य इंगित करने से भी काम चल सकता है। पात्र पुलिस है, यह बतलाने के लिए सामान्य पोशाक पर ही एक क्रॉस बेल्ट दे देने से काम चल गया। मज़ेदार था न? असल में आँखों के सामने पड़ा केवल इंगित। ठीक से यदि इंगित उपस्थित कर दिया जाय तो असल चीज़ की जरूरत ही नहीं। बाक़ी काम होता है दर्शक के मूड को सही दिशा दे देने का। वह चेष्टा की गयी थी चार अध्याय में। इस नाटक के अधिकांश में है एला और अन्तु का कथोपकथन। उस कथोपकथन में पल-पल रंग बदलता है, मूड बदलता है। वहाँ पर मंच-सज्जा की गयी बहुत सामान्य चीज़ों से और प्रकाश के परिवर्तन से मूड का परिवर्तन व्यक्त किया गया। देखा काम बना, दर्शकों ने एक तरह की अन्तरंगता का अनुभव किया। लेकिन इसके साथ ही एक और बात प्रतीत हुई। यदि मंच पर ऊँचे-नीचे एकाधिक स्तर बनाये जा सकें तो देखने में और अच्छा लगता है। समान धरातलवाले मंच पर हम घूम-फिरकर कितने ही पैटर्न बनावें, उसकी तुलना में यदि एक व्यक्ति नीचे से ऊपर के धरातल पर उठता और फिर नीचे उतर आता है तो देखने में बहुत अच्छा लगता है। इसी कारण दशचक्र नाटक में सभा के दृश्य में उतनी बड़ी सीढ़ी बनायी गयी, उसका सुफल भी मिला।

किन्तु इन सबके बीच, एक बात हम लोगों के मन में क्रमशः प्रबल होने

लगी थी। एक परिपूर्ण सच्चे बंगाली नाटक का स्वरूप क्या होगा? हम लोग विदेशी नाटकों का अनुकरण करके खेले गये नाटक देखने के अभ्यस्त हो गये हैं। बंगला नाटक के नाम से जो आज हो रहा है, उसका चरित्र-चित्रण, उसकी नाटकीयता, उसका घात-प्रतिघात सब विदेशी नाटकों का अनुकरण होते हैं। अन्तर होता है तो इस बात में कि विदेशी नाटक गम्भीर और साहित्यिक गुणसम्पन्न होते हैं, जबकि हमारे नाटक वैसे नहीं होते। इस बात की सच्चाई तब और भी उभरकर आयी जब हमने इब्सन के नाटक का भावानुवाद **दशचक्र** मंचस्थ किया। स्पष्ट समझ में आया कि पूर्व की चित्रकला पश्चिम की चित्रकला का अनुकरण एकदम नहीं है। इसकी एक अपनी भंगिमा है। नाट्याभिनय में वह कहाँ है? छाप विदेशी हो सकती है पर पूरा ढाँचा तो स्वदेशी ही होना चाहिए। **धर्मघट** नाटक में महुआ पाला गान के कुछ दृश्य शामिल हैं। उसे सजाते हुए हमें बहुत आनन्द मिला था। दो-एक और छोटे नाटक किये गये। उनसे भी मन की आकांक्षा और बढ़ गयी थी। ऐसे समय हम लोगों ने **रक्तकरबी** उठाया। मन को लगा—यह रहा असल बंगाली नाटक। इसका शुरू से अनन्त तक सब कुछ बंगाली है।

जो भी हो, रक्तकरबी की बात यहाँ न करके केवल इतना कहना चाहूँगा कि प्रस्तुति की विभिन्न पद्धतियों के बारे में मैंने जो कुछ कहा है, वह अपने आन्तरिक ज्ञान और अनुभव के आधार पर। आशा करता हूँ इससे कुछ लोगों का भला होगा।

सन् 1955
प्रथम प्रकाशन

पाद-टिप्पणी

पथिक *तुलसी लाहिड़ी* (सन् 1897-1959) रचित नाटक जिसका मंचन बहुरूपी ने सन् 1949 में किया और जो बहु-चर्चित रहा। इसके पूर्व लिखित दुःखीर ईमान और छेंड़ा तार आपके अन्य दो लोकप्रिय नाटक थे।

उलूखागड़ा *श्रीसंजीव* (शम्भू मित्र का छद्म नाम) द्वारा सन् 1950 में लिखित एवं बहुरूपी द्वारा सन् 1951 में मंचित।

बिभाब बहुरूपी के सदस्यों द्वारा रचित एवं सन् 1951 में मंचित एकांकी। नाटक में किसी वस्तु—हैंड प्रापर्टी—का उपयोग नहीं किया गया था।

चार अध्याय *रवीन्द्रनाथ ठाकुर* द्वारा रचित इसी नाम के उपन्यास का नाट्य-रूपान्तर। रूपान्तरकार, निर्देशक एवं अतीन की मुख्य भूमिका में अभिनय किया शम्भु मित्र ने। भारत की तत्कालीन राजनीतिक स्थिति और परस्पर सम्बन्धों को गहराई से प्रस्तुत करनेवाली, कहानी के सुप्रसिद्ध आलोक संयोजन तापस सेन और शम्भु मित्र तथा उनके सहयोगियों के सशक्त अभिनय ने चार अध्याय की प्रस्तुति को दीर्घ काल तक जीवित रखा। शम्भु मित्र की प्रस्तुतियों में हर दृष्टि से चार अध्याय का विशिष्ट स्थान है।

दशचक्र नॉर्वेजिया के नाटककार *हेनरिक इब्सन* (सन् 1828-1906) के विश्वविख्यात नाटक ऐन एनेमी ऑफ़ दी पीपुल का भारतीय रूपान्तरण—रूपान्तरकार शान्ति बसु। अपनी सार्वभौम विषयवस्तु और शम्भु मित्र का एक सामान्य डॉक्टर से एक सशक्त नायक की भूमिका में उत्तरणा अद्‌भुत अनुभव था। अपने नाना गुणों के कारण बहुरूपी का दशचक्र बरसों खेला गया और दर्शकों ने बड़े चाव से देखा।

धर्मघट *मन्मथ राय* (सन् 1899-1989) द्वारा रचित एवं बहुरूपी द्वारा सन् 1953 में प्रयोजित नाटक।

पॉपुलैरिटी

कलाकारों की दुनिया में पॉपुलैरिटी एक विद्युतगर्भा शब्द है, अर्थात् उसके गर्भ में बिजली स्थित होती है। इससे बचना मुश्किल है। स्वाभाविक रूप में कलाकार अपने विचार, अपना आनन्द सभी के साथ बाँटने का इच्छुक रहता है। उसके उपभोक्ताओं की संख्या जैसे-जैसे बढ़ती है, वैसे ही वैसे बीच में व्यवसायी भी जुटने लगते हैं। और जितना ही उन व्यवसायियों के साथ लाभ में वृद्धि होती है, उतना ही उनकी समझ में आने लगता है कि बिक्री बढ़ेगी तो अपना लाभ भी बढ़ेगा। और उन व्यवसायियों की जितनी ही उन्नति होती है, वे एक बात ख़ूब अच्छी तरह समझने लगते हैं कि बिक्री बढ़ने का माने ही हुआ लाभ का बढ़ना। अतः वे बिक्री के कारण का एक फ़ॉर्मूला ठीक करते हैं और फिर कलाकार के ऊपर उसी के अनुसार काम करने के लिए दबाव डालते हैं, क्योंकि कलाकार ही उनकी मुनाफ़ा कमानेवाली मशीन होती है। फलस्वरूप अपनी बात दूसरों तक पहुँचाने के जिस उद्देश्य से कलाकार ने अपना सृजन शुरू किया था, वह ग़ायब हो जाता है और रह जाता है बीच के दलालों के आदेश और अनुशासन के अनुसार कला का सृजन।

इधर हर देश में जनगण की जय-जयकार का ज्वार आया हुआ है। जन-साधारण की राय ही सर्वत्र सर्वोपरि हो गयी है। ये सब बातें सभी वामपंथियों द्वारा कही जाती रही हैं। फलतः लोकप्रिय होने को उत्सुक सभी सत् कलाकार हर समय भागदौड़ करते, हाँफते रहते हैं। तथापि एक ओर हम निष्ठावान अतीत के महान कलाकारों का पदानुकरण करेंगे और दूसरी ओर लारे-लप्पा की तरह लोकप्रिय होना चाहेंगे—ये दोनों आकाश-कुसुम वास्तविकता की (ठोस) भूमि पर नहीं उपजते। और इतना साहस भी नहीं रहता कि मुँह खोलकर कह सके कि जन-साधारण की राय हम नहीं मानते। वैसा करने से तो जात बाहर होना पड़ेगा।

किताब लिखकर पैसा अर्जन किया जा सकता है, यह बात समझ में आने के साथ ही यह भी समझ में आने लगा कि सिनेमा के लिए लिखने से और भी पैसा कमाया जा सकता है। फलस्वरूप सिनेमा कम्पनी के फ़ॉर्मूले के अनुसार क़लम चलने लगी। यह रोग हर कहीं पाया जाता है।

इसके ऊपर से, जितने लोगों के किताब खरीदने से एक संस्करण शेष होता है, उतने लोग एक ही शाम को एक साथ उसका अभिनय देख लेते हैं। नाटक के स्थान पर फ़िल्म हो तो एक ही समय अनेक जगहों पर बहुत अधिक लोग देख सकते हैं। साफ़ है, उसमें ख़र्च कम, पर लाभ अधिक होता है।

इधर व्यक्ति यदि किसी दल के साथ जुड़ा हो तो उससे प्रचार में बहुत सहायता मिलती है। मतलब पॉपुलैरिटी। अपने बंगाल में यह बहुत बार देखा गया है कि दलविहीन व्यक्ति का अनादर करके, उसकी निन्दा करके उसकी तुलना में बहुत कम योग्यतावाले को लोग सिर चढ़ाते हैं। जिनकी स्मृति अच्छी है, उनमें से बहुतों को ये सब क़िस्से याद होंगे। स्वयं रवीन्द्रनाथ को न जाने कितनी बार यह सब सहना पड़ा था। मरने पर भी उन्हें चैन नहीं मिला। एक बार सुनने में आया कि सुकान्त कुछेक कविताएँ लिखकर ही उन्हें बहुत पीछे छोड़ आये हैं। होगा। हमें तो दुख इस बात का है कि सुकान्त की मृत्यु के बाद ये सब बेहूदी बातें की जा रही हैं। वह एक बहुत ही सुसंस्कृत व्यक्ति था।

ख़ैर, जो भी हो। पॉपुलैरिटी का एक तरीक़ा यह भी है—किसी दल या व्यवसायी की स्वार्थसिद्धि करवा देना। इस तरह की बात सुनकर हम सभी को ख़राब लगता है, तथापि इसका आकर्षण ज़बरदस्त होता है। जब भी सुनता हूँ कि अमुक व्यक्ति को बस्ती से लाकर फ़िल्म का नायक या नायिका बना दिया गया है, उसके विगत जीवन के सम्बन्ध में नाना तरह के असम्भव और असंगत क़िस्से लोगों की ज़बान पर मँडराने लगते हैं, जब उसके साम्प्रतिक जीवन के सामाजिक या असामाजिक प्रेम-सम्बन्ध को लेकर फ़िल्मी पत्रिकाओं में निर्लज्ज तुच्छ बातें हो रही होती हैं, जब रास्ते के हर मोड़ पर बड़े-बड़े पर्दों पर उसके चित्र लगाये जाते हैं, अख़बार में रोज़ उसका नाम आता है, तब माथा ठीक रखना कठिन हो जाता है। जिस देश के साधारण लोग अपने श्रेष्ठ लेखक, चित्रकार और वैज्ञानिक को नहीं पहचानते, वे फ़िल्म के प्रेमी-प्रेमिका के चेहरों से इतने परिचित होते हैं कि उनकी झलक मिलते

ही भीड़ जुट जाती है जो अभद्र चीत्कार करके अपनी अतृप्त यौन-क्षुधा का कीचड़ उछालते रहते हैं। अनेक लोगों के मन की अतृप्त वासना इन लोगों के माध्यम से तृप्त होती है—वाइकेरियस तृप्ति। अर्थात् पॉपुलैरिटी। और इस पॉपुलैरिटी की ख़ातिर सुना है हॉलीवुड के ऐक्टर्स बीच-बीच में किसी के साथ भाग जाते हैं या ब्याह करके सात दिन के अन्दर तलाक़ लेकर अलग भी हो जाते हैं। ऐसा कुछ होने से अख़बार के लिए एक गरमागरम ख़बर जुटती है और अख़बार में जितना ही उसका नाम छपता है, उसकी प्रयोजनीयता भी उतनी ही बढ़ती जाती है।

दूसरी ओर ऐसे बहुत से साधारण लोग हैं जो असाधारण लोगों की असाधारण विशिष्टता प्राप्त करने की आकांक्षा रखते हैं। इसके कारण राजनैतिक नेताओं का जन्म होता है। उन लोगों को भी अच्छी तरह थोड़े-थोड़े समय पर सोच-विचार करके कुछ ऐसा चौंका देने वाला काम करना पड़ता है, जिसे लेकर अख़बारों में कुछ दिन हो-हल्ला हो सके।

असल में यह स्थिति बड़ी करुण होती है। हम सभी केवल कुछेक वर्षों के लिए ही इस पृथ्वी पर रहने का अनुमति-पत्र लेकर पैदा होते हैं। उसी के भीतर सारा खेला सीमित रहता है और उतने में ही सबका अवसान हो जाता है। यौवन काल तक तो हम अनजाने पहुँच जाते हैं, प्राकृतिक कारणों से। उस समय लगता है कि हम ही ज़िन्दा हैं और हम ही चिरकाल तक ज़िन्दा रहेंगे। लेकिन सूर्य जितना ही पश्चिम की ओर अग्रसर होता है, उससे हमारी समझ में आने लगता है कि जीवन का अविराम तेज स्रोत हमें धीरे-धीरे उस पार की ओर ठेल रहा है, जहाँ अर्थलुप्त इतिहास के अवशेष बचे हैं। और उसी समय से शुरू होता है *टग ऑफ़ वॉर*। स्टंट मारकर कुछ बेलल्लापन करके, किसी तरह लोगों की नज़रों के सामने बने रहना। कहा जाता है कि आदमी की याददाश्त बहुत दुर्बल होती है। अतएव किसी व्यक्ति का नाम पन्द्रह-बीस वर्षों तक बराबर अख़बार में छपता रहे—चाहे साम्प्रदायिक दंगा भड़काने के लिए हो या अनेक बेलल्लों के एकसाथ जमा होने के कारण ही हो—आम आदमी मान लेता है कि उस व्यक्ति में अवश्य ही कुछ ख़ासियत होगी, तभी तो हम इतने दिनों से उसका नाम सुनते आ रहे हैं।

अतः जिस सभ्यता में विचारशील चिन्तकों के बदले विचारहीन लोग अधिक

पब्लिसिटी पाते हों (और निर्विरोध), उस सभ्यता का कोई महत्त्व है?

उसके अलावा आम लोगों के अज्ञान, कुसंस्कार और बचपने का सवाल भी है। शास्त्रीय संगीत सुनने के लिए हमने लोगों को रात-भर फ़ुटपाथ पर बैठे देखा है। हमें आश्चर्य भी हुआ और उनके प्रति कृतज्ञता से हम अभिभूत भी हुए हैं, क्योंकि आम तौर पर तो उनके मुँह से तेज़ी से फैलने वाली संक्रामक महामारी की तरह लारे-लप्पा ही सुनने में आता है। **उदयशंकर के नृत्य** से **श्यामली** नाटक ही कलकत्ता में अधिक जोश-ख़रोश के साथ चलता है। **श्यामली** की बिक्री के सामने शिशिर बाबू की श्रेष्ठ कीर्ति भी म्लान पड़ जाती है। अवश्य ही उनके ज्ञानी-गुणी लोग इन लोगों के प्रति बहुत अधिक श्रद्धा रखते हैं और वह श्रद्धा कुछ धुएँ से आच्छादित धुँधले से रूप में जनसाधारण के मन में भी रहती है, लेकिन पैसा तथा भीड़ की दृष्टि से जो पॉपुलैरिटी होती है, वह अनेक कम योग्यता वाले बुद्धू लोगों को ही मिलती है।

व्यवसायी लोग सिनिक होते हैं। वे हँसकर कहते हैं—वही तो। थोड़ा हाउ-हाउ करके रोना, थोड़ा भँड़ैती करके हँसाना, अच्छी भड़कीली पोशाक और एक थक्का सेक्स अपील, बस, सब जमकर कुलफ़ी हो जायेगा। अरे साहब, यह सब कॉमर्शियल मामला है। आम आदमी की रुचि के अनुसार न हुआ तो वह पैसा क्यों देगा भला?

राजनीतिक नेता लोग कहते हैं—पीपुल ही स्वर्ग हैं, पीपुल ही धर्म है, पीपुल ही सर्वापरि हैं, परमंतप हैं। पॉपुलर हुए बिना सार्थकता नहीं। वोट पर ही इलेक्शन में जीत निर्भर करती है। आपने ध्यान नहीं दिया, आचार-व्यवहार में खाँटी यूरोपियन जिन्ना साहब ही मुस्लिम कौम के जन्मदाता हुए। और नेहरू जी जैसे लोग कुम्भ का जल माथे पर छिड़कने के लिए गये। ख़ासकर जब कोई मार्क्सवादी नेता ऐसा कुछ कहता है तो बड़ा आश्चर्य होता है, क्योंकि जहाँ तक हमारी जानकारी है, मार्क्स साहब जीवित रहते प्रोलेटेरियटों के बीच पॉपुलर नहीं हो पाये थे।

ख़ैर, छोड़िए इसे। ऐसी अवांछित स्थिति से जिसमें न समाज के कर्ताओं से तारीफ़ मिली न जन-साधारण का नाचकूद मिला, बहुत से नाटककार और नाट्यदल दिग्भ्रमित होते जा रहे हैं। वे भूल कर रहे हैं। इस धरती पर कोई भी वस्तु अकस्मात् नहीं होती, उसका एक कारण, कोई बड़ा कारण होता है,

जिसके साथ उस कारण का सम्पर्क रहता है। नाटक करने में पैसा लगता है। यह देखना होता है कि पैसा देगा कौन। अतः ख़रीददार को समझकर ही चीज़ बनाई जाती है। फ़िल्म-निर्माता मोटर, ड्राइंगरूम और कोट-पैंट समन्वित ऐसी फ़िल्म बनाते हैं जो स्कूल-कॉलेज के लड़के-लड़कियों और उन लोगों के लिए होती हैं, जिन्हें आधुनिकता की बाई चढ़ी रहती है। एक और तरह की फ़िल्म बनती हैं—पौराणिक देवी-देवताओं को लेकर। उनका असल लक्ष्य होती हैं मफ़स्सल की महिलाएँ। ठीक इसी तरह किसी नाट्य दल को यदि यह समझ में आता है कि उसका तन-मन-धन सब निर्भर करता है फ़लाँ राजनीतिक नेता या व्यवसायी के ऊपर तो उसे उस राजनीतिक और व्यावसायिक अनुशासन को मानना ही पड़ता है। अर्थात् या तो पोलिटिकल लेक्चर या फिर सेक्स-अपील।

इसकी प्रतिक्रिया के फलस्वरूप बार-बार एक और तरह की मुसीबत दिखलाई पड़ती है। कलाकारों ने स्पर्धा के स्वर में कहा है कि हमारी कला केवल हमारे लिए है या केवल हमारे आसपास वाले लोगों के छोटे से दल के लिए। फलस्वरूप वे जीवनस्रोत से विच्छिन्न होकर केवल आंगिक को महत्त्व देकर काग़ज़ के फूल जैसे रह जाते हैं। ग़नीमत है कि दुनिया के श्रेष्ठ कलाकारों ने यह भूल नहीं की।

पारिपार्श्विक जीवन कलाकार के मन में आलोड़न उत्पन्न करता है। जो घटनाएँ उसके अन्तर में गहरे जाकर आघात करती हैं, उन्हें ही वह सजा-सँवारकर दूसरों को बतलाना चाहता है। लेकिन वह कलाकार तभी होता है जब कोई गम्भीर बात गम्भीरता से कहता है। और यदि उसका उद्देश्य केवल एक मनोरंजक कहानी कहना मात्र हो तो उसे भाँड़ ही कहा जायेगा। सबका मन देखकर काम करना तो उसका मूल उद्देश्य नहीं है, उद्देश्य है अपने मन की बात को सबको अच्छी तरह बताना और फिर स्वीकार करवाना। ऐसा न हो तो सभ्यता की अग्रगति का कोई मतलब ही नहीं होगा। अग्रगति माने विप्लव। क़दम-क़दम पर नये के साथ पुराने का विरोध होता है। निर्विचार मानने के विरोध में सोच-विचार करके विद्रोह करना।

इस विद्रोह का बीज समाज के हर क्षेत्र में हर समय विद्यमान रहता है। वह धीरे-धीरे अपने डाल-पत्तों का विस्तार करके एक दिन एक विशाल वृक्ष

की तरह हमारे सामने उपस्थित हो जाता है। तब उसे स्वीकार करना ही पड़ता है। स्वीकृति के साथ ही उस विशाल वृक्ष के चारों ओर पुराणपंथिता की एक वेदी तैयार होने लगती है। देवता को एक ओर दबोचकर सामने की ओर ऐन प्रगति के पथ पर महन्तों की गद्दियाँ पैर पसारने लगती हैं। ये लोग रवीन्द्रनाथ जैसे जन्मजात विद्रोही को भी पुराणपंथियों की वेदी के नीचे दबोचकर रखना चाहते हैं, अन्यथा बहुरूपी द्वारा की जानेवाली **रक्तकरबी** की प्रस्तुति को लेकर इतना अस्वाभाविक गोलमाल कभी हो सकता था? **जलजला** के बाद? **बहू ठकुरानी का हाट के बाद**? **मालंच** के बाद?

लेकिन उनकी इच्छा कभी पूरी नहीं होगी। अतीत के उस विशाल वृक्ष ने महन्तों की वेदी के नीचे क़ैद बीज के द्वारा वर्तमान के पास सन्देश भिजवा दिया है। वह बीज असंख्य जड़ों के दबाव में रहकर भी बढ़ेगा और एक दिन पुराणपंथियों की उस संगमरमरी वेदी को तोड़कर ऊपर आ जायेगा। और वही होगी रवीन्द्रनाथ की पॉपुलैरिटी और सार्थकता। महन्तों की संगमरमरी वेदी जब अवहेलना की धूल में मिलकर निश्चिह्न हो जायेगी, तब भी हमारी अगली पीढ़ी के लिए रवीन्द्रनाथ का यौवन स्पर्श-ग्राह्य, दृष्टि-ग्राह्य और प्रेम-ग्राह्य रहेगा।

तो क्या रवीन्द्रनाथ ने केवल लोकप्रिय होने की चेष्टा की थी? जिस तरह यह सत्य है कि उन्होंने ऐसी चेष्टा नहीं की थी, उसी तरह यह भी सत्य है कि लम्बे अरसे तक उन्हें लोकप्रियता मिली भी नहीं थी। यह वे स्वयं जानते थे। सुना है कि इसीलिए उन्होंने नोबेल पुरस्कार पाने के बाद जब गाड़ी-भर बड़े लोग रवीन्द्रनाथ का अभिनन्दन करने शान्तिनिकेतन पहुँचे तो उन्होंने उन फूल मालाओं को तोड़कर फेंक दिया था। उन्होंने स्वयं लिखा है कि वे चाहते तो देशवासियों के बीच लोकप्रिय होना कोई बड़ी बात नहीं थी। इसका मतलब क्या यह है कि कलाकार केवल अपने में ही मशगूल रहकर रचना करता है? लेखक क्या अपने पाठक को और अभिनेता तथा नाटककार क्या अपने दर्शक को समझने की चेष्टा ही नहीं करेंगे? अवश्य ही करेंगे। हम जब अपने मित्र या अपनी प्रिया से बात करते हैं तो क्या केवल उसको अच्छी लगनेवाली बातें करते हैं या अपने मन की बात उसे समझाकर बतलाना चाहते हैं? किसी के मन को अच्छी लगने वाली बात तो मुसाहिब करते हैं, भाँड़ या विदूषक करते हैं।

तो क्या हम लोग उपभोक्ताओं के लिए अपनी कलात्मक वस्तुओं को सजा-बजाकर नहीं रखेंगे? अवश्य ही रखेंगे, जहाँ तक सम्भव होगा। स्त्री भी तो अपने पति के लिए शृंगार करती है। बाल बनाती है, स्नान करती है, साफ़ साड़ी पहनती है, माथे पर सिन्दूर का टीका लगाती है, पान खाती है और घर के छिट-पुट काम करते हुए भी पति की प्रतीक्षा करती है। इसी तरह वारवधुएँ भी प्रतीक्षा करती हैं, लेकिन क्या दोनों एक ही बात है?

अवश्य ही बीच-बीच में ऐसी स्थिति बन जाती है जब स्त्री की वह साज-सज्जा पति के मन को आकर्षित नहीं करती। उसका मन और भड़काऊ साज-सज्जा के लिए क्षुब्ध हो उठता है, अशालीन उल्लास और अभद्र चीत्कार के लिए आतुर हो उठता है। उसका कारण खोजने पर शायद हम पायें कि स्त्री का वह स्निग्ध-शालीन आचरण धीरे-धीरे क्षीण और आकर्षणहीन होकर निष्प्राण लगने लगता है। प्रेम की ऊष्मा नहीं रह जाती, रह जाती है मात्र गाय के खुर में जमा स्थिर पानी की निष्प्राण हवा। ऐसी स्थिति में ही मनुष्य का मन विद्रोही हो उठता है। स्वाभाविक रूप से साँस लेने में जब असुविधा होती है, आदमी तभी लम्बी साँस खींचता है। अर्थात् ग़लत रास्ते पर चलकर सही परिणाम चाहता है। ग़लत रास्ते का निर्यास (सत्त) कुछ दिन सेवन करके नशे की स्थिति में आ जाता है। उस समय यदि कोई उसे शान्त जीवन की शक्ति की बात समझाने जाये या कोई शीतल पेय का गिलास उसके मुँह से लगाने जाये तो उसे व्यंग्य, विद्रूप का शिकार होना पड़ेगा, नशे की झोंक में मार भी खानी पड़ सकती है, लेकिन उसमें क्या कलाकार का कोई दोष होगा? वह उसका दुर्भाग्य हो सकता है पर दोष नहीं।

वैज्ञानिकों का कहना है कि समाज निरन्तर परिवर्तनशील रहता है। उसे किसी लोहे की ज़ंजीर से चिरकाल के लिए बाँधकर स्थिर नहीं रखा जा सकता। और परिवर्तन की ज़रूरत अकस्मात् एक दिन विप्लव के रूप में सामने आ खड़ी होती है।। फिर कुछ दिन वही एक धारा चलती है और विद्रोह का बीज छिपकर चुपचाप धीरे-धीरे शक्ति संग्रह करके बढ़ता चलता है।

बार-बार इस विप्लव की ज़रूरत क्यों होती है? अवश्य ही समयानुकूल कुछ परिवर्तन को होने नहीं दिया जाता, उसी के कारण ऐसा घटित होता है। परिवर्तन क्यों नहीं होने दिया जाता? कारण, कुछ लोगों को चालू व्यवस्था

में कई तरह की सुविधाएँ प्राप्त होती हैं और उसके लिए बहुत से लोगों को वाक्जाल में फँसाकर रखा जाता है। इसीलिए जब कभी कोई कलाकार अपने अन्तर में भविष्य के स्पन्दन को अनुभव कर पाता है तो उसकी बात उस बृहत् समाज के लोग नहीं समझ पाते और जो सुविधाभोगी होते हैं, वे उन्हें सन्देह की आग्नेय दृष्टि से देखते हैं। यह दुर्भाग्य, यह घटना अनिवार्य है, बार-बार घटेगा ही, क्योंकि रक्षणशील और अग्रगामियों के बीच युद्ध निरन्तर चलता ही रहेगा। हो सकता है भविष्य में कभी भी रक्तपात न हो पर यह युद्ध तो चलता ही रहेगा।

अपने देश के नाट्याभिनय के इतिहास पर एक नज़र डालने से इस पॉपुलैरिटी का एक प्रतिफल देखने में आता है। प्रायः एक शताब्दी से बांग्ला का रंगमंच चल रहा है। बहुत से नाटक अनेक बार अभिनीत हुए हैं और मुद्रारूपी स्नेह-लाभ से लाभान्वित होते रहे हैं, तथापि आज तक गर्व बोध करने लायक़ कितने नाटक लिखे गये? इनमें से जो लोग आदि-स्रष्टा थे, उनमें कई अवश्य ही शक्ति-सम्पन्न थे। किन्तु उसके बाद ही उन गम्भीर बातों को गम्भीरता से कहनेवाले लोग चले गये और मंच भी गम्भीर बात गम्भीर ढंग से कहने के बदले चमक-दमक और चौंका देने वाले रास्ते पर उतर आया। मंच क्रमशः एक ऐसी जगह पहुँच गया जहाँ नाटक का कथ्य गया चूल्हे में, उसकी समग्रता गयी चूल्हे में, रह गये केवल विशिष्ट अभिनेताओं का अपना क़रतब दिखाने वाले कुछ दृश्य। आज भी भादुड़ी साहब जिन-तिन को लेकर वही पुराने नाटकों का पुनर्चर्वण करवा रहे हैं, क्योंकि वे अच्छी तरह जानते हैं कि लोग नाटक देखने तो आते नहीं, वे आते हैं उन्हें देखने, उनके दांव-पेंच देखने, उनके मुद्रादोष देखने। चलिए, और किसी की बात हम छोड़ ही दें। यह क्या कला-सृजन की रीति है? इसके कारण एक-एक दृश्य में चौंकानेवाली फुलझड़ी छूटती है, अत्युक्ति की आतिशबाज़ी चलती है। भले ही उसका कोई अर्थ न हो, पर मज़ा तो रहता है। उस मज़े का आनन्द लेते-लेते दर्शकगण खूब अभ्यस्त हो गये हैं। यह मानो खूब मिर्च-मसाला और तेल देकर बनाया गया स्वादिष्ट व्यंजन हो। ऐसे नाटकों के स्थान पर अत्युक्तिविहीन जीवन के यथार्थ का चित्रण करनेवाले नाटक फीके लगेंगे। मैंने लक्ष्य किया है कि लोग सबको उड़ा नहीं पाते, तारीफ़ ही करते हैं किन्तु...यह एक किन्तु रह ही जाता है।

बांग्ला रंगमंच लोकप्रियता खोने के भय से किसी विधवा को समाज के प्रतिकूल जाकर प्रेम करते हुए नहीं दिखलाएगा। जो दो-एक विधवाएँ शरत्चन्द्र की कृपा से दिख जाती हैं, वे तभी दिखती हैं जब समाज द्वारा वे स्वीकृत हों। और यह करने का साहस उन्हीं दो-चार लोगों ने किया, जिन्हें हम बांग्ला रंगमंच का दिग्पाल कहते हैं। आम तौर पर ऐसा नहीं होता। असवर्ण विवाह होने का तो प्रश्न ही नहीं। स्टेज पर रजिस्ट्री द्वारा विवाह और भी असम्भव है। ऐसे और कई असम्भव सूची में हैं। यह व्यंग्य के रूप में आ सकता है पर वास्तविक तथ्य के रूप में नहीं। उनका कहना है यह सब करने से लोग नाराज़ हो जायेंगे, बिक्री नहीं होगी।

हो सकता है उनका कहना सही हो। ऐसी जानकारी तो है कि घर के लोगों का मन रखने के लिए रजिस्ट्री हो जाने के बाद पुरोहित को पैसा देकर, संस्कृत के मन्त्र बोलकर लोगों को दिखलाने के लिए एक और विवाह करवा दिया जाता है। और ऐसा भी देखा है कि पहले मुँह से अगड़म-बगड़म कुछ कहा पर बाद में चेलि (विवाह के समय पहना जाने वाला एक वस्त्र) पहनकर चेहरे पर चन्दन का टीका लगवाकर हिन्दू विवाह भी करवा आये। ये सभी उच्च वर्गवाले पढ़े-लिखे लोग थे। मंच के मालिक तो व्यवसायी होते हैं, ख़रीददार की मूँछ देखकर ही उसके बारे में अन्दाज़ लगा लेते हैं। आश्चर्य तब होता है जब ये बनावटी शिक्षित लोग हमारे मंच की निन्दा करते हैं। जो चाहे हो, हमें अपना माथा गरम करने की क्या ज़रूरत है। मोटी बात यह है कि ऐसे लोगों का मुँह देखकर पैसा कमाकर हमारा थियेटर जातिभ्रष्ट हुआ है। इसके बदले निर्भीक होकर प्रेमकथा का चित्रण करके हम अधिक गौरवान्वित होते।

शराबी बाबुओं की शराबख़ोरी को प्रश्रय देकर, उनकी इच्छानुसार चलकर अनेक वरवधुओं को जीवन के अन्तिम दिन पान बेचकर काटने पड़े हैं, ऐसी दुखद कहानियाँ भरी पड़ी हैं। अतः ख्याति और अर्थ के चक्कर में, स्वच्छ-सुन्दर-आनन्द प्रदान करने वाले ये साधन सुन्दर युवक-युवतियों के नाना तरह के प्रदर्शन से भर गये हैं। अर्थात् कला नहीं, उच्छृंखलता की दलाली। लड़की दिखाकर जो लोग पैसा कमाते हैं, उन्हें क्या हम समाज के निकृष्टतम दलाल मानते हैं?

तब भी, बहुतों को इस क्षेत्र से ही पैसा कमाने की चेष्टा करनी पड़ती

है। इस वास्तविकता को मैं स्वीकार करता हूँ, क्योंकि पृथ्वी पर जीवित रहने से बढ़कर पुण्य कोई दूसरा नहीं। लेकिन जीवित रहना होगा इस अश्लील अवस्था की निन्दा करके, नये को गढ़ने में सहायता करने की प्रेरणा देकर, केवल पॉपुलर होने की चेष्टा करने में अपनी ही आत्म-मर्यादा नष्ट होगी।

पाद-टिप्पणी

श्यामली : *निरुपमा देवी* (सन् 1883-1951) के उपन्यास का नाट्य रूपान्तर। रूपान्तरकार सुप्रसिद्ध नाटककार और निर्देशक देवनारायण गुप्त। पेशेवर मंच पर श्यामली अत्यन्त लोकप्रिय हुआ और इसके कई सौ प्रदर्शन किये गये।

जलजला, बहू ठाकुरानी का हाट, मालंच : रवीन्द्रनाथ की रचनाओं पर आधारित फ़िल्में।

दर्शकों का दायित्व

थियेटर अच्छा नहीं हो रहा है, या सिनेमा अच्छा नहीं हो रहा है आदि विषयों पर इतना लिखा जा रहा है (मैंने खुद भी दो-एक लेख लिखे हैं) कि उसका कोई सुफल नहीं मिलता। कहना-सुनना बहुत हो चुका, अब ज़रूरत कुछ कर दिखलाने की है। यह नहीं कि काम एकदम नहीं हो रहा है। हाल में ही हुए **नूतन यहूदी** नाटक को उपयुक्त प्रशंसा मिली, नाटक के अभिनय के लिए बहुरूपी को भी पर्याप्त यश मिला, किन्तु इन सब के बारे में कुछ भी कहना मेरे लिए कठिन है, क्योंकि मैं खुद भी एक दल से जुड़ा हुआ हूँ। बाद में सुनने को मिलेगा अपने मुँह मियाँ मिट्ठू बन रहे हैं। तब बहुत लज्जित होना पड़ेगा।

कुछ दिन पहले **गैरिक पताका** नामक नाटक खेला गया था। उसमें अनेक नामी-गरामी अभिनेता अभिनय कर रहे थे। फलस्वरूप बिक्री भी खूब अच्छी हुई– एक शो को क़रीब सात हज़ार रुपये। इसी से समझ में आता है कि चलता कैसे है। असल में हम लोग ही चलवा रहे हैं। मरते-मरते भी यदि कोई चीज़ चली चल रही है तो मानना चाहिए कि कोई न कोई उसे सहारा दे रहा है। इस मामले में वह पृष्ठपोषक कौन है? राष्ट्र? बहुत छोटी मात्रा में। इंटरटेनमेंट टैक्स से छूट देकर असल में एक के बदले किसी और पर उसका भार डाल दिया गया है, बस। पर बिक्री होगी तभी तो इंटरटेनमेंट टैक्स का सवाल उठेगा। यह साधारण दर्शक का मामला है। साधारण दर्शक वहाँ जाते हैं या नहीं? जाते तो हैं, पर नहीं भी जाते। अभिनेता विशेष के प्रति उन्हें लगाव है, लेकिन रंगमंच के प्रति नहीं। उस कोटि के कई अभिनेता यदि कभी एक साथ जुटते हैं तो फिर खूब भीड़ होती है। उदाहरणस्वरूप, श्रीरंगम में **विजया** नाटक हुआ था। भादुड़ी साहब, छबि बिस्वास, जहर गांगुली और सरयूबाला सभी थे। साथ ही स्टार लेखक शरत्‌चन्द्र थे। कई दिन खूब बिक्री

हुई। किन्तु ऐसे प्रदर्शन में आपस में कोई सम्बन्ध नहीं बन पाता, संगति नहीं बैठ पाती, नाटक भी नहीं उभर पाता। जो चीज़ उभरकर आती है, वह होती है दर्शकों को मोहने के लिए की गयी कुछ व्यक्तिगत विशेष कारसाज़ियाँ, कुछ विशेष कौशल।

फिर भी पैसा तो आता है। और वही जनप्रियता का प्रमाण होता है। अर्थात् बांग्ला रंगमंच की क्रमागत अवनति का कारण है उसका दर्शक समाज। कलाकारों और मालिकों को बहुत गालियाँ दी जा चुकी हैं। सच पूछिए तो जितनी निन्दा उनकी की गयी वह तुलना में उनके दोष से कहीं अधिक थी। लेकिन दर्शक मंडली, आम आदमी अपने दोष नहीं देखता। पैसा कमाने के लिए ही तो थियेटर किया जाता है। अब दर्शक यदि पैसा न दे तो थियेटर या तो बन्द हो जायेगा या फिर रूप बदलेगा। किन्तु टिकट बिक्री से उसने स्पष्ट इंगित कर दिया है कि कला-वला से उसे कुछ लेना-देना नहीं है, थोड़ा-सा रोमांच होने से ही उसका काम चल जाता है। और हाँ, थोड़ा-सा ग्लैमर भी।

उक्त मत केवल बिना पढ़े-लिखे सस्ते दर्शकों के लिए हो, सो नहीं। हमारे देश के अंग्रेज़ी पढ़े-लिखे, उच्च नौकरी करने वाले कुलों में जन्मे अंग्रेज़ीदाँ लोगों के ऊपर यह बात और लागू होती है। हमारे समाज की अग्रणी श्रेणी में वे ही लोग होते हैं। एक बार एक सुप्रसिद्ध अभिनेता ने दुख के साथ कहा था—बुद्धिमान लोग भी टिकट के आधे काउंटर-फ़ॉयल के साथ अपनी आधी बुद्धि भी गेटकीपर को देकर हॉल में प्रवेश करते हैं। और जितनी बकवास और रोना-पीटना मंच पर होता है, उस पर ताली बजाते हैं।

बात उड़ा देने की नहीं है। अवश्य बहुत से लोग कहते हैं कि आजकल थियेटर में कम लोग आते हैं। यह तो स्वयं ही प्रमाण है कि लोग समझते हैं। यदि उनका यह कथन सच है तो युद्ध के समय ऐसे भ्रष्ट नाटकों से इतने लोगों ने इतना-इतना पैसा कैसे कमाया? वह रुपया किसने दिया था? एक सज्जन ने उत्तर में कहा कि एकदम अलग बात थी। उस समय बहुत-से लोगों को बहुत-सा फ़ालतू रुपया मिल रहा था, इसलिए। यदि यह बात थी तो मानना होगा कि उस समय फ़ालतू का काम करने वाले काला धन पा रहे थे और अब सचमुच कला को समझनेवाले काम के लोग और उस क्षेत्र में काम करने वाले लोग पा रहे हैं। तथापि, बीच-बीच में हिसाब लगाने पर पाता हूँ कि साधारण

जीवन में पैसे की क़ीमत चार-पाँच गुणा बढ़ गयी है। साथ ही यह भी देख रहा हूँ कि करोड़पति मालिक लोग लोगों के सिर पर कटहल फोड़कर न जाने कितना अरब-खरब रुपया कमा रहे हैं। अर्थात् कला को समझने वाले सच्चे पारखी होते हैं...अतएव कहा जा सकता है कि थियेटर की ऐसी कुछ अवनति नहीं हुई है, लोगों ने जो चाहा, वही हुआ है। दोष इतना ही है कि ग्लैमर का थोड़ा अभाव है। अँग्रेज़ी बोलने-समझनेवाली कम उम्रवाली ऐसी लड़कियों को लाना होगा और अंग्रेज़ी तरह के थोड़े नाच-वाच—बस। फिर और कुछ नहीं देखना होगा, भीड़ को रोकना मुश्किल होगा।

बात अति सत्य है। श्रद्धेय शिशिर कुमार को अनेक बार कहते सुना है कि अपने देश के लोग कला का न मूल्य देते हैं न ही सम्मान। शुरू-शुरू में यह बात बहुत बुरी लगती थी कि हम लोगों ने उनका जो सम्मान किया, स्वयं उन्होंने उसको महत्त्व नहीं दिया। अब इतना देखने-सुनने-समझने के बाद लगता है कि शायद उनकी बात सच ही थी। अनेक हल्ले-गुल्ले और मूर्खों की तारीफ़ के बीच उनका कलाकार मन शायद सच्ची प्रशंसा का भूखा ही रह गया। उनके अभिनय के जो वास्तविक गुण थे, जो विशिष्टताएँ थीं, उनकी ठीक समीक्षा आज तक मेरे देखने में तो नहीं आयी। रघुवीर के रघुआ में रूपान्तरित होनेवाले दृश्य में उन्होंने जो अभिनय किया, उसकी तुलना करना चाहें तो सारी दुनिया के श्रेष्ठ कलाकारों के साथ तुलना करके देखना होगा। जो भंगिमा आम तौर पर हास्यकर लगती है, वही कैसे एक बड़े क्लाइमैक्स का रूप ले सकती है, यह अभिनय देखकर ही समझा जा सकता है। मैंने जब देखा तब उनकी उम्र बावन साल की थी। उस उम्र का कोई व्यक्ति दोनों पाँवों में बाँस बाँधकर दो हाथ ऊँचे कूद सकता है, यह देखकर हँसी आना स्वाभाविक है। लेकिन सारी हँसी ग़ायब हो गयी थी वह अभिनय देखकर। मुझे ऐसा लगा था मानो बाज की तरह झपट्टा मारकर वे मेरे मन को न जाने कहाँ, कितनी ऊपर ले गये हों जहाँ महा मृत्यु के सामने मैं एकदम अकेला खड़ा होऊँ। उस उपलब्धि की बात मैं जीवन में कभी नहीं भूल पाऊँगा। इस तरह के और अनेक प्रसंग हैं। दुर्गादास बाबू में खाद में (अत्यन्त नीचे सप्तक में) बोलने की अद्भुत क्षमता थी। वैसा आवेग, उतने नीचे स्वर में (खाद में), मैंने और कभी नहीं सुना। क्या इस बारे में कभी कहीं कुछ लिखा गया होगा, पता नहीं। लेकिन विदेशी अभिनेताओं की कला की खूबियों के बारे में पढ़ा है। मैंने कुछ विदेशी अभिनेताओं का काम देखा भी है। उनमें सबसे प्रसिद्ध अभिनेता हैं जॉन गिलगुड। उनका हैमलेट नाटक देखा है। और देखकर अनुभव किया कि हमारे देश के प्रथम श्रेणी के अभिनेतागण कम क्षमताशाली नहीं। किन्तु

गिलगुड की कला के सम्बन्ध में जितने लेख मेरी नज़रों में पड़े हैं, सर लॉरेंस ओलिवियर के सम्बन्ध में जितनी समीक्षा-चर्चा हुई है, उसकी तुलना में हमारे कलाकार उपेक्षित रहे हैं और अज्ञात भी। हम लोगों ने रवीन्द्रनाथ की ख़ातिर करना शुरू किया उन्हें नोबेल पुरस्कार मिल जाने के बाद। उदयशंकर ने नृत्य को सम्मान की नज़रों से देखने लगे यूरोप-अमेरिका की सफल यात्रा करके लौटने के बाद। और फ़िल्मी अभिनेता की ख़ातिर करते हैं उनको मिलनेवाले द्रव्य की मात्रा देखकर। अतएव, इन दर्शकों की बुद्धि के अनुरूप ही फ़िलहाल थियेटर हो रहा है, कोई अधःपतन नहीं हुआ है। बस, हिन्दी थियेटर की तरह थोड़ा तौर-तरीक़ा बना लेने से फिर कोई गंडगोल नहीं रहेगा।

1357 बंगाब्द/सन् 1950

पाद-टिप्पणी

नूतन यहूदी प्रथम अभिनय : सन् 1930।

शिशिर कुमार भादुड़ी : (सन् 1889–1959) बांग्ला रंगमंच के शीर्षस्थ अभिनेता, जिन्होंने चार दशकों तक दर्शकों को बाँधे रखा था। उनके द्वारा अभिनीत **नादिरशाह, आलमगीर, रघुवीर** आदि नाटकों को आज भी लोग स्मरण करते हैं।

छबि बिस्वास, जहर गांगुली, सरजूबाला देवी : बीसवीं सदी के पेशेवर मंच के ख्यातिनाम अभिनेता-अभिनेत्री, जिन्होंने अपने अतुलनीय अभिनय द्वारा दशकों तक दर्शकों को मुग्ध किये रखा।

जॉन गिलगुड : (सन् 1904-2000) इंग्लैण्ड के विख्यात अभिनेता व निर्देशक। अनेक फ़िल्मों में भी अभिनय किया।

लॉरेंस ओलिवियर : (सन् 1907-1989) जॉन गिलगुड के समकालीन इंग्लिश रंगमंच के विख्यात तथा सिनेमा के भी बेहतरीन अभिनेता।

चरित्र-चित्रण (स्टानिस्लवास्की से)

अभिनेता के लिए एक नये चरित्र की सृष्टि करना कितना पीड़ादायक आनन्द होता है, उसकी एक कहानी स्टानिस्लवास्की की एक रचना में पायी जाती है। हममें से अनेक जो अभिनय करते हैं या जिन्हें करने से प्रेम है, सम्भवतः उनमें से अनेक तीव्र अनुभूति के साथ इस बोध के इन पर्यायों का अतिक्रमण करते रहते हैं। किन्तु सुसम्बद्ध सोच के अभाव में उस उपलब्धि का क्रिस्टलाइज़ेशन नहीं हो पाता। इसी कारण हम गुरुस्थानीय किसी व्यक्ति की तलाश किया करते हैं।

निर्देशक ने एक दिन सभी छात्रों से कहा कि वे आगामी पाठ के लिए अपनी इच्छानुसार किसी पात्र को चुन लें और उसके अनुरूप वेशभूषा पहनकर उसके ही अनुसार चलना-फिरना और आचरण करें और निर्देशक को आकर दिखलाएँ। वह चरित्र कुछ भी हो सकता है—एक व्यापारी हो, सैनिक हो, ईरानी हो या स्पेनिश हो, अभिजात वर्ग का हो, मच्छर हो, मेंढक हो, जिसे जो भी अच्छा लगे। थियेटर की पोशाकों में से खोज-खाजकर जिसे जो ज़रूरत हो, ले सकता है।

ठीक समय पर पोशाक विभाग में जाकर सभी ने अपनी ज़रूरत और पसन्द की चीज़ें चुन लीं। मुसीबत हुई तो केवल दो जनों को—सोनिया और कस्तिया को। सोनिया को इसलिए कि वह थोड़ी लम्बी थी। पोशाकघर में इतनी तरह और इतने रंग की सुन्दर-सुन्दर चीज़ें और, सजावट की चीज़ें देखकर वह तै ही नही कर पा रही थी कि क्या चुने। और मुसीबत हुई कस्तिया नाम के एक लड़के की, जो यही नहीं तै कर पा रहा था कि वह क्या बने। पोशाक देखते-देखते वह यही सोच रहा था कि शायद इसी से कुछ ध्यान में आ जाये।

उसकी नज़र पड़ती है एक साधारण मॉर्निंग कोट पर। एक अजीब-से कपड़े का बना, कुछ लुई रंग, कुछ हरापन लिए और कुछ-कुछ धुएँ जैसे रंग का सम्मिश्रण। रंग फीका पड़ गया था, जगह-जगह धूल और राख के दाग़। कस्तिया

को लगा कि यह कोट पहनकर खड़ा होने पर वह प्रेत जैसा दिखेगा। इसके साथ मेल खाता हुआ टोप, दस्ताना, धूल से भरा जूता और मैच करती विग लगा ली जाये और उसी रंग का—धुएँ जैसा रंग, पीली, हरी सभी धूसर रंगवाली चीज़ें और मेकअप हो तो देखने में कोई अमंगलकारी जीव का बोध कराया जा सकेगा। लेकिन वास्तव में सब मिलकर क्या रूप लेंगे, यह कस्तिया ठीक से समझ नहीं पा रहा था।

पोशाक विभागवालों ने कस्तिया का वह कोट तथा अन्य चीज़ें सब अलग करके रख दीं, और यह आश्वासन भी दिया कि और सब चीज़ों का जुगाड़ कर देंगे। फिर भी कस्तिया को पूरी तसल्ली नहीं हो रही थी। विभाग जितनी देर और खुला रहा, वह सारी चीज़ें बार-बार उलट-पुलटकर देख रहा था कि शायद कुछ और काम लायक़ मिल जाये। वहाँ से लौटते समय कस्तिया बस यही सोचता रहा कि उस मार्निंग कोट को लेकर वह क्या बन सकता है। छद्म वेशवाला कार्यक्रम तीन दिन बाद होने वाला था। इन तीन दिनों में कस्तिया के मन में न जाने क्या-क्या होता रहा। स्वाभाविक और साधारण आदमी में जो अपने होने का ज्ञान होता है, कस्तिया जैसे उसे भूल गया था। वह वह नहीं रहा। सच कहा जाय तो वह अकेला नहीं था। उसके साथ कोई और रह रहा था, जिसे वह अपने भीतर खोज रहा था पर पा नहीं रहा था।

कस्तिया था। नियमानुसार सब कुछ कर रहा था पर कुछ था जो उसे उद्‌भ्रांत किए हुए था, किसी चीज़ में पूरी तरह मन नहीं लगाने दे रहा था। मानो उसके दो भाग हो गये हों। कोई चीज़ आकर्षित करती है तो वह उसकी ओर साधारण जीवन के समानान्तर ही देखता रहता है, लेकिन जैसे ऊपर-ऊपर से आन्तरिकता से नहीं। सोचने की चेष्टा करता है पर सब जैसे उलझा-उलझा लगता है, उलझन सुलझती नहीं। सुनता है पर वह भी आधे कान से। अन्यमनस्क भाव से। उसकी शक्ति और उद्यम जैसे आधे ख़त्म हो गये हों। तीन दिन वह यन्त्रणा भोगता रहा। छद्‌मवेश कार्यक्रम में वह क्या सजेगा, यह भी मन में तै नहीं कर पा रहा था। एक दिन रात में वह अचानक जग गया। लगा जैसे सब स्पष्ट हो गया हो। अपने साधारण जीवन के समानान्तर वह एक और जीवन जी रहा था, वह एक गोपन अनिश्चितता का जगत था। वहीं उस भुकड़ी लगे आदमी की खोज हो रही है, जिसका कोट उस दिन अचानक कस्तिया ने देखा था।

ख़ैर, जो भी हो, वह स्पष्टता ज़्यादा देर रही नहीं। जैसे अकस्मात उस दिन लगा था कि मन का बोझा उतर गया, वैसे ही आज लगा जैसे सब कुछ फिर घुल-मिल गया हो। हर समय कस्तिया बड़ा बेचैन रहा। ख़ाली हर समय यह लगता कि उससे कुछ भूल हो गयी है पर क्या भूल हुई है, यह वह किसी तरह पकड़ नहीं पा रहा था।

एक दिन अनमने भाव से घूम रहा था कि उसे लगा कि वह बड़े अटपटे ढंग से चल रहा है। उसके अपने चलने की तरह बिल्कुल नहीं। एक दिन रात में कमरे में पायचारी करते-करते लगा कि वह अचानक अपना हाथ मसल रहा है। अवाक् हो सोचने लगा—इस तरह हाथ कौन मसलता है? कहाँ देखा है उसे? किसी तरह याद ही नहीं आया। लेकिन यह लगने लगा कि जो इस तरह हाथ मसलता है, उसका हाथ दुबला है और पसीने से तर और ठंडा। हथेली बुरी तरह लाल। ऐसा हाथ छूते भी घृणा होगी ही। लेकिन हाथ है किसका? वह है कौन?

छद्मवेश का दिन आ गया। कस्तिया तब तक भी कुछ तै नहीं कर पाया था। साजघर का हल्ला-गुल्ला उसे और भी अस्थिर कर रहा था, तथापि वह मन में आशा किये था कि पोशाक पहनने पर—स्वयं अपनी छाया देखकर, बहुत सम्भव है कि वह आदमी पकड़ में आ ही जाये। और सब लोग खूब अच्छी तरह सजबज गये। उसी को लेकर साजघर में हँसी-मज़ाक़ ज़ोरों पर चालू था। लेकिन कस्तिया के साथ कुछ गोलमाल हुआ था। मेकअपमैन को नियमानुसार जो मेकअप करना था, वह करके चला गया। दाढ़ी-मूँछ लगाकर कस्तिया हताश बैठा रहा। दूसरे सब मेकअप ख़त्म होते ही निर्देशक को दिखलाने के लिए दौड़े। लेकिन कस्तिया नहीं गया। वह बैठा सोचता रहा कि कुछ भी नहीं हुआ, बिल्कुल फ़ालतू हुआ है। मेकअप उतारने के लिए सामने एक डिब्बे में हरे-से रंग की क्रीम रखी थी, उसने मुँह में वही क्रीम लगाकर घिसना शुरू किया। घिसता ही रहा। सब रंग मिलकर धुँधले, हरे और पीले रंग का मिश्रण होकर अजीब-सा एक रंग बन गया था। चेहरे के नाक-कान-मुख सब एकाकार हो गये थे। कस्तिया ने चेहरे के उसी रंग को लेकर थोड़ा दाढ़ी-मूँछ और थोड़ा विग पर लगा लिया। बालों की जटा-सी बन गयी। कस्तिया बहुत खुश हुआ। खुशी में उसने ढेर सारा पाउडर चेहरे पर लगा लिया। हाथ की पूरी हथेली में लाल रंग लगा लिया और उलटी ओर हरा। उसके बाद खड़े होकर कोट को टानकर खूब कुशलता से ठीक कर लिया, क्योंकि अब उसकी

समझ में आया कि वह कौन सजना चाहता था। पर वह था कौन? टोपी को थोड़ी टेढ़ी कर लिया। पतलून के पाँयचे में क़ायदे से उँगलियों को उलटी करके फँसा लिया। उससे चाल में फर्क आ गया। हाथ में एक छड़ी ले ली। बाकी रही एक क़लम। एक छोकरे को भेजा कि वह पंख की एक क़लम का जुगाड़ करके लाये। उसके बाद दो-चार बार पायचारी करने के बाद वह आईने के सामने जाकर खड़ा हुआ तो खुद को ही नहीं पहचान पाया। इतने कम समय में ही मानो एक बड़ा परिवर्तन घटित हो गया। आईने के सामने दुबारा खड़े होने पर वह खुशी से चीख़ उठा—हो गया, हो गया। क़लम हाथ में आते ही वह खुशी में दौड़ा निर्देशक के पास।

कॉरीडोर में पैरों की आवाज़ सुनते ही कस्तिया को लगा कि वह लड़का क़लम लेकर आ रहा है। जल्दी-जल्दी दरवाज़े के पास आते ही सामने भेंट हो गयी सरकारी परिचालक राथमानव से। राथमानव बोले—अरे, यह क्या? यह किसका मेकअप है। दास्त्यवस्की का? या किसी सनातन स्वामी का? तुम हो कौन? कस्तिया न? यह क्या? यह किसका साज किया है तुमने?

कस्तिया ने अजीब-सा मुँह बनाकर खक् की आवाज़ करते हुए कहा—समालोचक।

उसकी तीखी दृष्टि से राथमानव ने कुछ असन्तुष्ट होते हुए पूछा—किसके समालोचक?

कस्तिया ने बड़े अपमानजनक ढंग से कहा—किसके समालोचक? कस्तिया—राथमानव के भीतर का समालोचक जो हर समय ख़ाली दोष निकालता रहता है। मैं उसके भीतर केवल इसलिए हूँ कि उसका काम नष्ट कर दिया जाये। उसी में मुझे आनन्द मिलेगा, उसी लिए तो मैं हूँ।

कस्तिया को स्वयं आश्चर्य हो रहा था कि वह कैसे ऐसे अभद्र ढंग से बात कर सका, उनकी ओर देख सका। राथमानव भी ठीक नहीं कर पा रहे थे कि क्या किया जाय। फिर बोले—चलो, हम लोग भी चलें। दूसरे बहुत पहले ही शुरू कर चुके हैं।

कस्तिया तनिक भी हिला नहीं। उसी तरह शिक्षक की ओर देखता रहा और उनकी बात पर व्यंग्य करते हुए बोला—चलिए, चला ही जाए यदि दूसरों

ने काफ़ी पहले शुरू कर ही दिया है तो।

कुछ देर एक अटपटी-सी निस्तब्धता। ठीक उसी समय वह लड़का पंख की क़लम लिए दौड़ा-दौड़ा आया और उसने वह उसे पकड़ा दी। कस्तिया उसके हाथ से क़लम क़रीब-क़रीब छीन लेता है और दाँतों के नीचे दबा लेता है। राथमानव खूब धीरे से बोले—चलो। दोनों जन मंच की ओर बढ़े। मंच पर जाकर कस्तिया एक कोने में बैठ गया ताकि बीच-बीच में उसकी टोपी या चेहरे का एक हिस्सा दिख सके। परिचालक उस समय लियो और पॉल का प्रदर्शन देख रहे थे। अचानक कस्तिया को सुनायी पड़ा—कौन है वहाँ? लगता है अवन के पीछे कोई बैठा है। कौन है? सबको तो देख लिया गया, ख़ाली कस्तिया बाक़ी है। पर वह कस्तिया तो नहीं है। कौन हो भाई?

कस्तिया ने थोड़ा आगे आकर परिचय दिया—मैं समालोचक हूँ।

अपने टेढ़े पैर पर एक ओर अभद्र तरीके से खड़ा हो गया और अपनी टोपी उतारकर अभिवादन किया। उसके बाद अपने कपड़ों की तरह बदरंग फ़ायरप्लेस के पास जाकर बैठ गया।

परिचालक अवाक् होकर बोले—समालोचक?

कस्तिया कर्कश स्वर में बोला—जी, और बड़े नीचे दर्जे का। यह क़लम देख रहे हैं? सब दाँत से काटने के दाग़ हैं। ग़ुस्सा आने पर ही काटता हूँ। ऐसे... हठात् कस्तिया खक्-खक् करके हँसने लगा। उसे खुद पर आश्चर्य हो रहा था। समझ में आया कि परिचालक के ऊपर भी उसकी प्रतिक्रिया हुई थी। उन्होंने कहा—आओ, तुम इधर फ़ुटलाइट के पास आओ। कस्तिया अपनी नयी उँगलियों और एड़ी पर विचित्र ढंग से चलकर आया। परिचालक मानो उसे पहचान न पा रहे हों, इस भाव से बोले—समालोचक माने? तुम किसके समालोचक हो?

— जिसके साथ रहता हूँ।

— वह कौन है?

— कस्तिया।

— ओ, तुम उसके भीतर रहते हो? वहाँ। घुसे कैसे?

— कैसे? कस्तिया फिर खक्-खक् करके हँसा। बड़ी कठिनाई से हँसी को रोककर घुटने मोड़कर वह परिचालक के सामने आकर बोला—अपने आप।

अभिनेता लोग उन लोगों को बहुत पसन्द करते हैं जो उनकी केवल तारीफ़ करते हैं, पर समालोचक—हँसी का दौर आता है और कस्तिया रुक जाता है।

तुम क्या समालोचना करोगे? तुम तो खुद ही एक असल मूर्ख हो। कस्तिया खक् करके उठा और बोला—मूर्ख लोग ही तो सबसे अधिक समालोचना करते हैं। परिचालक उसे और चिढ़ाने के लिए बोले—तुम न तो कुछ समझते हो और न ही खुद कुछ कर पाते हो। कस्तिया ने बड़ी बुरी तरह उसकी ओर देखते हुए कहा—ठीक। जो आदमी कुछ जानता नहीं, वही तो मास्टर होता है। परिचालक चीख़कर बोले—तुम समालोचक नहीं हो। तुम वो हो जिसे छिद्रान्वेषी कहते हैं न, वह हो। तुम हो जोंक, तुम हो खटमल जिनके दंश में ज़हर नहीं होता पर जो जीना दूभर कर देते हैं। कस्तिया बोला—आपको मैं नेस्तनाबूद कर दूँगा, नष्ट करूँगा दबा-दबाकर, जब तक रहूँगा। परिचालक सचमुच घृणा से भरकर बोल उठे—सचमुच तुम गन्दे कीड़े की तरह हो।

कस्तिया अश्लील आनन्द से बोला—अच्छे, बहुत अच्छे। लेकिन एक जोंक को झाड़कर फेंकना उतना आसान नहीं होता। जोंक माने आसपास कहीं पानी ज़रूर है। उन्हें हटाना उतना आसान नहीं होता, मुझे भी नहीं।

एक पल इधर-उधर करने के बाद परिचालक कस्तिया को फ़ुटलाइट के सामने लाये और बोले—बहुत सुन्दर हुआ।

कस्तिया बहुत खुश था। उसकी समझ में आ गया था कि कैसे एक चरित्र में प्रवेश किया जा सकता है और फिर उसी का होकर जिया जाता है। यह हुआ एक अभिनेता का सबसे बड़ा गुण। लेकिन अभिनय करते समय वह अपने आपको, अपने आत्मबोध को एकदम भूल गया था। यह उस समय उसके ध्यान में बिल्कुल नहीं था, क्योंकि अपना रूपान्तर वह स्वयं ही देख पा रहा था। और जब उसका एक अंश वह असभ्य आचरण कर रहा था तब उसी का दूसरा अंश उसे देख रहा था। मज़े की बात यह है कि व्यक्तित्त्व का यह विभाजन अभिनेता के काम में बाधक नहीं होता, वरन् उसका सहायक ही होता है।

1357 बंगाब्द/सन् 1950

आन्दोलन का प्रयोजन

हम लोगों का नाट्य साहित्य अत्यन्त दुर्बल है, इस बारे में दो मत सुनने में नहीं आये। लेकिन यह दुर्बलता है क्यों? अभी कुछ दिनों पहले ही एक प्रकाशक महोदय को कहते सुना कि दुनिया में जितनी भी प्रादेशिक भाषाएँ हैं, उनमें बांग्ला सर्वश्रेष्ठ है और उसकी पुस्तकों की बिक्री भी सबसे अधिक होती है। यदि यह सच हो तो सचमुच हमारे लिए आनन्द और गौरव की बात है। किन्तु हमारा देश एक ऐसा जीवन्त देश है, जहाँ कला के क्षेत्र में बहुत कुछ घटता रहता है, तथापि नाटक इतना दुर्बल क्यों रह गया? शरीर जब पुष्ट होता है तो पूरा शरीर ही पुष्ट होता है, केवल पैर की एड़ी या हाथ की मांसपेशी नहीं फूल उठती। हम लोगों के रंगमंच के भी अनेक श्रेष्ठ अभिनेता उभरकर ऊपर आये हैं जैसे गिरिशचन्द्र, शिशिरकुमार। इनके पांडित्य, इनकी बुद्धिमत्ता और इनकी असाधारण कला चेतना अपने युग पर गहरी छाप छोड़ गयी थी। तब भी बांग्ला भाषा में उल्लेख योग्य नाटक क्यों नहीं लिखे गये।

इस विषय पर बहुत बार बातचीत और आलोचना के फलस्वरूप एक बात समझ में आयी कि इसके एकाधिक कारण हैं। शचीन सेनगुप्त महोदय इसका एक कारण बतलाते हैं जो हमें युक्तिसंगत लगता है। उनके अनुसार माइकेल या दीनबन्धु ने जिस प्रकार के नाटकों का सृजन शुरू किया था, उस परम्परा को यदि हम चालू रख पाते तो आज बांग्ला साहित्य की सबसे मूल्यवान सम्पदा होती उसके नाटक। लेकिन **माइकेल बूडो शालिकेर घाडे रों** नाटक लिखकर पुराणपंथियों के कोपभाजन हुए। उन लोगों ने उनके नाटक का मंचन बन्द करवा दिया। और नये बाबुओं ने नाराज़ होकर माइकेल का ही एक और नाटक **एकेई की बोले सभ्यता** बन्द करवा दिया। दीनबन्धु के नाटकों को बन्द करवाया ब्रिटिश साम्राज्यवादियों ने। उनके हिसाब से दीनबन्धु का **सधबार एकादशी** अश्लील था और **नीलदर्पण** एक जाति विशेष के लोगों

को नाराज़ करता था। अर्थात् कहानी-उपन्यास की तुलना में नाटक के प्रति प्रतिक्रिया बहुत द्रुत और प्रबल होने के कारण राजशक्ति और संस्कारवान लोगों के दल साहित्य के इस अंग पर शुरू से ही तलवार भाँजते रहे हैं। और उनकी सहायता करने के लिए देश का दकियानूसपन हर समय तैयार रहता है।

इस अनादर के बीच पलने के बावजूद गिरिश बाबू **का प्रफुल्ल** एक अद्‌भुत सामाजिक नाटक सिद्ध हुआ। आज तक उसके जैसा शक्तिशाली एक भी और नाटक बांग्ला मंच पर मंचित नहीं हुआ। तब भी नाट्य साहित्य जमा नहीं। ऐसे समय में देश में एक और कारण ने जन्म लिया। वह यह कि अंग्रेज़ी-शिक्षाप्राप्त और अंग्रेज़ी बिना पढ़े-लिखे लोगों के सोच-विचार और आचार-व्यवहार में एक बहुत बड़ा अन्तर आ गया। लेखन की भाषा धीरे-धीरे बदलने लगी, कथ्य का भाव बदलने लगा। उस दृष्टि से जितनी प्रतियाँ किसी पुस्तक के प्रथम संस्करण की बिक्री होती हैं, उतने लोग नाटक को एक प्रदर्शन में देख लेते हैं। और पाँच-सात प्रदर्शन होने के बाद कोई नाटक बन्द हो जाता है तो फिर उसकी ग्लानि का अन्त नहीं रहता। फिर भी रवीन्द्रनाथ इस भारतभूति पर जन्मे थे। उन्हें नाटक से प्रेम था, उन्होंने नाटक लिखे भी, लेकिन बांग्ला मंच पर वे विशेष अभिनीत नहीं हुए।

थियेटर का आगमन विदेश से हुआ। गिरिश बाबू की प्रतिभा ने थियेटर को देशी जात्रा की शैली के साथ मिश्रित करके उसे लोकप्रिय बनाया। रवीन्द्रनाथ ने **विसर्जन** में उसी शैली का अनुसरण किया और वह एक ज़माने में बांग्ला के लोकप्रिय नाटकों में एक हो उठा था। लेकिन वह हुआ बहुत बाद में। इस बीच बांग्ला मंच पर अंग्रेज़ी नाटक का प्रभाव बहुत बढ़ गया। बांग्ला नाटक अंग्रेज़ी की चौथी श्रेणी की नक़ल हो गया है। कारण, थियेटर के मालिकों की दृढ़ धारणा है कि दर्शक बेवकूफ़ होते हैं और उन्हें खुश करने के लिए मोटे दाग की (स्थूल रूप में कही गयी) चीज़ ही अधिक उपयुक्त होगी।

अतएव **सती का सतीत्त्व और पति का पतीत्त्व, प्रेममयी वेश्यानारी लोभहीन** चित्त—इन सब विषयों को लेकर विदेशी फ़ॉर्म पर नाटक लिखना शुरू किया जाने लगा है। शरद बाबू की कहानी पर आधारित नाटक लिखे गये तब जब शरद बाबू निन्दा की उत्ताल तरंगों को पार करके प्रशंसा के शिखर पर अवस्थित थे। तब उनका **पल्ली समाज** और **रमा** आदि रूपान्तरित हुए।

लेकिन मूल उपन्यास में जो समाज की विशेष तथ्य की बात थी, उसे बाद देकर कहानी को एक विधवा की प्रेम कहानी के रूप में प्रस्तुत किया गया। रवीन्द्रनाथ की रचनाओं में से केवल **विसर्जन, चिरकुमार सभा** और **शेषरक्षा** को लिया गया। **तपती** भी बाद में किया गया था, लेकिन वह एकदम चला नहीं। फिर भी रवीन्द्रनाथ ने **मुक्तधारा** लिखा, **रक्तकरबी** लिखा, **रथेर रशी** लिखा, **राजा** लिखा। लेकिन ये सब केवल व्यावसायिक रंगमंचवालों के बीच ही नहीं, पंडित लोगों के बीच भी अज्ञात रह गये। सबका भाव ऐसा रहा जैसे ये सब रवीन्द्रनाथ की बाल-सुलभ चेष्टाएँ थीं। नाटक लिखना तो वे जानते नहीं थे, उसमें से केवल काव्य ले लेने लायक़ है। पानी से दूध निकाल लेना, बस।

अवश्य ही नक़ली राविन्द्रक मार्का कुछ लोगों ने रवीन्द्रनाथ के नाटकों की प्रशंसा की, लेकिन वह अधिकतर निहित स्वार्थ के कारण, अन्यथा रवीन्द्रनाथ के नाटक खेलकर उन्हें इतना अप्रिय न बना देते। तथापि उन्हीं रवीन्द्रनाथ ने अपने नाटकों के माध्यम से बंगाल के लोगों के मानस की असली पहचान करवाने की चेष्टा की। वे नाटक जब केवल न्यू एम्पायर थियेटर हॉल में सीमित नहीं रह जायेंगे वरन् पूरे बंगाल के गली-कूचे में चारों ओर फैल जायेंगे, तभी खाँटी बांग्ला नाटक लिखने वाले नाटककार सामने आयेंगे। भविष्य में उस प्रचंड शक्तिशाली और सुन्दर नाटक को आम लोगों तक पहुँचाने के लिए हमें रवीन्द्रनाथ को आत्मसात् करके ही आगे बढ़ाना होगा। वैसे काफ़ी विलम्ब हो चुका है।

हमारे देश में जिन लोगों ने रंगमंच की शुरुआत की थी, वे अवश्य ही महत्त्वपूर्ण लोग थे। इस देश में महत्त्वपूर्ण अभिनेता भी हुए हैं, श्रेष्ठ अभिनय भी हुआ है, फिर भी हमारे थियेटर को सम्मान क्यों नहीं मिलता? इस पर कुछ लोग कह ही सकते हैं कि श्यामली तो तीन सौ रात से अधिक चला। हाँ, चला। लेकिन उसे सम्मान नहीं मिला। सती, षोडशी आदि की प्रस्तुति से मंच को जो सम्मान मिला था, वह श्यामली से नहीं मिला। जैसे बिक्री के हिसाब से मरनेर परेधा या मा आर छेले जैसे सफल नाटकों को देखकर कोई यह नहीं कहेगा कि यह हमारी गौरवपूर्ण रचना है, उसी तरह श्यामली का उल्लेख करके कोई गौरव का बोध नहीं करता। गौरव यदि पाने के अधिकारी कोई हैं तो नवनाट्य आन्दोलन को चलाने वाले नाट्य दल।

अतः हमें यह समझना चाहिए कि अब पूरा दायित्त्व नव नाट्य आन्दोलन का है, तो इस आन्दोलन को बचाना होगा, इसे बढ़ाना होगा और इसकी प्रयोजनीयता को सार्थक करना होगा। इसीलिए आज व्यावसायिक रंगमंच को छोड़कर जो भले लोग जहाँ हैं, जिस किसी दल के साथ जुड़े हैं, उन्हें यह जानना होगा कि उनका भविष्य उज्ज्वल है और भविष्य उज्ज्वल है, इसीलिए वर्तमान दायित्त्वपूर्ण है। *बंगाल में कोई भी प्रतिष्ठान टिकता नहीं। बंगाली मिलकर काम नहीं कर सकते* आदि-आदि बातें हम दीर्घकाल से सुनते चले आ रहे हैं। हो सकता है इनमें से बहुत-सी बातें सचमुच सत्य हों, फिर भी यह तो हमें समझना ही होगा कि ऐसा हुआ क्यों? और ऐसा होना यदि अनिवार्य ही हो तो फिर नाट्योन्नति के लिए क्या करणीय हो, यह हमें समझना होगा।

सबसे पहली बात, पृथ्वी पर कोई एक चीज़ नहीं टिकती, इससे बहुत से लोग हायतोबा मचाये रहते हैं। उनकी बातों से ऐसा लगता है जैसे धरती पर और सबकुछ सब दिन टिका रहता है। न टिके, कोई हर्ज नहीं। जितने दिन उसकी ज़रूरत हो, उतने दिन टिकने से ही चलेगा। पर बहुत बार उतने दिन भी नहीं टिकता सब समझ में आता है कि इतिहास के एक प्रयोजन की पूर्ति के लिए प्रकृति को न जाने कितना कुछ नष्ट कर देना पड़ता है, कितनी बार अलग-अलग तरह से कितना काम करना पड़ता है। वह शिमूल (सेमल) के फूल को पहले फट जाने देती है और फिर उसके बीज को चारों ओर बिखरा देती है, पर इससे उसे कुल कितने पेड़ मिलते हैं? समाज को भी इसी तरह अनेक बार अनेक तरह की चेष्टाएँ करनी पड़ती हैं। इसलिए यदि एक दल नहीं टिक पाता तो दूसरा दल आकर उस दायित्त्व को उठा लेगा। यदि उस प्रयोजन की सचमुच आवश्यकता है तो वह टिका रहेगा। और प्रयोजन पूरा हो जाने के बाद किसी के भी एक भी दिन और टिके रहने की आवश्यकता नहीं। इस तरह की अप्रयोजनीय वस्तुएँ हमारे देश में भरी पड़ी हैं। यह हुआ तीसरे अंक की समाप्ति के बाद यहाँ-वहाँ से पड़ा-गिरा सामान जुटाकर एक अंक और तैयार करना। असह्य ऐंटी क्लाइमेक्स।

और अब साथ मिलकर काम न करने की बात कैसे कर सकते हैं? और सब क्षेत्र के क्या सब लोग मिलकर एक साथ काम करते हैं? यह आशा तभी करना उचित होगा जब पूरे देश में राजनैतिक दलों का ढेर न लगा हो, गट्ठर-भर धर्म न हो, एक के अतिरिक्त दूसरा जीवन-धर्म न हो। जहाँ पर हर पाड़े में

तीन-तीन हाथ की दूरी पर पूजा का पंडाल सजता हो, (पर पंडालवाले लोग एक साथ मिलकर काम करते हैं), जिस देश में सामूहिक विपत्ति के समय भी लोग एकजुट नहीं हो पाते हों, असंख्य दलों में बँटकर सत्य की उपलब्धि का रास्ता कठिन करते हों, वहाँ हम केवल नाटक के दलों की संख्या के प्रति किस मुँह से आपत्ति कर सकते हैं? ख़ासकर कला के क्षेत्र में तो अन्तर रहेगा ही, अन्यथा एक ही कलाकार काफ़ी होगा। इसलिए यदि अलग बात अलग ढंग से कहनी हो तो अवश्य ही अलग-अलग दल बनाने पड़ेंगे। इस पर आपत्ति वे ही करते हैं, जिन्हें अलग ढंग से अपना कुछ कहने को नहीं होता। फलतः यदि यह लगे कि कोई दल भी नहीं टिक पा रहा है या दलों का अम्बार लगा है तो अपने को ही बुरा-भला कहने से क्या लाभ? उस बात को उठाकर ग्लानि बोध करने की कोई आवश्यकता नहीं है। आवश्यकता होगी जहाँ जो काम कर रहा है, उसकी सहायता करना, उसे आगे बढ़ने देना। खामखाह जो लोग इस तरह की ग्लानि की बात उठाते या करते हैं, वे उस काम की पीठ में छुरा भोंकते हैं। काम के प्रति उत्साह को नष्ट करते हैं।

तब भी, हम लोगों को सावधान रहने की जरूरत है। हमें यह समझना होगा कि हमारा राष्ट्रीय मंच केवल व्यावसायिक मंच तक सीमित होता जा रहा है, और हमें उनसे बचकर चलना होगा। मतों में पार्थक्य होना या अपनी चीज़ अपनी तरह से गढ़ने की चेष्टा करना शुभ लक्षण है, बशर्ते परस्पर एक-दूसरे पर छींटाकशी या अशोभन इंगित न करें। अलग होने में दोष नहीं है पर पराया होने में है। उससे हम सबकी, समूह की क्षति होती है।

नाटक, अभिनय या निर्देशन के सम्बन्ध में हम सबके अलग-अलग मत हो सकते हैं। उन विभिन्न मतों को लेकर ही हमें काम करने की आवश्यकता है। फिर उस काम की भित्ति पर विचार-विमर्श होना चाहिए। इस प्रक्रिया से ही कला अपना सर्वांगीण पोषण प्राप्त कर पायेगी। किन्तु इस तरह की विशुद्ध आलोचना के स्थान पर यदि व्यक्तिगत आलोचना या कुत्सा का सहारा लिया गया तो सामने दुर्दिन ही खड़ा दिखेगा। अपने यहाँ किसी के बड़प्पन को स्वीकार करने में अपने अहम् को बड़ी परेशानी होती है। हम यह भूल जाते हैं कि दूसरे को सम्मान न देकर हम अपना ही सम्मान खोते हैं। उपयुक्त व्यक्ति और काम को उचित सम्मान देना तभी सम्भव होगा जब हम कलाकर्म को मन-प्राण से प्रेम करेंगे और वह प्रेम की शक्ति हमें किसी भी कदाचार का

प्रतिवाद करने की ताक़त देगी।

हम सभी मिलकर अपने देश की कला के एक हिस्से को अलंकृत करने की चेष्टा में हैं। जिसका तैयार आभरण सबसे खाँटी होगा, इतिहास में वही टिक पायेगा। इसके साथ कुछ कटूक्तियाँ और कुत्सा मिलाई गयी तो उससे देवी का श्रृंगार सत्य और सुन्दर नहीं होगा।

व्यावसायिक रंगमंच के इस रोग का वर्णन महर्षि मनोरंजन भट्टाचार्य के थियेटर प्रसंगे और मेरे देओया लेखों में किया गया है। उसमें अभिनेता और अभिनेत्रियों ने परस्पर एक-दूसरे को मारने के चक्कर में नाटक को ही शेष कर दिया। हमारा यह सम्वाद हम लोगों का दिशानिर्देश करने वाला यन्त्र है। हम लोगों को शुरू से ही यह ध्यान में रखना होगा कि हम लोगों की रिहर्सल की जगह मन्दिर की तरह पवित्र है। वहाँ हम साधना करने के लिए जाते हैं, खेलवाड़ करने के लिए नहीं। मन्दिर जाने के समय जैसे आदमी नहाकर साफ़ कपड़े पहनकर जाता है, हमें भी उसी तरह पवित्र होकर आना चाहिए। अपनी सामर्थ्य के अनुसार रिहर्सल के कमरे को साफ़ रखना चाहिए, ताकि वहाँ जाकर मन आनन्दित हो। उसके साथ ही यह भी याद रखना चाहिए कि नाटक एक समवेत कला-साधना है। इसलिए हर कर्मी को कठोरता से नियमों का पालन करते हुए काम करना चाहिए, जिससे समवेत चेष्टा सफलीभूत हो। नियमों का पालन करने की प्रवृत्ति ऊपर से लादी नहीं जा सकती, क्योंकि यहाँ काम करने वाले के आवेग और अन्तःकरण का योगदान अपेक्षित है। हम लोग बराबर लक्ष्य करते हैं कि एक-एक दल में बीच-बीच में कोई एक व्यक्ति ऐसा उठ खड़ा होता है जो दूसरों को खूब अच्छा, खूब सीरियस और खूब कामकाजी कर्मी के रूप में तैयार करवा सकता है, लेकिन वह कठोर आइरन डिसिप्लिन का भक्त होता है और अपनी इस प्रवृत्ति के कारण बहुत बार अपने सारे गुणों के बावजूद प्रतिष्ठान को टूटने की दिशा की ओर ले जाता है। हम यह भूल जाते हैं कि यह ऑफ़िस नहीं है, यहाँ काम करने और करवाने की पद्धति अलग होती है।

यहाँ पर सवाल उठता है कि अन्तर की वह नियमानुवर्तिता अन्तर से बाहर कैसे लायी जाये। इस प्रश्न का उत्तर एक शब्द में तो दिया ही नहीं जा सकता, फिर इसकी पद्धतियाँ भी एकाधिक हो सकती हैं। तथापि वर्तमान

लेखक की जो धारणा बनी है, उसकी ही अभी चर्चा की जाये। सबसे पहले एक बात तै होनी चाहिए कि हम सब को थियेटर से प्रेम है और इसीलिए हम स्वेच्छा से एक साथ इकट्ठा हुए हैं। यहाँ किसी को हाथ-पैर जोड़कर नहीं लाया गया है। श्रेष्ठ अभिनेता और अभिनेत्री का हम सम्मान करेंगे, उनसे प्रेम रखेंगे, तथापि इससे किसी काम में बाधा पड़ेगी, तो यह सब नखरा नहीं चलेगा, क्योंकि निष्ठाविहीन अभिनेता दल के किसी काम का नहीं। निष्ठाहीन अभिनेताओं से काम चल सकता हो तो फिर बाज़ार से नामी अभिनेता लाकर भर्ती कर लेने से ही हो जायेगा।

लेकिन इसका यह माने नहीं है कि कम कुशल लोग केवल डिसिप्लिन के नाम पर अधिक कुशल अभिनेताओं पर रोआब लगाते फिरें। इन दोनों तरह की स्थितियों को मैंने जीवन में घटते हुए देखा है। इनमें से एक से सीखा कि जीवन के सारे सत्य ही दो विरोधी तत्त्वों का समन्वित रूप होते हैं। प्रथम यह कि अच्छा काम करने के लिए जहाँ तक सम्भव हो, सुविधा होनी चाहिए और दूसरा दल के लिए अहितकर काम करने में बाधा होनी चाहिए। बहुत बार गोलमाल इस कारण भी होता है कि कौन-सा काम हितकर है और कौन-सा अहितकर यह निर्णय नहीं हो पाता। हम उद्देश्य के प्रति यदि स्पष्ट हों तो इस झगड़े का कुछ दूर तक शमन हो सकता है। मान लीजिए, उद्देश्य है नवनाट्य आन्दोलन। तो सबसे पहले हमें यह अच्छी तरह समझना होगा कि नवनाट्य क्या वस्तु है और उसके आन्दोलन से क्या तात्पर्य है। यह बोध जितना ही स्पष्ट और गहरा होगा, संघ का उद्देश्य भी उतना ही महान होगा और जिन-जिन लोगों में यह बोध जितना ही स्पष्ट होगा, नियमों को मानकर काम करने की उनकी प्रवृत्ति भी उतनी ही आन्तरिक और दृढ़ होगी। जो कलाकार गाना गाते हैं या जो चित्र आँकते हैं, वे तो दल का नियम पालन करने को बाध्य नहीं होते। जो अच्छा व्यायामवीर होना चाहता है या अच्छा खिलाड़ी होना चाहता है, उसे तो कोई बाध्य नहीं करता। वह आवश्यकता के अनुसार अपने आहार-विहार में स्वयं पर्याप्त स्वयं बरतता है, नियमों का पालन करता है। ये सब हुए व्यक्ति की अपनी क्षमता-वृद्धि के लिए किये जाने वाले श्रमसाध्य प्रयास। अच्छा अभिनेता होने के लिए भी उसी तरह कठोर परिश्रम और संयम बरतना होगा, अर्थात् हर रोज़ गला साधना होगा, शरीर स्वस्थ रखना होगा, साथ ही नाट्य के लिए उपयोगी जहाँ जो कुछ हो

रहा हो, उसकी जानकारी रखनी होगी, अभिनय का विवरण पढ़ना होगा और नाटक को साहित्य के एक रूप की तरह समझना होगा।

मास्टर जी की तरह ये बातें इस तरह कहने में मुझे लज्जा होती है, किन्तु मैंने व्यक्तिगत जीवन में अनेक क्षेत्रों में यही पाया है कि सामान्य रूप से लिखने-पढ़ने और अभिनय में भी रुचि रखने वाले लोग कम ही होते हैं। आम तौर पर नवागत अर्थात् 15-16 वर्ष की उम्र में ही लोग तै करते हैं कि उन्हें आगे क्या बनना है और उसके हिसाब से गला साधना या खिलाड़ी होने आदि के लिए तैयारी शुरू कर देते हैं, क्योंकि यही तो निर्णय करने की उम्र होती है। पढ़ने-लिखने वाले लोग गला-साधना या अपनी चाल आदि ठीक रखने के प्रति उदासीन रहते हैं, वे केवल आईडिया से ही क़िला फ़तह करना चाहते हैं। यह तो वैसे ही हुआ कि एक दिन भी गला साधे बिना, केवल किताब पढ़कर प्रोग्राम में बैठकर भैरवी के कोमल रे और पूरिया के कोमल रे का अन्तर बतला रहे हों। इन सब कलाओं का यह मज़ा है कि अपने गले से स्वर निकलने पर ही उसे पूरी सत्ता के साथ अनुभव किया जा सकता है, अन्यथा नहीं।

ये सब बातें हो सकता है सुनने में रहस्यवादी लग रही हों पर हैं सत्य। लेखक के ज्ञान, विश्वास और मत के अनुसार यह सत्य होता है और इस बोध के बिना गले से कोई सूक्ष्म काम नहीं किया जा सकता। जो भी हो, नवनाट्य आन्दोलन में एक तरह के और लोग हैं (इन्हीं की संख्या अधिक है) जो बड़े आग्रही होते हैं, बड़े मेहनती होते हैं, गला और अपनी भावभंगी को सुधारने के लिए बचपन से ही चेष्टा करते हैं, किन्तु किसी तरह कोई भी अच्छा नाटक इनके लिए उपयुक्त नहीं होता है। फलस्वरूप इनमें से यद्यपि कोई बहुत कहने-सुनने पर, किताब पढ़ना शुरू करते हैं तो चटपटी बांग्ला किताब छोड़कर और कुछ नहीं पढ़ते। अतः उनके गले के स्वर में, उनकी भाव-भंगिमा में एक तरह का असांस्कृतिक रूप रह ही जाता है।

अब समझ में आता है कि फ़ेहरिस्त बनाते समय उद्देश्य के अन्तर्गत जितनी बड़ी-बड़ी बातें बड़ी गम्भीरता से लिखी गयी थीं, वस्तुतः वे मन में उतनी स्पष्ट नहीं थीं। काम करना शुरू करने पर जब यह बोध स्पष्ट होगा, तब यदि सब मिलकर अपनी प्रस्तुति के लिए कठोर परिश्रम नहीं शुरू करेंगे

तब यही कहने में आयेगा कि अपने आदर्श के प्रति वे ईमानदार नहीं रहे हैं। इसीलिए हर क़दम पर हर चीज़ को स्पष्ट रूप से देखने और गम्भीरतापूर्वक उसके तल तक देखने की आवश्यकता है। इसके द्वारा ही बहुत से छोटे-मोटे झगड़े सुलट जाते हैं।

इसके अलावा गायक अकेले-अकेले गा सकते हैं, लेखक अकेले-अकेले किताब लिख सकते हैं, लेकिन अभिनय अकेले नहीं किया जा सकता। यहाँ तक कि ग़लत दल में भी केवल अकेले अच्छा अभिनय नहीं किया जा सकता। अतः एक ढंग पर सोच-विचार करने वाले अभिनेताओं का दल होना चाहिए। और जहाँ सब के मिलने से दल ने एक परिवार का-सा रूप लिया, वहीं साथ ही साथ हर व्यक्ति के ज़िम्मे कोई न कोई दायित्त्व आ जाता है। जैसे समय की पाबन्दी। एक सज्जन शाम को छह बजे आकर ख़ाली कमरे में अचला का रिहर्सल करके चले गये। एक और सज्जन राज आठ बजे आकर अकेले-अकेले सुरेश का रिहर्सल करके चले गये। नवनाट्य में यह तो नहीं चल सकता। इसलिए दोनों पक्षों को आपस में बात करके एक ऐसा समय ठीक करना होगा जब अचला और सुरेश दोनों का एक साथ रिहर्सल हो सके। इसके बाद सबको मिलकर समय ठीक करने के बाद भी यदि किसी को असुविधा होती है तो इसका मतलब यही समझना चाहिए कि वो सज्जन मिथ्यावादी हैं, आदर्श के मानने के सम्बन्ध में उनकी बात झूठ है और इस बात को उन्हें नम्र किन्तु स्पष्ट रूप से समझा देने की आवश्यकता होती है।

इसके अलावा एक और बात है। मैं संघ में अभिनय करने के लिए आया हूँ, मेरा सम्बन्ध उतने से ही होगा। उसमें मैं कोई भी नियम का उल्लंघन नहीं करूँगा, इतना पर्याप्त होना चाहिए। पर अपने व्यक्तिगत जीवन में मैं जब जो मर्ज़ी आये करूँ, उस पर किसी का कुछ कहना उचित नहीं। लेकिन यदि घर का कोई लड़का शराब पीकर रास्ते पर पड़ा हो और नशा टूटने पर घर आकर माँ-बाप से कहे कि *ख़बरदार मेरे व्यक्तिगत मामले में तुम लोग हस्तक्षेप मत करो* तो सुनने में कैसा लगेगा? घर के लोगों की दृष्टि में उसका जो सम्मान है, वह क्या इससे कम नहीं होगा?

उसी तरह समिति भी एक परिवार है। यहाँ का कोई व्यक्ति कहीं जाकर कोई बेलल्लापन करे तो क्या उससे समिति की बदनामी नहीं होगी? इसी तरह

समाज में रहने वाले व्यक्ति को नाना अवसरों के लिए जिस तरह नियम बनाने पड़ते हैं, उसी तरह नाना संगठन भी समय-समय पर नियम बनाते रहते हैं और कला-चेतना जितनी ही उद्‌बुद्ध होती जाती है, नियमों में भी आवश्यकतानुसार बराबर उतना ही परिवर्तन करना पड़ता है।

सबलोग मिल-बैठकर नियम बना लें और फिर उन पर अमल करें, यह सब कहना जितना आसान है, करना नहीं। यह काम शुरू से ही कठिन होता है। उसका एक बड़ा कारण हमारी शिक्षा है, जिसके चलते हम लोगों का मन आत्मकेन्द्रित हो जाता है, हम समाज के साथ किसी भी तरह शृंखलित सम्बन्ध नहीं बना पाते। एक साथ दल एक समाज की तरह होता है, वहाँ सबसे मिलकर काम करके ही अपना अपना अस्तित्त्व बनाये रखते हैं। अतः जब कभी किसी विषय पर आलोचना-चर्चा हो तो अपने मन की बात स्पष्ट रूप में खुलकर कहनी चाहिए। वैसा न करने से दल के लोगों की सुविधा-असुविधा को कैसे समझा जा सकेगा, दल की प्रगति के लिए कौन-सा रास्ता प्रशस्त है, यह समझा ही न जा सकेगा। तथापि इन पंक्तियों के लेखक ने अनुभव से पाया है कि कहने को तो सब यह स्वीकार करते हैं पर इनका पालन करने के समय बहुत थोड़े लोग ही सामने आते हैं। कारण, वे काम को दल का काम नहीं समझते, केवल अपने अंश पर नज़र रखते हैं। इसीलिए असन्तुष्ट होने पर या तो धीरे-धीरे अपने को दूर कर लेते हैं, नहीं तो बुरी तरह से झगड़ा-फ़साद में जुट जाते हैं। चूँकि हम लोगों में यह प्रवृत्ति है, इसलिए हमें बराबर दल की सर्वांगीण उन्नति के लिए चर्चा करते रहना चाहिए। प्रतिक्षा करनी होगी कि जोर-झगड़े के समय भी ग़ुस्सा नहीं करेंगे। माथा ठंडा रखकर ही आलोचना करेंगे। तर्क एक बहुत काम की वस्तु है। विभिन्न दृष्टिकोणों में जो विरोधी तत्त्व हैं, वे तर्क के माध्यम से ही सामने आते हैं। यहाँ तक कि यदि कोई कुतर्क भी करे तो उसे पूर धीरज के साथ उत्तर देना होगा, क्योंकि हमारे द्वारा सामनेवाले के कुतर्क के विरुद्ध जितने ही अकाट्य तर्क प्रस्तुत किये जायेंगे, हमारे मन का सत्य भी उतनी ही पूर्णता और स्पष्टता से प्रकाश पायेगा।

इसीलिए मन खोलकर बात करना, आलोचना करना अत्यन्त, अत्यन्त ज़रूरी है। ऐसी आलोचना में गले का स्वर ऊँचा हो सकता है। कोई एक बात जो निर्विवादित रूप से सत्य हो, उसे ज़ोर से समझाने की चेष्टा में हो

सकता है सामने की किताब या रजिस्टर पर ज़ोर से हाथ पटकना पड़े, यह सब बर्दाश्त करना चल सकता है, पर ग़ुस्सा करना नहीं चल सकता। यहाँ एक बात कहना ज़रूरी लगता है—ग़ुस्सा दो प्रकार का होता है। एक, जब किसी बुरे या अनुचित काम को देखकर कोई ग़ुस्सा करता है तो वह ग़ुस्सा पवित्र होता है। उस ग़ुस्से में दोष नहीं होता, छोटापन नहीं होता। एक और तरह का ग़ुस्सा होता है जिसे हम हर समय अपने चारों ओर देखते रहते हैं, जो अपने क्षुद्र स्वार्थ की हानि देखकर भभक उठता है। वह निम्न स्तर का होता है, जो खुद आदमी का नुकसान तो करता ही है साथ ही आसपास के परिवेश को भी दूषित करता है। इस ग़ुस्से का पूरी तरह दमन करना उचित है।

जिस तरह दल के सब लोगों को साथ मिल-बैठकर नियम-कानून आदि बनाना चाहिए, उसी तरह कुछ ऐसे विषय हैं जिनमें व्यक्ति विशेष को दायित्त्व देना और अन्य सबका उसे स्वीकार करना जरूरी होता है। यहाँ फिर थोड़े से गंडगोल की गुंजाइश है। आजकल डिमॉक्रेसी शब्द का व्यवहार हम सब करते हैं और अपने-अपने ढंग से उसका अर्थ भी कर लेते हैं। इसका भाव है कि हम सब समान हैं। फलस्वरूप किसी वयोवृद्ध के आने पर उठकर उनके प्रति सम्मान व्यक्त करने की कोई ज़रूरत नहीं महसूस होती। डिमॉक्रेटिक राइट को फलीभूत करने का यह एक अशिष्ट तरीका है। एक और स्थिति है—किसी को किसी भी बात में बड़ा न मानना। किसी के हुकुम करने ही पर ग़ुस्सा हो जाना और हर समय यह महसूस करना कि हमें एक्सप्लॉयट करके दल के कर्ता लोग खुद मलाई उड़ा रहे हैं। इन सब स्थितियों में कुछेक बातें समझने की ज़रूरत है। जैसे, कट्टर साम्यवादी देशों में भी यदि कोई सैनिक रात जगकर पहरा देने से इनकार करे और कहे कि सेनापति तो रात-भर जगकर पहरा नहीं देते तो फिर मैं ही क्यों दूँ तो उसका कोर्टमार्शल कर दिया जायेगा। गाड़ी का पिछला चक्का यदि कहे कि सामनेवाला चक्का ही हर समय आगे-आगे क्यों जायेगा, मैं भी जाऊँगा तो ऐसा करके वह गाड़ी की गति ही रोक देगा।

सभी आदमी किसी एक काम के लिए समान रूप से उपयुक्त नहीं होते, कोई-कोई व्यक्ति किसी-किसी काम के लिए उपयुक्त होते हैं। इसीलिए जो गाना गा सकता है, उसे सेट के धूल भरे काम में नहीं लगाना चाहिए। करवाने से संघ की ही क्षति होगी, प्रदर्शन में गाना ख़राब होगा। उस समय कोई दूसरा

जो गाना नहीं जानता, वह गाना नहीं गा सकेगा। इसी तरह जो नाटक लिखता है, वह भी एक विशेष काम करता है और खूब कठिन काम। वहाँ डिमॉक्रेटिक राइट की दुहाई देकर सब लोगों के एक-एक लाइन लिखकर देने से नाटक नहीं तैयार हो सकेगा। दुनिया में दो लोगों ने मिलकर कोई श्रेष्ठ नाटक लिखा हो, ऐसा शायद ही हुआ हो। अधिकतर यह एक ही व्यक्ति के मन के रस के ज़रिये तैयार होता है। लेकिन वे भी निर्देशक के साथ काम करते हैं, और निर्देशक काम करते हैं अभिनेता, मंच-सज्जाकार, प्रकाश-संयोजक आदि सभी के साथ मिलकर। यही हुआ सबका एक साथ मिलकर काम करना। नहीं तो महर्षि मनोरंजन भट्टाचार्य जैसा कहा करते थे—शून्य को चाहे जिस भी संख्या से गुणा करो, गुणनफल शून्य ही रहेगा।

एक घर में पिता रहते हैं, माँ रहती हैं, बड़े भाई लोग रहते हैं और छोटा भाई भी रहता है। लड़कों के बड़े होने पर पिता बराबर उनसे राय लेकर काम करते हैं। अब यदि बड़ा भाई कोई ऐसी बात कहे जो उचित नहीं तो छोटा भाई यह कह ही सकता है कि दादा, यह ठीक नहीं, क्योंकि...आदि, आदि। यह हुआ काम करने का भद्र तरीका। अतः एक ऐसा ही परिवेश तैयार किया जाना चाहिए जिसमें न ज़ोर करके अधिकार मनवाने की ज़रूरत पड़े और न ही किसी के सम्मान को चोट पहुँचे, अर्थात् क़ानून रहेगा लेकिन उसके कारण काम करने की प्रेरणा नष्ट नहीं होनी चाहिए। अन्यथा वह रहेगा तो पर उसका डर नहीं रहेगा। इस सम्बन्ध में दल में जो शीर्ष स्थानीय लोग होते हैं, उनका एक दायित्त्व बनता है। वह हुआ कि जो लोग शारीरिक परिश्रम कर रहे हैं, उन्हें यह भरोसा देना कि वे भी मेहनतवाला महत्त्वपूर्ण काम कर रहे हैं। ऐसा न होने से एक दल के मन में यह आना स्वाभाविक है कि हम क्या केवल कुलीगीरी करने के लिए हैं? और दूसरे सब बड़े हैं, कलाकार हैं।

दल में किसी नये व्यक्ति के आने पर पुराने लोग उससे कैसा व्यवहार करते हैं, इस बारे में स्टानिस्लवास्की की एक बड़ी महत्त्वपूर्ण उक्ति है। उसका भावार्थ यह है कि रास्ते के कुत्तों का भी एक दल होता है। उस दल में किसी नये कुत्ते के आने पर बाक़ी कुत्ते उस पर भौंकना शुरू कर देते हैं और उसे काटने दौड़ते हैं। अन्य पाड़ेवाला कुत्ता यदि सामर्थ्यवान हुआ तो वह भी काटने दौड़ता है और पुरानों का दिमाग़ ठिकाने लगा देता है। ऐसा करके ही वह उस दल के इलाक़े में अपनी जगह बना पाता है। ऐसा न हुआ तो अपने

स्वजातीय भाई-बन्दों के वार से क्षत-विक्षत शरीर लिए भाग खड़ा होता है। इसकी और कोई व्यख्या निष्प्रयोजन है।

एक और तरह की मुसीबत आती है जब किसी कारण से अचानक दल की ख्याति हो जाती है। तब प्रायः सभी लोग उस ख्याति का, यश का व्यक्तिगत रूप से उपभोग करना चाहते हैं। मान लीजिए हम कहीं गये। वहाँ के लोगों ने हमारे नाटक की खूब प्रशंसा की। हठात् हमने ऐसा भाव दिखलाया कि यदि फ़लाँ ने शुरू से लेकर अन्त तक फ़लाँ-फ़लाँ काम न किये होते तो इतना सब न हो पाता। इसका परिणाम घातक होता है। कारण, सभी की एक-एक गुणगायक मंडली होती है। उन सबकी बात सुनते-सुनते, उनसे बात करते-करते लोग सोचने लगते हैं कि सफलता उन्हीं के कारण मिली है। दल के दूसरे लोग उनकी बात स्वीकार नहीं कर रहे हैं, क्योंकि वे छोटे लोग हैं, संकुचित प्रवृत्ति वाले हैं, दुष्ट भी हैं। बस, हर सत्य इस तरह सोचने के कारण असत्य हो जाता है। और असभ्य-अशिष्ट लोगों के दल की परिणति भी असभ्य रीति के अनुसार ही हो जाती है।

मैंने जीवन में कई बार इस तरह की घटना घटते देखा है। उत्साही लोगों ने मिलकर एक बहुत अच्छा नाटक खेला, खूब प्रशंसा भी हुई। लेकिन इस सबके बावजूद वह दल और कोई नाटक नहीं कर पाया। सब झगड़ा-झाँटी करके अलग हो गये और अलग-अलग व्यावसायिक रंगमंच में काम की तलाश में जुट गये।

इसके अलावा यदि किसी के मन में यह इच्छा हो कि किसी तरह नाट्य आन्दोलन के साथ जुड़कर कुछ नाम-वाम कर लिया जाये तो उसके लिए है स्टार, रंगमहल और सबसे अधिक टॉलीगंज की फ़िल्म का बाज़ार। वैसी हालत में उसे शुरू से ही वह रास्ता पकड़ लेना चाहिए। अवश्य ही नवनाट्य आन्दोलन के लोगों को जात बचाकर चलना चाहिए। मेरे कहने का यह तात्पर्य नहीं कि कहीं भी किसी तरह के व्यावसायिक कारोबार से जुड़ने से बचना होगा। जो कोई जहाँ कहीं भी चाहे काम कर सकता है। इस आन्दोलन से जुड़ा हर व्यक्ति जीविका के लिए कहीं न कहीं काम करता ही है और अपने मन की प्यास को बुझाने के लिए इस तरह के आन्दोलन आदि में जुड़ता है। जिस दिन यह आन्दोलन उन लोगों को कुछ पैसे दे पायेगा, वह दिन मुक्ति

का दिन होगा, वेश्यावृत्ति से मुक्ति का दिन होगा, उसी दिन रंगकर्मी का नशा और पेशा दोनों एक होकर उसे मुक्ति देंगे। लेकिन जब तक यह नहीं होता, कोई सरकारी ऑफ़िस में या कोई व्यापारी के यहाँ नौकरी करता है या फिर स्टेज या फ़िल्म कम्पनी में। इसमें कोई मुश्किल नहीं है, क्योंकि असल सम्पर्क होना चाहिए दल के साथ। दल पैसा नहीं दे पा रहा है, इसीलिए कहीं और काम करने की अनुमति देता है। जिस दिन पैसा दे पायेगा, उस दिन अवश्य ही अन्य काम में समय नष्ट नहीं करने देगा। यदि यही मूल चिन्ता हो तो दल को कोई भय नहीं रहता। इस बारे में परमहंसदेव की एक अपूर्व उपमा है। घर का काम करने वाली महरी सुबह आकर जब से काम शुरू करती है तब से वह बाबू लोगों के घर का एक प्राणी हो जाती है, घर के छोटे बच्चे को प्यार करती है, गोदी में लेती है, गिर जाये तो हाय-हाय करती हुई बच्चे को गोदी में लेकर फुसलाने की कोशिश करती है, लेकिन उसका मन लगा रहता है अपनी झोंपड़ी में, जहाँ वह अपने छोटे बच्चे को छोड़ आयी है और यह सब वह असल में अपने उस बच्चे के लिए ही करती है।

हम लोगों का भी वही हाल होना चाहिए। हम कहीं भी काम कर रहे हों, हमारा मन दल के काम में लगा होना चाहिए। कब वहाँ जाऊँगा, वहाँ के लोगों से भेंट होगी, वहाँ का काम करूँगा, और मैं एक अपूर्व सम्भावनामय सुन्दर और सम्पूर्ण मनुष्य हूँ, अपनी रग-रग में यह अनुभव करूँगा। यदि यह अनुभव हममें नहीं हुआ तो हमारा भविष्य दुखमय हो जायेगा। इस तरह का अनुभव लेकर जो लोग दल में आयेंगे, उनसे दल को कोई ख़तरा नहीं। लेकिन यदि यह न होकर व्यावसायिक मंच पर चांस मिल गया तो आप पायेंगे कि अब उसका आना उतना नियमित नहीं रह गया है। ऐसे लोग जब तक दल में रहते हैं, अपने को बचाकर ही रहते हैं और हर समय अच्छा रोल पाने की फ़िक्र में रहते हैं। इस बीच किसी काम का भार आ ही पड़ता है तो किसी तरह लाचार होकर उसे पूरा करते हैं। ऐसे लोग ही दल को सम्हालनेवाले लोगों की खुशामद किया करते हैं।

बहुत बार यह बात होती है कि फ़लाँ ने दल को एक्सप्लॉयट करके अपना स्वार्थ सिद्ध कर लिया और यह भी सुनने में आता है कि दल ने मुझे एक्सप्लॉयट करके अपना स्वार्थ सिद्ध किया। ऐसी बातें बड़ी बेवकूफ़ी भरी लगती हैं। यदि कोई दल किसी निष्ठाहीन आदमी को केवल अभिनय की

ख़ातिर ही प्रश्रय देता है तो उसका ममलब हुआ कि दल भी उसे दल का सदस्य मानने के बदले एक ऐसा व्यक्ति मानता है, जिससे उसकी अभिनय क्षमता का लाभ उठाया जा सकता है। अतः यदि वह कहीं और अधिक सुविधा पाकर चला जाता है तो इसमें नाराज़ होने की क्या बात है, और किसी व्यक्ति को एक्सप्लॉयट करके कोई दल नाम कमाता है तो अवश्य ही वह व्यक्ति भी नाम कमाता है। अब वह दल छोड़कर कहीं और अच्छा काम करे तो उसके बिना दल कहाँ है, यह भी प्रमाणित हो जाता है। फालतू विष वमन करने से क्या लाभ?

नवनाट्य आन्दोलन इतना कुछ नहीं फैला है कि उससे कोई आर्थिक एक्सप्लॉयटेशन हो सके। आमतौर पर सचमुच जो बड़े होते हैं, उन्हें अपनी क्षमता का प्रमाण देकर ही अपने बड़प्पन को प्रमाणित करना पड़ता है। यह तो बाप के ऑफ़िस में उनकी कुर्सी पर बैठने जैसा नहीं है। क्षमता न होने से कोई किसी को ऊपर उठने क्यों देगा? इसलिए जिसमें योग्यता होती है, उसे भी दल में सुयोग पाने की चेष्टा करनी पड़ती है। इसके बावजूद यदि दल में कोई उस पर भरोसा नहीं कर पा रहा है तो उसे समझने की कोशिश करनी चाहिए कि क्या बात है कि दल के अन्य लोगों का विश्वास वह नहीं अर्जित कर पा रहा है। लेकिन केवल यही एक पक्ष नहीं है, इसका एक और पक्ष है। कभी-कभी कोई व्यक्ति दल में महत्त्वपूर्ण पद पर प्रतिष्ठित होता है और उसके बाद उसकी कार्य-क्षमता कम होने लगती है। वह दूसरों से ईर्ष्या करने लगता है और किसी को मौक़ा देना नहीं चाहता। इस तरह की घटना अपने देश में हर कहीं दिखती रहती है, अपने नवनाट्य आन्दोलन के क्षेत्र में भी। बाहर की जगह छोड़ने से आर्थिक नुकसान होने का भय रहता है और दल को छोड़ने से सम्मान कम होने का भय रहता है, इसलिए बाबू लोग दल की गद्दी नहीं छोड़ना चाहते।

पहले इस क्षमता के रहने और न रहने पर थोड़ी चर्चा कर ली जाये। (इस विषय पर चर्चा करने से पहले हमें यह स्वीकार कर लेना चाहिए कि लेखक अपने व्यक्तिगत अनुभव के आधार पर ही कह रहा है और वह अनुभव और जानकारी अवश्य ही सामान्य है और उसे अन्तिम बात भी नहीं कहा जा सकता, फिर भी इनका सम्बन्ध नाना प्रसंगों से है।) कला की क्षमता का प्रारम्भिक रूप मनुष्य की नाना जटिलताओं के एक छोटे से अंश का अनुभव

है। और कोई जब यह अनुभव करता है कि उसमें कोई असाधारण गुण है तो वह गर्वित अनुभव करता है कि उसका यह गुण स्वअर्जित है। हम लोगों के बचपन के मित्र के एक हाथ में छह उंगलियाँ थीं। हमलोग इस पर बहुत आश्चर्य करते थे और इस कारण वह भी बड़े गर्व का बोध करता था, मानो वह उसकी कोई व्यक्तिगत उपलब्धि है। कालान्तर में यदि वह इससे ऊपर नहीं उठता तो उसकी क्षमता उस बाल्यकाल की उपलब्धि तक ही सीमित रह जायेगी। कोई-कोई उस चेष्टा को जिलाये रखते हैं और यौवन काल में वह दावानल की तरह धू-धू करके जल उठती है। किन्तु—पर यह एक बहुत बड़ा किन्तु है—बहुत बार इन सब आग्रहों के मूल में कोई चरित्रगत गुण नहीं होता। होता है यौवन में कुछ विशेष करने का स्वाभाविक आग्रह मात्र। अवश्य ही इस कारण मैं उस बात को एकदम उड़ा देना नहीं चाहता, इसका भी एक दृष्टि से महत्त्व है। प्राकृतिक कारण से अनेक अश्लील आचरण करने के बदले कला-साधना करना केवल यौवन काल में ही उपयोगी होता हो, सो नहीं। बाद में भी यह काम आता है। लेकिन नवनाट्य आन्दोलन के सम्बन्ध में एक और बात प्रमाणित करना ज़रूरी है कि नवनाट्य आन्दोलन ही राष्ट्रीय कला आन्दोलन है। इस बात को हर दृष्टि से प्रतिष्ठित किये बिना, दीर्घ काल तक का भविष्य नष्ट हो जायेगा। अतः इस क्षेत्र में ऐसे बहुत से लोगों की ज़रूरत है, कला जिनके जीवन का अनिवार्य अंग हो, कला जिनके जीवन का सीरियस हिस्सा हो।

इस दृष्टि से विचार करके हमने पाया है कि जिन लोगों ने अच्छी तरह पढ़ाई-लिखाई की है, उनमें 17 से 22-23 की उम्र में कला के प्रति विशेष रुझान दिखलाई पड़ता है। बाद में कामकाज में लग जाने के बाद कला आदि के प्रति उनमें एक ओर पीठ ठोंकनेवाली प्रवृत्ति दिखलाई पड़ती है तो दूसरी ओर समर्थ पेशादारों के प्रति एक तरह का ईर्ष्या का भाव। जिन लोगों की पढ़ाई-लिखाई थोड़ी होती है, उनका यह काल कुछ अधिक लम्बा चलता है। जिनके पास कोई काम-काज नहीं होता वे और उग्र रूप में आन्दोलन के साथ, प्रायः औरों के प्रति आक्रोश का भाव लिए, जुड़ जाते हैं। लेकिन काम मिलने के साथ ही वे भी उसी तरह के हो जाते हैं, सच पूछिए तो और अधिक तीखे। तीस पार करते-करते, तोंद थोड़ी दिखने लगती है, थोड़ा गम्भीर 'हम सब जानता है' वाला भाव आ जाता है और मन दिमाग़ का विशेष उपयोग नहीं करना

चाहता। तब तक गृहस्थी का बोझ आ जाता है। तब यही सोचने में आता है कि कैसा अच्छा थियेटर का भविष्य था, पर अब? अब तो मैं फ़लाँ मित्र से अर्थ और मर्यादा दोनों दृष्टियों से ही पिछड़ गया हूँ, अतः तीस के बाद भी जो लोग अपना यौवन जीवित रखना चाहते हैं वे प्रायः असाधारण होते हैं। और प्रायः इसी उम्र से कला की क्षमता सजग भी होती है और गम्भीर भी। अब हिसाब में कुछ ऊपर-नीचे तो होगा ही, लेकिन लगे रहने से लाभ भी होता है, वैसे ही जैसे रगड़ते-रगड़ते पीतल भी सुनहला हो जाता है।

लेकिन इतनी मेहनत करना, इतना कष्ट उठाना हम बंगालियों के स्वभाव में नहीं है। हम लोगों का आलसीपन तो जगत् विख्यात है। अतः इस उम्र में ही जो लोग दल में महत्त्वपूर्ण हो सकते हैं और अपनी व्यक्तिगत प्रचेष्टा से होते हैं, उन पर भी इसके बाद राष्ट्रीय रोग आलस्य हमला करता है और फिर वे अपनी कलात्मक प्रतिष्ठा बढ़ाने के बदले दलगत प्रतिष्ठा बढ़ाने की कोशिश में लग जाते हैं।

असल में हम लोगों में यौवन-शक्ति बड़ी दुर्बल होती है। और उसके मरने के साथ ही साथ भीतरवाला भला आदमी भी मर जाता है। ऐसी स्थिति में दल में गुटबाज़ी शुरू हो जाती है, अपनी पोज़ीशन बचाये रखनी होती है। जो लोग पूरी तरह सत् नहीं होते वे नाना नेताओं की खुशामद करके अपनी पोज़ीशन बनाये रखने में लग जाते हैं, फलस्वरूप स्थिति एकदम राजनीतिक दल का रूप ले लेती है।

इस तरह का छोटापन हम लोगों के यहाँ हर क्षेत्र के बड़े लोगों में इस बुरी तरह व्याप्त है कि उसका नाम लेने की भी ज़रूरत नहीं। समाज में जो लोग शीर्ष स्थानीय हैं, जिनका नाम अख़बार में बराबर निकलता रहता है, वे ही ऐसी नीचे दर्जे की दलादली करके हमारे सामने उसका दृष्टान्त रखते हैं। अतः नवनाट्य आन्दोलन में भी यह सब होना स्वाभाविक है।

मनुष्य की शक्ति क्षीण होना स्वाभाविक है, लेकिन क्षीण हो जाने के बाद भी उसे कसकर पकड़े रहना तो पाप है। इस पाप को एक बार प्रश्रय मिलने लगे तो फिर हमारा स्वप्न, हमारी शिक्षा-दीक्षा सबको जलांजलि देने जैसी स्थिति हो जाती है। असंस्कृत मन लेकर संस्कृति का काम नहीं किया जा सकता। इस रोग से मुक्ति पाने का एक ही तरीक़ा है कि वोट के बल पर दल न चलाया जाये। जब कभी दल में मत-पार्थक्य की बात उठे तो उस

पर चर्चा दल के आदर्श, दल के अनुशासन के परिप्रेक्ष्य में होनी चाहिए। यदि दो पक्ष हों तो दोनों एक-दूसरे को अपनी दृष्टि से अवगत कराने की चेष्टा करें। अन्त में पता लगेगा ही कि एक पक्ष की बात अवश्य ही ठीक है या दोनों के मत का सामंजस्य ही ठीक होगा। इसके अतिरिक्त और कुछ हो ही नहीं सकता।

बातचीत के दौरान यदि यह लगे कि एक पक्ष दल के आदर्श या नीति का अवलम्बन नहीं कर रहा है, तो यह बात भी तर्क के माध्यम से पुष्ट होनी होगी और वैसा होने पर सब लोग मिलकर उनकी बात काट दें। लेकिन वोट के ज़ोर पर कोई भी निर्णय मनवाना ठीक नहीं। यदि एक व्यक्ति भी विरोध कर रहा हो तो उसे समझाकर प्रस्ताव ग्रहण करना होगा, गृहीत प्रस्ताव हमेशा सर्वसम्मति से पारित होना चाहिए। वोट द्वारा गृहीत प्रस्ताव ऊपर से लादा गया प्रस्ताव होता है, पूरे मन से स्वीकार किया गया नहीं।

मोटे तौर पर यह हुईं हम लोगों की सांगठनिक समस्याएँ और उनके समाधान के लिए सुझाये गये कुछ परामर्श। ये परामर्श ही समस्याओं के एकमात्र समाधान हैं, ऐसा यह लेखक बिल्कुल ही नहीं मानता। ये तो उसे अनुभव से प्राप्त कुछ परामर्श हैं।

एक और विषय पर चर्चा किये बिना प्रसंग समाप्त नहीं कर पा रहा हूँ। वह हुआ प्रेम सम्बन्धी घटनाएँ। प्रेम व्यापार। कम उम्र के लड़के-लड़कियाँ, दोनों ही दाहक पदार्थ होते हैं। उसके ऊपर से कला चर्चा जो प्रायः आग से खेलने की तरह होती है। कलाकार यदि अपनी क्षमता को संयमित रख पाता है तो उससे दूसरों को कुछ प्रकाश मिल सकता है, अन्यथा उसकी क्षमता ही उसे उच्छृंखलता की ओर ले जाती है और उसके जीवन को तहस-नहस कर देती है। असल में यह तो आग है। जो जितना बड़ा प्रतिभावान होगा, उसकी धारण शक्ति भी उतनी ही बड़ी होनी चाहिए।

अस्तु, इस खेल में बीच-बीच में कुछ पतंगों के पंख जलेंगे ही, उसका कोई उपाय नहीं। किन्तु मुसीबत होती है दल नामक वस्तु के कारण। खूब सीरियस दल में भी यदि किसी का प्रेम व्यापार बहुत दिनों तक चलता रहे तो मदन देव के कानन में सभी की आँखें और मन उसी पर टँगी रहने लगती हैं। इसीलिए प्रेमालाप, जिसे फ़्लर्ट करना कहते हैं, जहाँ तक न रहे वहीं तक

मंगल है। प्रेम करने में तो कोई दोष नहीं पर फ़्लर्ट करने में है। प्रेम करने पर खामखाह सबके सामने उसका प्रदर्शन करने की तो कोई आवश्यकता नहीं। प्रेम में पड़ ही गये हो तो सुविधानुसार यथाशीघ्र विवाह कर लो। और यदि वह सब सम्भव न हो तो फिर प्रेम को थोड़ा नियन्त्रण में ही रखो।

एक और मुश्किल भी सामने आती है। मान लीजिए एक लड़का और एक लड़की है। वे दल के अच्छे कर्मी हैं। दोनों के बीच थोड़ा रसालाप शुरू हुआ। साथ ही साथ दल में आना भी कम होने लगा। वे कुछ समय एकान्त में बिताने की ताक में रहने लगे। यह स्वाभाविक है पर दल का क्या होगा? और रिहर्सल का? हो सकता है दो घंटे में से डेढ़ घंटे उन्होंने आउटराम स्ट्रीटवाली चाय की दुकान में दल की बात करने में ही बिताये हों कि उनका दल कितना अच्छा है, लेकिन इससे किसी का भला नहीं हुआ। दल ब्रह्म की तरह कोई अपरिवर्तमान पदार्थ तो है नहीं। हर काम के साथ-साथ, हर विचार-विमर्श के साथ-साथ, हर नियम बनाने के साथ-साथ, दल के नियम बनाने के साथ कुछ सत्य भी उभरकर आता है, दल ऊपर उठता है। इनसे विच्छिन्न दो व्यक्ति क्या बात करेंगे? वे केवल अतीत की ही बातें करेंगे जिसे पार किया जा चुका है, लेकिन भविष्य का उससे क्या भला होगा। यदि वे सचमुच दल की बात करना चाहते हैं तो उन्हें तो दल के पास ही दौड़कर आना होगा, उन्हें सबको अपनी बात बतानी होगी, चर्चा करनी होगी ताकि विषय और स्पष्ट हो, ताकि सामने विस्तृत रास्ता दिखलाई पड़े।

इसके यह माने नहीं कि प्रकृति की स्वाभाविक प्रवृत्ति को छोड़कर हम केवल बड़ी-बड़ी आलोचना ही करते रहें। ऐसा अस्वाभाविक काम एक कलाकार के लिए सम्भव नहीं। हम लोगों का काम ही हँसना, खेलना, लोगों को अच्छा लगना। लेकिन प्रेम यदि उसमें बाधक होता है, प्रेम का भाव इधर-उधर की बातें बना-बुनू कर भावुक बातें करना, और वह प्रेम यदि काम में सहायक न हो रहा हो, तो उस प्रेम को थोड़ा संयत रखना ही अच्छा होगा। हमारे प्रेम में उच्छ्वास के बदले गम्भीरता हो तो शायद इसकी चेष्टा अधिक लाभदायक हो।

इसके अलावा, एक और चीज़ देखी है। दल में यदि कोई दामी लड़की हो और वह किसी के प्रेम में पड़ जाय तो सभी प्रेमयोग्य लड़के भीतर ही

भीतर जल उठते हैं। बहुत बार बहुत तरह की छोटी और तुच्छ बातें भी की जाती हैं। यह केवल ईर्ष्या के कारण होता है।

लड़कियों में भी इसी तरह की ईर्ष्या ठीक इसी कारण से दिखलाई पड़ती है। दल बनाकर इस तरह की कामजनित ईर्ष्या बड़ी भयानक होती है। हम अच्छा कलाकार बनना चाहते हैं पर यदि हम स्वयं ही अपने मन में खुले न हों, यदि हम खुद अपने प्रति ईमानदारी न हों तो हम एक अच्छा कलाकार कैसे बन सकते हैं। ख़ैर, जो भी हो, इस तरह की समस्याओं का समाधान हमें बने रहने की शक्ति देगा। जीवन में समस्या की सृष्टि करना और फिर बाधाओं का अतिक्रमण करके उनका समाधान खोजना ही मनुष्य का नियम है। हम लोग यदि सचमुच आदमी बन सकें तो मुझे पूरा विश्वास है कि इतिहास हमारा सहायक होगा।

मेरे लिए या आपके लिए नहीं, हमारे काम के लिए।

पाद-टिप्पणी

माइकेल : माइकेल मधुसूदन दत्त के नाटक—*बूड़ोसाालिकेर घाड़े रों, एकेई कि बोले सभ्यता।*

रंगमहल और स्टार थियेटर : पेशेवर नाटकों के रंगमंच।

टॉलीगंज : फ़िल्म स्टूडियो क्षेत्र।

नील दर्पण एवं सधबार एकादशी : दीनबन्धु मित्र का विख्यात नाटक।

प्रफुल्ल : गिरिशचन्द्र का सुप्रसिद्ध नाटक

पल्ली समाज : शरत्चन्द्र चट्टोपाध्याय का उपन्यास जिसका रूपान्तर रमा नाम से स्वयं शरत् बाबू ने किया।

रवीन्द्रनाथ ठाकुर के नाटक : *चिर कुमार सभा, शेष रक्षा, तपती, मुक्तधारा, रक्तकरबी, रथेर रशी, राजा।*

अभिनय किसे कहते हैं?

कारण जो भी हो, पता नहीं, पर मेरे कुछ मित्रों की यह धारणा बन गयी है कि मैं अभिनय के बारे में कुछ जानता हूँ और सिखा भी सकता हूँ। इस बारे में चर्चा करने के लिए मुझे आमन्त्रित भी करते रहते हैं। अभिनय जैसे क़ठिन विषय के सम्बन्ध में कुछ भी कहने में मुझे बड़ी दुविधा होती है। पहला कारण मैं लेखक तो हूँ नहीं, फिर अपने अभिनय ज्ञान के सम्बन्ध में मैं स्वयं संशय में हूँ। एक और कारण यह भी है कि इस सम्बन्ध में जो-जो बातें मेरे मन में आती रहती हैं, उन्हें किस तरह कहने से वे बातें दूसरे समझ सकेंगे, मुझे यह भी तो नहीं पता। और इन सबसे बड़ी बात यह है कि किसी बात को खुद अच्छी तरह समझे बिना क्या दूसरों को समझाया जा सकता है।

फिर भी यदि चर्चा करनी ही हो तो मेरी समझ में शुरू में ही बात उठाना बेहतर होगा, जैसे अभिनय किसे कहते हैं? या अच्छा अभिनय किसे कहते हैं? मुझे ऐसा लगता है कि अधिकांश लोगों की इस बारे में कोई स्पष्ट धारणा नहीं होती। यदि होती तो किसी भी सुन्दर लड़की या लड़के को मंच पर या सिनेमा में देखकर इस तरह दीवाने न हो जाते और बड़े-बड़े आयोजन करके उन्हें वर्ष का सर्वश्रेष्ठ अभिनेता या अभिनेत्री न घोषित करते। मैं ऐसा इसलिए कह रहा हूँ कि शुरू करते ही कोई बड़ा कलाकार नहीं बन जाता। यदि वैसा हो तो फिर अभिनय को कला मानने की क्या आवश्यकता और उसके लिए मन और बुद्धि की वृत्तियों के सुधार की ही क्या आवश्यकता? वैसी स्थिति में चरित्र की गहराई की भी कोई आवश्यकता नहीं रहती। उम्र के अनुकूल उम्र का जो धर्म बनता हो, उसके अनुसार अभिनय कर दिया जाये, वही आदि भी हो और अन्त। बस। और ऐसा ही हो, इसका बीड़ा कुछ पत्र-पत्रिकाओं ने उठा रखा है। मुम्बई की एक प्रसिद्ध पाक्षिक पत्रिका हर साल बड़ी धूमधाम से एक आयोजन करती है और नायक-नायिकाओं में से वर्ष की सर्वश्रेष्ठ जोड़ी

चुनी जाती है। पर वर्ष का सर्वश्रेष्ठ अभिनेता-अभिनेत्री चुने जाते हैं अन्य सब अभिनेता-अभिनेत्रियों में से। कैसा अपूर्व प्रहसन! अपने बंगाल को भी इसकी हवा लग गयी है। वह ज़माना गया जब यह कहा जाता था कि बंगाल जो आज सोचता है, सारा भारत वह कल सोचता है। अब तो हम मुम्बई की नक़ल करते हैं और मुम्बई हॉलीवुड की।

यहाँ एक बात स्पष्ट करना ज़रूरी है कि नये लोगों के प्रति, सौन्दर्य या यौवन के प्रति मेरे मन में किसी प्रकार की अवज्ञा का भाव नहीं है। यदि कोई ऐसा मानते हों तो मेरे प्रति अन्याय होगा, मैंने अब तक जो कुछ भी किया है, सब झूठ साबित होगा। मुझे दुख है कि गुण की क़द्र नहीं होती। लोग व्यवसायियों की बातें मान लेते हैं और इस तरह, अपनी धारणा बनाने की क्षमता ही खो बैठते हैं। भरोसा बस इसी बात का है कि आम आदमी का वह बोध पूरी तरह नष्ट नहीं हो जाता, और बाद में लौटकर आता भी है। इसी कारण अब भी बंगाल में सत्यजित राय जैसे लोगों का होना सम्भव हुआ है। इसी कारण 'पथेर पांचाली' जैसी फ़िल्म लोकप्रिय हुई। पर एक बात तो रह ही गयी—इस फ़िल्म में कनु बंद्योपाध्याय द्वारा किये गये अपूर्व अभिनय की चर्चा कोई नहीं करता। क्या कभी उसका भी सम्मान किया जायेगा?

बातें और भी हैं। आम बातचीत में बराबर सुनने में आता है कि अभिनय वास्तविक होना चाहिए और अभिनेता को अभिनीत चरित्र में स्वयं को एकदम डूब जाने देना चाहिए। ये दोनों बातें ही मुझे अटपटी लगती हैं, ठीक नहीं। कोई भी कला कभी स्वाभाविक नहीं होती। आम जीवन में जो घटनाएँ बराबर घटित होती रहती हैं, उनमें से कुछ को चुनकर, उन्हें सजाकर रखने पर वह कला का रूप ले लेती हैं। इस चुनने-सँवारने में एक छन्द होना चाहिए। कला-सृजन की यह सारी प्रक्रिया अपने आप अपने नियमों के अनुसार घटित होती रहती है और यह बिल्कुल स्वाभाविक नहीं होती। अपने किसी प्रियजन की मृत्यु से जब किसी व्यक्ति को मर्मांतक पीड़ा होती है, तब उसे कुछ भी अच्छा नहीं लगता। सारी पृथ्वी व्यर्थ लगती है। न भूख लगती है न नींद पूरी होती है। पेट गड़बड़ हो जाता है, फलस्वरूप स्वास्थ्य ठीक नहीं रहता, जीभ पर मैल की तह जम जाती है, मुँह से दुर्गन्ध आने लगती है। ये सब एकदम स्वाभाविक बातें हैं, तथापि कला की दृष्टि से अप्रयोजनीय। इनसे हास्य की सृष्टि ही हो सकती है। कला की दृष्टि से इष्ट होगा दिखलाना उस व्यक्ति

की छटपटाती आत्मा को, रात में जगकर आकाश की ओर ताकते रहने को और फिर अचानक खाट की पाटी पकड़कर किये जाने वाले उसके अस्फुट पर गहरे आर्तनाद को, सारे शरीर की थरथराहट को। चौबीस घंटों का एक दिन होता है, सात दिन का एक सप्ताह और चार सप्ताह से कुछ अधिक का एक मास। उस एक महीने में घटी घटनाओं को यदि एक दृश्य में दिखलाना हो तो नाना छोटी-छोटी घटनाओं को बाद देकर बाकी को संश्लिष्ट करना होगा, ताकि वह निर्यास (किसी मूल वस्तु का सत्त) की तरह कम, पर घनी हो जाये। यह काम कलाकार का होता है। तिल-तिल करके अनेक दिनों में हुए अनुभव और वर्तमान में हुए अनुभव के निर्यास को मिलाकर उसे प्रस्तुत करना होगा। इसमें सामान्य जीवन की शिथिलता नहीं होगी, वरन् होगा कान तक खींची गयी धनुष की प्रत्यंचा का तनाव, चारों ओर फैला हुआ।

लेकिन मैंने ऐसे बहुत से पढ़े-लिखे लोगों को देखा है जो इस तरह तनाव के परिमंडल को देखकर मुँह बिचकाकर कहते हैं—मेलोड्रैमेटिक। उनमें से कइयों से पूछा है कि मेलोड्रैमेटिक माने? पर किसी से भी इस प्रश्न का कोई सन्तोषजनक उत्तर नहीं मिला। हाँ, यह ज़रूर सुनने को मिलता रहता है कि अभिनय होना चाहिए रोज़मर्रा की तरह, एकदम तरल और स्वाभाविक। अभिनय में ऐसा कुछ भी नहीं होना चाहिए जो सौ में से निन्यानबे लोगों को समझ में न आ जाये, ऐसी कोई घटना नहीं दिखलाई जानी चाहिए जो एक सामान्य दिन में न घटित होती हो। इतना सब कुछ कहने के बाद एक ने स्टानिस्लवास्की का दृष्टान्त दिया था कि मास्को आर्ट थियेटर इसी का अनुसरण करके सार्थक हुआ है। मैंने पूछा—तो फिर स्टानिस्लवास्की ने 'ओथेलो' करने की चेष्टा क्यों की थी? 'ओथेलो' का तो कुछ भी स्वाभाविक नहीं है, न दैनन्दिन जीवन, न चरित्र, न उसकी भाषा, न उसकी घटनाएँ जो निन्यानबे लोगों के जीवन में रोज घटित होती हों। अति स्वाभाविक तरीके से प्रश्नकर्ता कोई सन्तोषजनक उत्तर नहीं पा सके।

जीवन एक आलसी और निकम्मे लड़के की तरह निस्तरंग या शिथिल नहीं होता। हर दिन सुबह ट्राम-बस की भीड़, हलचल, लाखों काग़ज़ों का आना-जाना, टाइपराइटर की खटखट, करोड़ों-करोड़ों रुपयों का लेनदेन चलता रहता है। ऐसी ही हलचल शाम को भी। इनके बीच न जाने कितनी माँएँ असहाय जानवरों की तरह चीत्कार करती हुई न जाने कितने नये जीवनों को

जन्म देती हैं, और न जाने कितने मुमूर्ष जबरदस्ती अन्तिम साँस लेने की कोशिश करते रहते हैं, कितने हाहाकार से आकाश गूँजता रहता है और न जाने कितने शंखों की आवाज़ मानो उन पर मलहम लगा रही होती है। यह सब चलता रहता है पृथ्वी पर और पृथ्वी स्वयं महाशून्य में चक्कर काटती रहती है। इस वेग की तीव्र गति को सम्हालने का दायित्त्व होता है कला का। उसका अर्थ समझकर उसका निर्यास तैयार करके जब दिया जायेगा तब वह अमृत भी हो सकता है, पर वह बलहीनों को प्राप्त नहीं होता।

कला स्वाभाविक नहीं होती, होती है मन की इच्छा को पूरी करने की वस्तु। स्वाभाविक जगत् को स्वीकार कर लेने के बाद ही कलात्मक सृजन सम्भव है। जितने बड़े रूप में, जितनी ही गहराई में जाकर जीवन को जाना जायेगा, उतना ही श्रेष्ठ सृजन सम्भव होगा। जिस व्यक्ति ने जीवन को अच्छी तरह जाना ही नहीं, उसकी प्रगट करने की क्षमता कितनी होगी भला? वह 'प्रफुल्ल' नाटक के भजहरि के चरित्र को कैसे उपस्थित करेगा? भजहरि, जिसने आँखों के सामने बाप का खून होते देखा, अपना घर जलते देखा, रास्ते पर भीख भी न मिलने पर भाई-बहनों को भूखों मरते देखा? वह कैसे 'चरित्रहीन' के दिवाकर के चरित्र को रूपायित करेगा जो किरणमयी के साथ रंगून भागकर जाता है, वहाँ बस्ती में घर बसाकर रहता है और बाद में पछतावे और अतृप्ति के कष्ट से किरणमयी को लात मारता है? सम्भव नहीं। बहुत होगा तो पासवाले मकान की लड़की को बनावटी प्रेम का पत्र लिखकर उसकी गोली बनाकर फेंक सकता है, बस। या फिर गम्भीर मुँह बनाकर बनावटी प्रेम की कहानी दोहरा सकता है। लेकिन जो दर्शक जीवन में एक बार भी प्रेम में पड़ा है, उसे यह सब एकदम बनावटी लगेगा। ऐसा अभिनय उन लोगों को ही चलता है, जिन बेचारों को जीवन में कभी प्रेम में पड़ने का अवकाश ही नहीं मिला। जिस अश्वत्थामा ने जीवन में कभी दूध न पीया हो, उसके लिए दूध और मैदे के घोल में क्या फर्क होगा? जो बच्चों को बहलानेवाली कहानी हो, जिसका कोई उद्देश्य न हो, उसके लिए कला के बग़ीचे में कोई जगह नहीं होती। उसे अभिनय करने के लिए जीवन-बोध की आवश्यकता नहीं पड़ती। हँसने के समय हँस दिया, रोने के समय रो दिया (वह भी ग्लिसिरिन की सहायता से)। बाक़ी का काम कैमरामैन और नाटककार का होता है। सच्चा कलाकार होने के लिए सचमुच का जीवन जीना पड़ता है। अपना मन

बड़ा बनाकर अनगिनत अनुभवों से गुज़रना पड़ता है। उसके बाद उन्हें प्रगट करने की पद्धति ठीक करनी पड़ती है। अवनीन्द्रनाथ ने चित्र बनाने के बारे में जो कुछ कहा है, वह अभिनय के क्षेत्र में भी सही उतरा है।

आजकल एक और बात बराबर सुनने में आती है कि अभिनेता को अभिनय करते समय अपने को पूरी तरह भूल जाना चाहिए, उसे अभिनीत भूमिका के साथ एक-जी हो जाना चाहिए। बड़ी गड़बड़ बात है। अभिनेता का अपना एक शरीर होता है, चेहरा होता है, एक ख़ास तरह की गले की आवाज़ रहती है, एक तरह की नाक-आँख होती है, जिन्हें अभिनेता कभी भी अपने से अलग नहीं कर सकता। आवेगों में नयापन न हो, अभिनय में अभिनवत्त्व न हो तो कोई बड़ा अभिनेता हो ही नहीं सकता। कला का काम आत्मगोपन करना नहीं, आत्मप्रकाश करना होता है। बहुत दिन पहले स्वल्लवे नाम की एक फ़िल्म देखी थी। जॉन मूर ने उसमें दाढ़ी-मूँछ लगाकर अभिनय किया था। इसमें उन्होंने अपने भाई लाउनेल के हावभाव, आवाज़ सबकी नक़ल की थी। देखते-देखते मन में आया कि जॉन को अपना नया कुछ दिखलाने को नहीं था तो फिर यह भूमिका लाउनेल से ही क्यों नहीं करवायी गयी? वैसा होने से हो सकता है असल लाउनेल नक़ली अभिनेता से अच्छा ही करते, क्योंकि वे तो अपनी तरह ही करते, उससे उनका आत्मप्रकाश होता।

इसका मतलब यह बिल्कुल नहीं कि हर अभिनेता अपने मन में एक चरित्र का निर्माण कर लेगा और हर नाटक में उन्हीं सब आचरणों को दोहराकर अभिनय ही इतिश्री कर देगा। जीवन में यही तो मुश्किल है। कोई भी चीज़ एकदम तै कर ली और फिर उसी से चिपके रहे, बस हुआ गड़बड़। इसका मतलब होता है दो विपरीतों का समन्वय। स्वाभाविक होने के समय भी वही। स्वाभाविक नहीं, फिर भी स्वाभाविक। आत्मदर्शन नहीं, पर आत्मप्रकाश। और इस आत्मप्रकाश में वैचित्र्य होना चाहिए। बार-बार नये-नये नाटक और बार-बार उनमें नये-नये चरित्र।

यह बराबर देखने में आता है कि एक गाँव का छापा मार्का आदमी, जिसका उच्चारण आँका-बाँका, गले की आवाज़ तैयार नहीं, चलना-फिरना बेढंगा उसे एक गाँव के आदमी की भूमिका में उतारा गया और दर्शकों ने उसे अत्यन्त स्वाभाविक मानकर ग्रहण किया। लेकिन इस प्रसंग में उसकी ख्याति

आत्म-विलुप्ति के कारण नहीं वरन् उसकी ग्राम्यता के प्रकाश के कारण ही हुई। (और जो लोग आत्म-विलुप्ति पर भाषण देते रहते हैं, सबसे ज़्यादा वाह! वाह! उन्हीं लोगों ने की।) यदि यही कला की पराकाष्ठा हो तो इसे कला नहीं कहा जा सकता और इसमें सीखने को भी कुछ नहीं होता। फलस्वरूप उस अभिनेता का माथा चढ़ जाता है और ऐसे में उसकी ग्राम्यता बड़ी नक़ली, ज़्यादा बढ़ा-चढ़ाकर दिखायी गयी लगती है।

छोटी उम्र में जब मैं अभिनय क्या होता है, यह जानने की चेष्टा कर रहा था, उस समय मैंने हमारे पाड़े में 'रमा' नाटक देखा। जो रमेश का अभिनय कर रहे थे उनका चेहरा देखने में अच्छा था, लेकिन आवाज़ नाम की वस्तु बिल्कुल नहीं थी, अर्थात् व्यक्तित्त्व नाम की कोई चीज़ नहीं थी। वे रमेश के अभिनय के समय किसी तरह संवाद उगल गये और दर्शक—विशेषकर महिलाओं में खूब ख्याति अर्जित कर गये। व्यक्तित्त्व या व्यक्तित्त्व का प्रकाश आदि बातें तब तक भी मुझे कुछ ख़ास समझ में नहीं आयी थीं। अभिनय मुझे अच्छा नहीं लगा पर कहने का कोई उपाय नहीं था। हाँ, मन को यह ज़रूर लगा कि जो करने का था वह सब शरत्चन्द्र कर गये थे, दर्शकों ने तो केवल उस कहानी को खूब मनोयोगपूर्वक देखा-सुना। यहाँ पर सम्भवतः अभिनेता के लिए कुछ करने को ही नहीं था, क्योंकि उसमें कहानी ही मुख्य थी और जिन्होंने उस कहानी को सजाया था, असल कलाकार तो वे थे। नायक के बस ठीकठाक लगने से ही क़िला फ़तह।

मन को लगने लगा कि अपरेशचन्द्र का 'कर्णार्जुन' अभिनेता की दृष्टि से कहीं अच्छा नाटक है। उसमें शकुनी जहाँ कहता है—तुम समझ नहीं रहे हो दुर्योधन, पर मैं देख पा रहा हूँ उस अग्निशिखा को जो हू-हू करके आकाश की ओर उठ रही है, वह आर्तनाद, वह हाहाकार! ऐसे समय में अभिनेता को बहुत कुछ करने को रहता है। उसके लिए उसे गला तैयार करना पड़ता है, गले की जो झंकार है, उसकी भंगिमा तै करनी पड़ती है, वह भंगिमा जो राजकीय दीप्तिवाली हो। उसे टुकड़ों-टुकड़ों में संवाद बोलना सीखना होता है, पैशाचिक उल्लास से हँसना सीखना पड़ता है। अतएव 'कर्णार्जुन' 'रमा' से बहुत श्रेष्ठ नाटक है, कम से कम अभिनय की दृष्टि से।

यह सब सोचा ज़रूर पर मन को शान्ति नहीं मिली। पल्ली समाज जब

पढ़ा था तब तो आनन्द और विस्मय की अनुभूति हुई थी, वह 'कर्णार्जुन' में नहीं। तो क्या रमेश की भूमिका छोड़कर गोविन्द गांगुली की भूमिका में अभिनय करना ही सच्चे अभिनेता का कर्तव्य होना चाहिए। या रमेश की भूमिका में भी बहुत कुछ करने को है। अवश्य ही है, नहीं तो शिशिर कुमार क्यों करते? (तब तक भी पेशेवर रंगमंच पर कुछ देखने का सौभाग्य नहीं हुआ था।) किन्तु वह है क्या?—पूछा था। चारों ओर जानकार लोग तो बहुतेरे रहते ही हैं। हिम्मत करके एक सज्जन से यह प्रश्न कर ही बैठा। सम्भवतः वे मुझसे ऐसे प्रश्न की आशा नहीं करते थे। एक बार अच्छी तरह मेरी ओर देखा, फिर पान चबाते-चबाते नज़र ऊपर की ओर करके बोले—अभिनय को जीवन्त बनाना होता है।

वे दीवार से टेक लगाये शतरंजी पर बैठे थे। बाक़ी कमरा ख़ाली पड़ा था, क्लब के लोग तब तक जुटे नहीं थे। सामने बीड़ी की राख झाड़ने के लिए एक पिचका हुआ टीन का डिब्बा रखा था। खूब बुद्धिमान होने की चेष्टा करते हुए एक और प्रश्न कर बैठा—अभिनय कैसे जीवन्त होगा? उत्तर मिला—सोचना होगा, पढ़ना होगा। नाटककार या लेखक ने जो लिखा है, ठीक उसके अनुसार काम करना होगा।

और कुछ पूछना नहीं हुआ, बेवकूफ़ की तरह अच्छा कहकर उठ आया।

लेकिन मन में बराबर घूम रहा था कि शरत्चन्द्र एक सार्थक लेखक हैं। उन्होंने अपनी लेखनी के ज़ोर से रमेश वगैरह जैसे अनेक चरित्रों की सृष्टि की है। वे सब इतने स्पष्ट हैं कि पाठक केवल छपे अक्षरों को पढ़कर ही उन्हें अपने मनश्चक्षुओं के सामने देख पाते हैं। उसके बाद अभिनेता के पास जीवन्त बनाने के लिए बचता ही क्या है?

इसी समय दो अंग्रेज़ अभिनेत्रियों द्वारा लेडी मैकबेथ के अभिनय का विवरण पढ़ा। एक ही चरित्र को दोनों महिलाओं ने एकदम भिन्न तरह से किया था, दोनों दो चरित्र लग रहे थे। लेकिन उन दोनों के अपने कारण थे, अपने दृढ़ तर्क थे। आश्चर्य की बात थी। यदि नाटककार उपस्थित होते तो उनसे पूछा जाता कि उनके मत से कौन ठीक था और कौन ग़लत। उम्र बढ़ने के साथ ही साथ यह भी समझ में आने लगा कि नाटककार का मत भी

चरम नहीं होता। रचना जितनी ही श्रेष्ठ होगी, जितनी ही जीवन्त होगी, वह ऊपर से देखने में उतनी ही सहज लगेगी। किन्तु उस सहजता के अन्दर बहुत जटिलता होती है या भिन्न-भिन्न दृष्टि के कारण हमें अलग-अलग लगती है। वहाँ पर नाटककार के मन से भी बड़ी उसकी सृष्टि होती है। और यह बात एक महान स्रष्टा के सम्बन्ध में ही कही जा सकती है।

धीरे-धीरे जब यह बोध होने लगा तब यह भी समझ में आया कि एक ही नाटक अलग-अलग लोगों के हाथ में पड़कर एकदम अलग रूप में मंचित किया जा सकता है। यह लोगों को अचम्भे में डालकर अपनी दुकानदारी बढ़ानेवाली बात नहीं होती। होती है वास्तविक आवेगों की भिन्नता, मानसिक गठन की भिन्नता। और इन विशिष्टताओं के अभाव में कोई कलाकार कहलाने के उपयुक्त नहीं हो सकता। कुछ दिन पहले बांग्लादेश के कुछ लेखक आप्राण इस चेष्टा में थे कि वे अपनी एक अलग विशिष्टता, एक अलग लेखन-शैली का विकास कर लें। इस तरह की चेष्टा से कोई विशिष्टता नहीं पैदा की जा सकती। अभिनय के क्षेत्र में भी कुछ लोग, बोलने की एक विशेष शैली और कुछ मुद्रादोष का अभ्यास करते हैं। असल में वे (कवि, लेखक या अभिनेता) अपना प्रदर्शन करना चाहते हैं। उनकी एक काल्पनिक छवि बाज़ार में चालू हो, जिससे लोग उसे उसी चरित्र से जोड़कर देखें, जो वास्तव में वे नहीं हैं। विज्ञापन के इन सब तरीक़ों से हमारा परिचय सिनेमा की पत्र-पत्रिकाओं के कारण हो रहा है। इसमें एक भिखमंगापन है। कलाकार का काम मोहक साज-सज्जा करके लोगों को धोखा देना नहीं है। उसका काम है अपना आवेग प्रकाशित करना, अपनी गहरी अभिज्ञता को रूप देना। अतएव यदि मैं रमेश का चरित्र ध्यान से पढ़ूँ और मन में अनुभव करूँ कि मेरे अन्दर भी ठीक उसी तरह का एक रमेश है तो मेरा रमेश और सबके रमेश से अलग होगा। इसके लिए न शरीर के ज़ोर की आवश्यकता होती है न ही मोहक साज की, क्योंकि इस अपूर्व वसुन्धरा पर हम सभी विशिष्ट हैं। इसी के लिए कलाकार को आवश्यकता होती है अपने मन को उन्मुक्त करने की, अपने अन्तर की गहराई को अनुभव करने की। यहाँ तक कि अभिनेता को यदि किसी असत् पात्र की भूमिका करनी हो तब भी उसे अपने मन के अन्तर में ही खोजना होगा। हम पायेंगे कि नीचता हमारे मन में भी है, हो सकता है किसी विशेष परिस्थिति के कारण उसे बढ़ने का मौक़ा न मिला हो या स्वयं हमने चेष्टा

करके अपने उस दोष को दबाकर रखा है, पर वह है, यह सत्य है। यह बोध जब होता है तो अभिनीत चरित्र के साथ एक तरह की सह-अनुभूति विकसित होती है। अभिनय सार्थक होता है।

इसका यह अर्थ नहीं कि डबल लाइफ़ चरित्र का अभिनय करते-करते 'ओथेलो' का अभिनय करते हुए अभिनेता ईर्ष्या के वशीभूत हो सचमुच खूनी हो उठेगा। यह एकदम मिथ्या है। यदि ऐसा होता हो तो मानव समाज से कला को एकदम नष्ट कर देना चाहिए। असल में होता है इससे ठीक उलटा। अभिनेता अपनी संकीर्णता से ऊपर उठकर अपनी त्रुटियों आदि को देख पाता है। विषयमुखी दृष्टि हुए बिना कला के क्षेत्र में अपनी त्रुटियों का इस्तेमाल नहीं किया जा सकता। और यदि किया जाता है तो त्रुटियाँ तत्काल उजागर हो जाती हैं और उससे अभिनेता की चारित्रिक उन्नति ही होती है। स्वयं को स्वयं से बाहर रखकर देखने से अपनी त्रुटियाँ पकड़ में आ जाती हैं। इन त्रुटियों के बाहर रोशनी में आते ही इनकी नुकसान पहुँचाने की क्षमता धीरे-धीरे कम होने लगती है। मनोसमीक्षण (साइओएनालिसिस) द्वारा उपचार की यही विधि होती है।

इसी कारण अभिनेता को सतता सीखनी पड़ती है। सामान्य सामाजिक सतता नहीं वरन् अपनी दृष्टि में सत् होना, अपनी आत्मा के प्रति सत् होना। अभिनेता अपने को अभिनेय चरित्र में डुबो देगा, यह कथन जितना सत्य है, उतना ही मिथ्या भी। जहाँ न डुबाने का मतलब होता है, अपने मुद्रादोष को बार-बार इस्तेमाल करना, वहाँ यह आलोचना नहीं चलती। एक बात की बात। यदि आपने एक कलाकार का मन पाया हो तो सब ठीक चलेगा। आप जो करेंगे (यहाँ तक कि भूल भी) उससे आपका भला ही होगा। पर यदि उस तरह का मन ही न हो तो आपके नाते-रिश्तेवाले और पास के लोगों को निराशा होगी।

अभिनय करना या अच्छा अभिनय करना जैसी उक्तियाँ बड़ी सहज लगती हैं, पर ऐसा है नहीं। सबसे पहले जिस भूमिका में आपको अभिनय करना है, उसे पूरी तरह आत्मसात् करना होगा। स्याही के ऊपर ब्लॉटिंग पेपर डालने से जो होता है, उसी तरह अपने मन को अभिनेय चरित्र पर डालकर उसे पूरी तरह सोख लेना चाहिए। रिहर्सल के समय मन में बार-बार कहना चाहिए कि

जो मुझे ठीक लगेगा, वही करूँगा और जो मन को विश्वसनीय नहीं लगेगा, उसे नहीं करूँगा। ऐसा करने से अभिनय अच्छा होगा ही।

किसी को अभिनय करने में क्या दिखलाना होता है, जिससे वह अभिनय माना जाय—इस प्रश्न का उत्तर देना आसान होगा, यदि इसे उलटकर पूछा जाय कि क्या-क्या दिखलाने से अभिनय नहीं होगा। शुरू से ही अच्छा या उपयुक्त मान लेने से नहीं चलता, क्योंकि लगना या न लगना बाहरी चीज़ है। यह मान लेने से नहीं चलता। श्रीमती प्रभा को हम लोगों ने अभिनय करते देखा है। उन्हें मंच पर देखते ही लगा था कि उपन्यास में तो शायद लिखा है कि रमा का रंग गोरा था। फिर थोड़ी मोटी भी लग रही हैं। लेकिन थोड़ी देर बाद ये बातें भूल गयीं। अन्त तक सब ठीक लगने लगा।

यहाँ तक सुनकर एक यशःप्रार्थी बोले—ये सब बहुत बड़ी-बड़ी बातें हो गयीं। जब तक इन बातों को समझ पाऊँगा तब तक तो अभिनय आ ही गया होगा। अभी तो क्या करने से अच्छा अभिनय कर सकता हूँ, उसके दो-चार गुर सिखा दें तो वह काफ़ी होगा। क्या करना चाहिए, कैसे करना चाहिए, यह सब तो जाना ही नहीं, अभिनय का दर्शनशास्त्र कैसे समझूँगा।

उनकी बात सुनकर मैं फिर एक बार मुश्किल में पड़ गया। सचमुच स्कूल-कॉलेज की मेड ईज़ी तरह की किसी चीज़ की मुझे जानकारी है क्या? यह यदि कला की बात है तब तो आत्मप्रकाश के साथ-साथ उसे करने की पद्धति अपने आप प्रगट होगी, अतः मैं कविराज की तरह कैसे कहूँ कि यह रही अभिनय ज्ञानदायिनी बटी। रोज़ मकरध्वज के साथ एक गोली एक महीने तक सेवन, एक मास में निश्चित फल-लाभ!

तथापि इस सबके बावजूद एक परन्तु रह ही जाता है। गाना जो गायेगा वह तो खुद ही गायेगा, लेकिन मन में जो आवेग उमड़ता है, उसे प्रगट करने की पद्धति तो उसे बतलानी पड़ेगी, अन्यथा यह तो वही बात होगी कि जिस व्यक्ति ने चलना ही नहीं जाना, उसे चौरस्ते पर लाकर यह कहना कि तुम अपनी मर्ज़ी के अनुसार रास्ता चुनकर अपने गन्तव्य पर पहुँच जाओ या जिसका लक्ष्य ही स्पष्ट न हो, उससे यह कहना कि ध्यान करो। फिर भी शुरू से ही मैं यह नहीं कहना चाहता कि यह करने से गला अच्छा होगा या वह करने से आवेग स्पष्ट होगा। क्योंकि कुछ पागल उसका उपयोग मुष्टियोग

(औषधि विशेष) की तरह करने लगेंगे। उसका फल अच्छा नहीं होगा। पहला कारण, मेरी पद्धति और मानसिक गठन उसकी पद्धति और गठन से भिन्न हो सकती है। इस विपुला पृथ्वी पर नाना रुचि के लोग रहते हैं। और दूसरा यह कि किसी चीज़ की नक़ल करने का फल अच्छा नहीं होता। जो लड़का बिना कुछ जाने-समझे रोज़ अखाड़े में जाकर 500 डंड और 1000 बैठक लगाने लगता है, उससे उस लड़के को बेहतर फल मिलता है जो मांसपेशियों का स्थान और उन्हें सिकोड़ने और फैलने की पद्धति के बारे में जानकर व्यायाम करता है। उसका देह-सौष्ठव अवश्य ही बेहतर होगा। कहने का मतलब यह कि व्यायाम करने में भी बुद्धि लगानी पड़ती है, अखाड़ा माने खटाल नहीं। इस तरह जो मेहनत करेंगे, वे सभी अभिनेता के सहकर्मी होंगे। हम आपस में अपने नोट मिला सकते हैं, हम यह बता सकते हैं कि भाई, मुझे इस तरह लाभ हुआ, लेकिन गुरुडम नहीं चला सकते। इसीलिए पहले आपस में आलोचना करके अपना लक्ष्य तै कर लेना चाहिए, उसके बाद शारीरिक परिश्रम द्वारा उस लक्ष्य तक पहुँचने की चेष्टा करनी चाहिए। इसके बाद और पढ़कर, और गम्भीरता से विचार करके तब यात्रा शुरू करनी चाहिए। अर्थात् थियरी और प्रैक्टिस में सामंजस्य होना चाहिए। थियरी होती है पहले किये हुए काम को ठीक-ठाक चलाने की पद्धति बतलाना और प्रैक्टिस होती है बार-बार उस थियरी की जाँच-परख करते चलना। इन दो खम्भों पर ही उन्नति का स्तम्भ खड़ा होता है।

उपर्युक्त बातें तै हो जाने के बाद दो-चार उन बातों के बारे में बतलाना चाहता हूँ जिनसे मेरा और अन्य कुछ लोगों का भी लाभ हुआ है। सबसे पहले गला तैयार करने की बात। इसकी साधना बहुत कुछ गायकों की तरह होती है। हमारे यहाँ अभ्यास करने से पहले किसी वैज्ञानिक ढंग से छात्र-छात्राओं का स्केल नहीं तै कर दिया जाता। इसका दुष्परिणाम हो सकता है। और अनेक गायकों का हुआ भी है। ख़ासकर अभिनेता को सब कुछ सामान्य से कुछ ऊँचे स्वर में बोलना पड़ता है और यह इतने सहज रूप में बोलना पड़ता है कि दर्शक को उस अतिरिक्त चेष्टा का अनुभव न हो। बहुत से लोग समझते हैं कि फ़िल्म में ज़ोर से बोलने की ज़रूरत नहीं पड़ती, इसलिए वहाँ स्वाभाविक अभिनय करने का सुयोग अधिक मिलता है। बात शायद इतनी सहज नहीं है। फ़िल्म में जब केवल एक ही व्यक्ति होता है तब उसके अनुसार माइक रखा

जाता है, ताकि वह बात पकड़ सके। पर जिस दृश्य में तीन-चार लोग होते हैं, वहाँ माइक थोड़ा दूर रखते हैं और सबकी आवाज़ का एक सामान्य स्तर ठीक करके सेट किया जाता है। यदि किसी एक व्यक्ति का गला तेज़ होता है तो सबकी आवाज़ को तेज़ करना पड़ता है। इसमें भी एक चोरी की जाती है। सीन पूरा होने के बाद उस अभिनेता के सब संवाद अलग से ओंठ की गति से मिलाकर डब कर लिये जाते हैं, ताकि ज़रूरत हो तो उसका इस्तेमाल किया जा सके। पर यह सब अतिरिक्त परिश्रम का काम हो जाता है। फिर दुबारा पैसा भी खर्च होता है।

इसके अतिरिक्त इतनी तरह की इतनी चोरी करके जो अभिनय किया जाएगा, जहाँ प्रश्न के उत्तर में मुँह से बात न कहकर बाद में डब किया जायेगा, वहाँ अभिनय कितना स्वाभाविक होता होगा, यह मुझे नहीं पता। सीधी-सी बात है, गले की आवाज़ को स्पष्ट रखना पड़ता है, वह चाहे फ़िल्म हो चाहे मंच। हो सकता है यह बात बहुत दूर तक सच हो कि सिनेमा में बहुत जुआख़ोरी चलती है, लेकिन हम यदि शुरू से ही जुआख़ोरी की बात न सोचकर अपने को उन्नत करने की बात सोचें तो लगता है, काम में सुविधा होगी।

अच्छा गला उसे कहते हैं, जिसमें विस्तार की क्षमता हो। वह किसी भी स्केल में हो सकती है। अपना स्केल निकालने का एक सहज उपाय है। कभी भी गले की आवाज़ को मोटा करके बोलने की चेष्टा न करें। साधारणतः जो लोग अभिनय करते हैं वे भारी आवाज़ में संवाद बोलना चाहते हैं। उन्हें लगता है, इससे व्यक्तित्त्व अधिक प्रस्फुटित होगा। लेकिन बहुत से फलवाले और गाड़ीवानों का गला बड़ा भारी और मोटा होता है, जिसे सुनकर उनके व्यक्तित्त्व-सम्पन्न होने का अनुभव बिल्कुल नहीं होता। व्यक्तित्त्व उभरकर आता है कंठस्वर के विस्तार में, उसके वैचित्र्य में। लेखक को अनेक बड़े लेखकों से मिलने-जुलने का सौभाग्य होता रहता है। उनमें कुछ लोग बहुत ही महीन आवाज़ में बात करते हैं। लेकिन जब भी जो कुछ भी बोलते हैं, वह इतना समझ-बूझकर बोलते हैं कि उनके हर शब्द का अर्थ अत्यन्त स्पष्ट समझ में आता है। सुनकर बहुत अच्छा भी लगता है। अपने स्केल में ही वे वैचित्र्य और विस्तार ला सकते हैं। अतः महत्त्वपूर्ण बात है अपने गले के विस्तार को बढ़ाना।

आमतौर पर बात करने में हम लोग नाक का बहुत इस्तेमाल करते हैं। यह और भी अच्छी तरह प्रगट होता है जब हम मीठे स्वर में बात करते हैं। छोटे बच्चों से बात करते समय हम अपने कंठस्वर को खूब मीठा करके बात करने की चेष्टा करते हैं। और सच में जब आदमी अन्तर से मीठी बात करता है तब उसकी आवाज़ मीठी लगती है। गले की उस मिठास की कल्पना करनी चाहिए और उसके बाद उसी के अनुरूप आवृत्ति करनी चाहिए। उस तरह से आवृत्ति करने से ही समझ में आयेगा कि नाक साफ़ रखना कितना ज़रूरी है। केवल मिठास लाने के लिए नहीं वरन् और भी नाना कामों में वह सहायक होता है। अब कोई व्यक्ति यदि मुँह के बदले नाक से नीचे के सा से ऊपर के सा तक स्वर साधना चाहे तो देखियेगा शुरू में बहुत असुविधा होगी। आवाज़ बड़ी धीमी होगी और एक रीड वाले हारमोनियम की तरह पीं-पीं करके निकलेगी। उस आवाज़ को बढ़ाने की चेष्टा करनी होगी, जिससे उसमें अनुरणन आ सके। एक ही पर्दे को नाना वाल्यूम में साधना होगा अर्थात् आवाज़ के पीछे जो साँस का दबाव रहता है—बाँसुरी की फूँ की तरह, उसे कम-ज़्यादा करना सीखना होगा।

गले की आवाज़ निकालने में जिन यन्त्रों का जिस तरह इस्तेमाल होता है, उसे किसी डॉक्टर से अच्छी तरह समझ लेना बेहतर होगा। यहाँ तो कुछ बहुत सामान्य मोटी-मोटी बातें की गयी हैं।

श्वास नली के एकदम आगे होता है स्वर यन्त्र, जिसे लेरिंग्स कहा जाता है। इससे ही आवाज़ निकलती है। इसमें दोनों ओठों की तरह होता है। इन दोनों ओठों जैसे यन्त्र का उपयोग अगल-बगल नहीं होता, होता है आगे-पीछे, क्योंकि इसकी काट भी आगे-पीछे होती है। इन दोनों ओठों के सामने सफ़ेद मोती के झुप्पे जैसे टीशू होते हैं। दोनों ओठों से लगा टीशू सामने से पीछे तक टाना रहता है। दोनों कंठनली के बराबर दो टीशू। और हम जब एकदम चुप रहते हैं तब केवल साँस लेने के लिए ये दोनों पेशियाँ खुली रहती हैं। बोलने के समय ये दोनों पेशियाँ पास आकर बीच के गर्त को थोड़ा कम कर देती हैं।

अब हम यदि दोनों पेशियों को पास-पास लाकर फेफड़ों से ज़ोर लगाकर हवा छोड़ें तो वे दोनों छोटे टीशू काँपने लगते हैं और उससे शब्द बनते हैं

अर्थात् श्वासनली से हवा बाहर निकलने के समय ये टीशू हवा से काँपते रहते हैं और वही कम्पन बाहर की हवा में फैल जाता है। यदि स्वरकक्ष के दोनों ओठ खूब टानकर पास-पास लाये गये हों तो ऊँचे पर्दे का स्वर निकलेगा। ये लहर की तरह फैल जाते हैं। वे तरंगें बहुत जल्दी-जल्दी आती हैं। इसका एक हिसाब लगाया गया है कि पियानो का जो बीच का सी है, उसे बजाने से एक सेकेंड में 260 बार कम्पन होता है।

यदि ये दोनों ओठ थोड़ा पास-पास हों और बहुत टने हुए न हों तो स्वर-तरंगें बहुत धीरे आयेंगी। जैसे पियानो के नीचे के सी का कम्पन 130 होगा। कभी जब दोनों ओठों को सिकोड़कर पास-पास लाया जाये और हवा का दबाव बढ़ाया जाये तो स्वर और ऊँचा लगता है। नीचे के स्वर पर जब कोई ज़्यादा वॉल्यूम बढ़ाने की चेष्टा करता है तो दोनों ओठ पास तो नहीं आते पर उनमें दूरी कम हो जाती है। ये सब बड़े ख़तरनाक अभ्यास होते हैं और टीशू को बहुत नुकसान पहुँचाते हैं। इनसे गले की सूक्ष्म काम करने की क्षमता कम हो जाती है। इसीलिए वॉल्यूम-नियन्त्रण सीखना ज़रूरी होता है। यदि किसी अभिनेता से कहा जाय कि थोड़ा ऊँचा बोलिये तो वे तुरन्त वॉल्यूम बढ़ा देंगे। स्वर ऊँचा करना और वॉल्यूम बढ़ाना दो अलग-अलग बातें हैं, ये बहुत से संगीत जानने वाले कलाकार भी नहीं समझ पाते। उन्हें समझाना पड़ता है। कारण, हम अपने नाना तरह के ज्ञान को कमरे में बिखराकर रखते हैं, उन्हें समेटकर उनसे जीवनबोध नहीं तैयार करते। स्कूल में ग्रहण लगने का कारण कुछ बतलाया जाता है और घर आकर जल की हाँडी फेंकना और उपवास रखना पड़ता है। ख़ैर, अभी छोड़ें इसे, जब प्रसंग आयेगा तब बात करेंगे। अभी केवल इतना ही कहना है कि हमें सभी मामलों में सचेतन रहना चाहिए। इससे हम अपने चारों ओर की दुनिया और अपने अन्तर की बहुत-सी समस्याओं का समाधान कर सकेंगे।

नाक से आवाज़ निकालने के समय एक व्यायाम किया जाता है। जैसे कोई एक पर्दा मान लीजिये, मध्यम। उसे आहिस्ते से शुरू करके धीरे-धीरे हवा का दबाव बढ़ाकर उसे तेज़ करना और फिर उसी तरह धीरे-धीरे कम करना। लेकिन पर्दा वह एक ही रहता है। इससे यह समझ में आयेगा कि कितनी दूर तक हवा का प्रेशर देना सम्भव है और गले की मिठास बनाये रखा जा सकता है। आवाज़ और उन दोनों ओठों को बचाने के लिए बहुत

गरम या ठंडी चीज़ नहीं खानी चाहिए। कुछ लोगों को किसी-किसी चीज़ से एलर्जी होती है, उसका भी ख़याल रखना चाहिए।

शुरू-शुरू में हम अपनी आवाज़ मोटी करना चाहते हैं, उसका एक कारण होता है। साधारणतः असाधे गले का कोई कॉर्ड नहीं होता, इसलिए शुरू में वह माली के घर के साधारण रीड वाले हारमोनियम की तरह लगता है। लेकिन ज़ोर करके गला मोटा करने की चेष्टा से गला तो मोटा नहीं होता पर हाँ, ज़ख़्मी ज़रूर हो जाता है।

किसी का गला कैसा होगा, इसके कुछ शारीरिक कारण होते हैं। स्वर-ओष्ठ से जो स्वर निकलते हैं, उनमें विशेष ज़ोर नहीं होता। वह आवाज़ थोड़ी दूर से नहीं सुनाई पड़ती। उसे बढ़ाया जाता है वाइब्रेशन से। कमरे में यदि एक वाद्य बजता है तो दूसरा भी अपने आप आवाज़ करने लगता है। बहुत बार ज़ोर से बोलने या हँसने से खिड़की के सींखचे भी झनझन करने लगते हैं। यही अनुकम्पन है। ट्यूनिंग फ़ॉर्क से जो शब्द होता है, वह बड़े कमरे के दूसरी ओर नहीं सुनाई पड़ता, लेकिन यदि पाइन काठ के एक फुट लम्बे चोगे के भीतर से ट्यूनिंग फ़ॉर्क बजाया जाय तो बहुत तेज़ आवाज़ सुनाई पड़ेगी।

ठीक इसी तरह मुँह के भीतर, कंठनली के भीतर और छाती की दीवारों को आप अपनी आवाज़ से अनुकम्पित कर सकें तो वह आवाज़ बहुत भरी हुई, बहुत व्यंजनामय लगेगी। इसके अलावा ज़ोर से कुछ बोलना हो तो केवल स्वर कक्ष के ऊपर ज़ोर डालना उचित नहीं, क्योंकि उससे ही स्वरभंग होता है। तब आपको सीखना होगा कि किस तरह अनुकम्पन को बढ़ाकर आप आवाज़ तेज़ कर सकते हैं।

गले में अनुरणन लाने का एक सहज उपाय है। पहले सामान्य ढंग से उच्चारण कीजिए—बोलिए। उसके बाद ऐसे बोलिए कि आपकी आवाज़ ऊपर के दाँत के ऊपरी हिस्से में धक्का खाये—सामने के ऊपर के दाँत से। इससे देखियेगा आवाज़ में परिवर्तन आता है। इसके बाद खुद ही चेष्टा करके आवाज़ को मुँह के भीतर धक्का खिलवाइये। देखियेगा बहुत थोड़े प्रयत्न से बहुत तेज़ आवाज़ सुनाई पड़ेगी। पर एक बात ध्यान रखने की है कि ऐसा करने से ही हमारी आवाज़ पॉल रॉब्सन की आवाज़ की तरह भारी और वज़नदार हो उठेगी सो नहीं, वैसा कभी नहीं होगा। उपलब्धि होगी तो इतनी ही कि

हमारी आवाज़ पूर्णता को प्राप्त होगी।

हमारे शारीरिक गठन में कुछ कमी हो सकती है, जिसके कारण मेरा गला कभी भी उतना श्रुतिमधुर नहीं हो सकता, उतना विस्तार नहीं पा सकता। जैसे, सुना है कि रवीन्द्रनाथ की आवाज़ का विस्तार बहुत बड़ा था, अस्वाभाविक। लेकिन जो भगवान पर विश्वास करके हाथ ढीला कर बैठ जाते हैं, वे अवश्य ही मेरी बात नहीं सुनेंगे। कारण, मेरा एकमात्र परामर्श होगा कि भाग्य से जो मिला है, उसे और अच्छा कैसे बना सकते हैं। जैसे सैंडो जन्म से ही सैंडो नहीं थे, बिल्कुल रास्ते से काग़ज़ बटोरने वाले लड़के की तरह जैसे गोर्की थे। और हम यदि अपने गले को ही ठीक से रख सकें तो वही पर्याप्त होगा।

कुछ-कुछ लोगों का गला बचपन से ही किसी बीमारी या दुर्घटना के कारण गड़बड़ हो जाता है। आवाज़ फटी हुई या जकड़ी हुई हो सकती है। ये अस्वाभाविक परिस्थितियाँ हो सकती हैं। उनके पास विशेषज्ञों से राय लेना ही एकमात्र उपाय हो सकता है। लेकिन जिनका गला सामान्य है, वे अभ्यास द्वारा अपने स्वरों को साध सकते हैं। लेकिन हारमोनियम लेकर गाने वालों की तरह गला साधने से अभिनय के लिए उपयुक्त गला नहीं तैयार हो सकता। पहले जिस तरह नाक से स्वर साध लिया जा सकता है और हवा के दबाव के बारे में भी सिस्टम को साध लिया जा सकता है, उसी तरह मुँह से भी अभ्यास साधना होता है। इसके बाद मुँह बन्द करके और फिर धीरे-धीरे आवाज को तेज़ करना चाहिए। इन सबके फलस्वरूप नाक का व्यवहार सभी पर्दों में आसान होगा और अधिक समृद्ध भी होगा। इसके बाद अंग्रेज़ी में जिसे क्रॉमेटिक स्केल अर्थात् सा के बाद कोमल रे, फिर शुद्ध रे आदि इस क्रम से पाँच या छह पर्दों को लेकर तान की तरह अभ्यास करना चाहिए। इसके फलस्वरूप अभिनय के समय लाभ होता है—संवाद में स्वर मनमानी छलाँग नहीं लगा सकते और थोड़े विस्तार में ही अपना सौन्दर्य बिखेर सकते हैं। इसीलिए श्रुति का अधिक इस्तेमाल होता है। इसके बाद मींड़ से एक पर्दे से दूसरे पर्दे तक जाने का अभ्यास करें ताकि सारी श्रुतियों का उपयोग हो सके। इसके बाद, मान लीजिए एक कविता ली—'म्लान हो गयी गले में पड़ी मन्दार माला।' इसकी कुछ पंक्तियों का एक ही पर्दे पर कुछ देर अभ्यास किया। उसके बाद क्रॉमेटिक पद्धति से गले का स्वर ऊँचा करने लगे। फिर इस पंक्ति को क्रोमेटिक स्वर में छोड़कर एकदम नीचे के स्वर पर उतर आये।

इस तरह कुछ दिन अभ्यास करने पर पाइयेगा कि गला खूब सुरीला हो गया है पर साथ ही जकड़ भी गया है। यह जीवन में बार-बार घटता रहेगा। एक पद्धति को अपनाकर सफल हो जाने के बाद लगता है जैसे उस पद्धति ने ही आपका रास्ता रोक रखा था। तब तुरन्त अपनी पुरानी पद्धति पर लौटकर अपनी स्वाधीनता वापिस पानी होगी। वर्तमान लेखक ने किशोरावस्था में उच्चारण को स्पष्ट करने के लिए एक बार बहुत चेष्टा की थी, ताकि उच्चारण सुनते ही लोग बात को समझ सकें। बहुत चेष्टा के बाद सफल होने पर यह समझ में आया कि वृक्ष बोलने पर लोग केवल वर्णविन्यास ही समझ पाते हैं, वृक्ष को नहीं देख पाते। इसीलिए फिर साधारण कथोपकथन के स्वर में बात कहकर शब्द का चित्ररूप स्पष्ट करना पड़ा था।

कला हर समय सामान्य जीवन को छूते हुए जाती है, साधारण भंगिमाओं को लेकर उन्हें उसके बीच गूँथती चलती है। अतः हमें भी हर समय बातचीत की साधारण भंगिमा से प्रेमप्रकाश ग्रहण करते चलना होगा। तात्पर्य यह कि फ़ालतू बातों की स्वरहीनता नहीं, वरन् जहाँ साधारण स्वर में गम्भीर भाव प्रकाश हो रहा हो, एक चित्र बन रहा हो, उसे सीखना होगा। बहुत अधिक बातचीत की तरह कविता की आवृत्ति करने से गले का छन्दबोध बढ़ता है और गले का उतार-चढ़ाव (मॉड्यूलेशन) बढ़ता है।

अब मिठास की बात। बहुतों को मिठास के प्रति मेरा पक्षपात अच्छा नहीं लगता। उन्हें यह गुड़ डालकर मिठास लाने जैसा लगता है, उससे शब्दों का एक नक़ली रूप उभरता है। अवश्य ही, कुछ लोग हमेशा होते ही हैं जिन्हें मिठाई से नमकीन ज़्यादा अच्छी लगती है। जैसे कुछ लोगों को सुस्पष्ट उच्चारण बिल्कुल नहीं सुहाता। मैंने बचपन में एक कहानी सुनी थी कि एक मछुआरिन थी, जो फूलों की सुगन्ध के बीच सो नहीं पाती थी। वह मछली की डलिया को नाक के पास रखकर सोती थी। आशा करता हूँ कि समाज के अधिक लोग मछुआरिन की तरह नहीं हैं, अन्यथा शेक्सपीयर और रवीन्द्रनाथ के सामान्य शब्दों का माधुर्य लोगों को प्रिय न होता।

मेरे अनुभव के अनुसार मनुष्य जब भी किसी को गहरे आवेग के कारण विचलित होते देखता है तो उसके शब्दों में एक तरह की मिठास का अनुभव होता है। जीवन की गहराई माधुर्य के साथ ही प्रकट होती है। माधुर्य की

नक़ल और रवीन्द्रनाथ के माधुर्य में अन्तर है।

एक घर में माँ की मृत्यु हो जाती है रात में साढ़े बारह बजे। बड़ी बहन छोटे भाई-बहनों को जगाती है—उठो, माँ मर गयी है।

वही रात। घर में एक सन्तान बीमार है। माँ बात करते-करते उस सन्तान की बात करने लगती है, जिसकी मृत्यु कुछ दिन पहले हुई है। न आँखों से आँसू गिर रहा है न ही चेहरे पर किसी तरह की कातरता है। केवल एक और सन्तान की कड़ी बीमारी के समय पहले मरी एक और सन्तान याद आती है। उस निस्तब्ध रात में उस माँ का स्वर लेखक को बड़ा ही कोमल और सजल लगा था।

वास्तविक जीवन के ऐसे अनगिनत आन्तरिक आवेगों की अभिव्यक्ति सुनकर लेखक को लगा था कि गले में मिठास के बिना अभिनय में गहरे आवेगों को व्यक्त नहीं किया जा सकता। कर्कश स्वर में जीवन की बड़ी उपलब्धि की बात नहीं की जा सकती। उपलब्धि यदि सत्य है तो कर्कशता का दूर होना अनिवार्य है। इसका यह मतलब क़तई नहीं कि अभिनय में हम हर समय मीठे-मीठे ही बोलेंगे। ठीक वैसे ही, जैसे स्वर साधने का यह मतलब नहीं कि 'मैं नहीं जाऊँगा' कहना हो तो एक-एक शब्द के लिए सारेगमप स्वरों का क्रम से इस्तेमाल करना होगा।

स्वर साधने का मतलब यही है कि गले का स्वर स्वाभाविक लगे। और कोई गला यदि सुरीला होगा तो वह मीठा होगा ही। वह मिलना सर्वांगीण और गम्भीर होना चाहिए। इसके अतिरिक्त हँसने के समय, प्रेम करने के समय गला जैसे मीठा हो जाता है, हमें उससे भी बराबर सीखना चाहिए।

केवल गले के सम्बन्ध में इतनी बात इसलिए की, क्योंकि अभिनय का सबसे बड़ा अस्त्र यही होता है। मुँह और आँखों से शायद उतना कुछ नहीं प्रगट किया जा सकता, जितना शब्दों के माध्यम से। मानव सभ्यता की एक बहुत बड़ी वस्तु है उसकी वाणी। और इसमें इतनी तरह की और इतनी सूक्ष्म बातों को प्रकट करने की क्षमता होती है जो किसी और को उपलब्ध नहीं। आज तक पिछले छह हज़ार वर्षों में बड़े-बड़े मनीषियों ने जो कुछ सोचा है, उसे इसी भाषा में लिख गये हैं। फलतः शाब्दिक अभिव्यक्ति से श्रेष्ठ अभिव्यक्ति

का और कोई माध्यम नहीं। उस भाषा के सटीक अर्थ को व्यक्त करने के लिए अपने कंठ में नाना तरह के रंग, वैचित्र्य लाना होगा। आँख और चेहरे का भाव केवल उसकी सहायता करते हैं।

इनमें आँखों द्वारा भावाभिव्यक्ति का विशेष स्थान होता है। अभिनय के समय यदि हमें किसी वस्तु की ओर देखना होता है तो असलियत में हम उसकी ओर देखते नहीं, केवल आँख का तारा घुमा देते हैं। यह फाँकी लोग सहज ही नहीं समझ पाते, पर समझते हैं। हठात् यदि किसी का मन किसी चीज में लगे तो उसकी भंगी से ही बात समझ में आ जाती है। हम यदि उस तरह अभिव्यक्त न कर पायें, हम केवल नाटककार द्वारा बतायी बातों तक ही सीमित रहेंगे तो हम किस कोटि के अभिनेता हुए? साधारण जीवन में यदि कोई अन्यमनस्क होकर बात सुनता है तो हम तुरन्त पकड़ लेते हैं। यदि कोई किसी बात से सामान्य आहत होता है, या किसी के आत्माभिमान को चोट लगती है, इन सबको बढ़ा-चढ़ाकर दिखलाने की ज़रूरत नहीं होती। मंच पर कभी-कभी एक-एक अभिनेता का अभिनय पीछे से भी क्लोज़अप की तरह स्पष्ट दिखलाई पड़ता है और फ़िल्म के दिलखुश करने वाले क्लोज़अप मंच, फ़िल्म और वास्तविक जीवन के अनुभव सब एकाकार हो जाते हैं, याद में बने रहते हैं।

तथापि उन सबको देखने वाले दर्शक भी होने चाहिए। मेरे एक घनिष्ठ सुरुचि-सम्पन्न समझदार मित्र की पत्नी अर्ध-शिक्षित थीं। पत्नी पति की बातें सुनकर किसी तरह समझ नहीं पाती थीं कि पति का मन्तव्य क्या है। यहाँ तक कि एक दिन पति ने कुछ ग़ुस्से में आकर कहा—नहीं, मुझे खाने की क्या ज़रूरत है। तुम चूल्हे में पानी डालकर जाओ, सो रहो। पत्नी ने सचमुच वैसा ही किया। बाद में जब लोगों ने बुरा भला कहा तो उन्हें बहुत आश्चर्य हुआ। नतीजतन हुआ यह कि पति महोदय ने सूक्ष्म ढंग से बात करना छोड़ दिया और अब एक बेवकूफ़ व्यक्ति के कारण जो कुछ भी कहना होता है, बड़े स्थूल और भोंडे तरीके से कहते हैं। ऐसे सुरुचिसम्पन्न व्यक्ति कुछ ही वर्षों में कैसे रूखे और असहिष्णु व्यक्ति हो गये हैं। ऐसे बेवकूफ़ लोग दर्शकों में होते हैं, समालोचकों में होते हैं, पैसा देनेवालों में होते हैं जो सामने आकर हमारी बुद्धि को भी भोंथरी बना देना चाहते हैं। हमारे बंगाल में बुद्धिमान और सहृदय लोगों की कमी नहीं। हमें हर समय प्रार्थना करनी चाहिए कि भगवान हम पर

इनकी कृपा दृष्टि रखें और माँ सरस्वती अरसिकों से हमारी रक्षा करें।

अभिनेता सचमुच यदि अपनी आँखों से देखता ही नहीं तो फिर संवाद बोलते समय उसका चेहरा अजीब-सा लगेगा। यह प्रमाण होता है। अनेक अभिनेता जो देखते हुए भी नहीं देखते, असल में उनके दिमाग़ में दूसरों के संवाद और ऐक्शन आदि की ठेला-ठेली चलती रहती है। मगर ऐसा होना उचित नहीं। संवाद अच्छी तरह याद होना चाहिए, उठना-बैठना, चलना-फिरना सब कुछ एकदम अच्छी तरह याद रहना चाहिए। उस समय जो बात याद आयेगी, वही सही बात होनी चाहिए, नाटक की सही बात। एक सामान्य मनुष्य की तरह हमें जो कहना है, हमें वह याद होना चाहिए और नियमित रिहर्सल के कारण एकदम स्वाभाविक और सही होना चाहिए। अवश्य ही यह एकदम आदर्श स्थिति होगी। समस्त बुद्धि को इस प्रकार धारण करने की क्षमता बहुत कम नाटक और अभिनेता में होती है, तथापि चेष्टा तो इसी तरीक़े से, इसी रास्ते पर चलकर करनी होगी।

अब और बाक़ी है उच्चारण की बात, स्टेज पर चलने-फिरने की बात और अभिनय करते समय शरीर और मन को एकदम तनावरहित (रिलैक्स्ड) रखने की बात। इसके लिए कचटतप और खछढ़थफ आदि का अभ्यास बराबर करना होगा। उसके बाद देखना होगा कि बोलते समय हम मेघ के बदले मेग तो नहीं बोल रहे हैं, वैसी स्थिति में मेघ-अ बोलकर उसे स्पष्ट करने की ज़रूरत है। आजकल एक तरह का गला हुआ है, जिसे श्रीतुलसी लाहिड़ी माइकचाटा गला कहते हैं। अर्थात् ऐसा गला, जिसमें मुँह एकदम माइक के पास ले जाकर बोलते हैं, लगता है जैसे उसे चाट रहे हों। उसमें हिन्दी अ और आ का उच्चारण (अकांत और आकांत) समझना कठिन होता है। इस तरह का अशिक्षित उच्चारण सिनेमा और टी.वी. के कारण बहुत ज़्यादा हो रहा है। इनके प्रति अभिनयप्रेमियों को सावधान रहना चाहिए। हम सचेतन रहने की चेष्टा करें और यह ख़्याल भी रखें कि हम सुसंस्कृत तो हों पर संकुचित या आड़ष्ट न हो जायें। (जकड़ना)। अर्थात् मेघ का उच्चारण करने में ऐसा न हो कि सही उच्चारण करने का प्रयत्न ही रह जाये, मेघ का पता ही न चले।

पहले-पहले अभिनय करने पर हर बात को सुस्पष्ट करके, हर शब्द पर ज़ोर देकर कहना चाहिए, अन्यथा दर्शकों तक कुछ पहुँचेगा ही नहीं, सब

कुछ गड्डमड्ड लगेगा। धीरे-धीरे अभिनय सहज होता जायेगा और तब स्पष्ट उच्चारण करने की झोंक को कम करना चाहिए ताकि सहज और सरल ढंग से मनोभावों को प्रकट किया जा सके। यह जो अन्तर है, उसे मुझ जैसे व्यक्ति के लिए लिखकर समझाना कठिन है, तथापि यह अन्तर ही मुख्य है। इस लाइन को पार करने के बाद ही कहने में आता है कि अब अभिनेता ने भावों को प्रगट करना शुरू किया है।

शुरू के अभिनय में दर्शकों के साथ एक तरह की दूरी रहती है, बनावटी दूरी। बहुत-से लेखकों की प्रारम्भिक रचनाओं की तरह। उसमें लोगों की आँखों को चौंधियाकर अपने को स्थापित करने की चेष्टा रहती है। अपनी सत्यता के द्वारा ही धाक जमाने की बात। इसमें अन्याय कुछ नहीं रहता वरन् ऐसा होना स्वाभाविक है, क्योंकि तब उस नये आदमी को समाज की दृष्टि को अपनी ओर आकृष्ट करने की आवश्यकता रहती है, अन्यथा वह अपनों के बीच कैसे पहुँच पायेगा।

कुछ समय बाद उसे स्वयं अपना यह प्रयास व्यर्थ लगने लगता है। उसे लगता है कि इन्हीं सबके कारण उसकी बातें अपना गाम्भीर्य नहीं बना रख पा रही हैं। तब वह सहज और गहराई में जाने की चेष्टा करता है। लोगों को चौंधियाने के बदले उन्हें पगला देने की चेष्टा करता है। चाहता है दर्शक उसका अन्तरंग मित्र हो जाये और अभिनेता उसे अपने गहरे अनुभव की अंजलि अर्पण कर सके। उस समय यदि कोई उसकी सतता पर विश्वास न करे तो उसे कष्ट हो सकता है, पर वह ग़लत रास्ते पर चलकर उस विश्वास को अर्जन भी नहीं करना चाहता। वैष्णव कविताओं की तरह, सहज, सरल पर अत्यन्त तात्पर्यपूर्ण।

किशोरावस्था या प्रारम्भिक यौवन में हमें अपने रूप पर बड़ा विश्वास होता है। यह धारणा अधिकतर कितनी भ्रमान्तक होती है, बतलाना हो तो केवल एक शब्द 'यत्परोनास्ति' पर्याप्त होगा। किन्तु इसी के फलस्वरूप नये अभिनेता मंच पर न ठीक से चल पाते हैं न ही दौड़ पाते हैं। हमारे यहाँ इन सबकी ओर कम ध्यान दिया जाता है, इन्हें लज्जाजनक माना जाता है। इसका एक कारण है, हमारे यहाँ मंच पर स्त्री-पुरुषों के व्यायाम करने का चलन बहुत कम है। हर अभिनेता और अभिनेत्री के व्यायाम करने का अभ्यास होना चाहिए। अपने अंग-प्रत्यंग की सहज संचालन की क्षमता आ जाने के बाद ही

विभिन्न चरित्रों के रूपायन में आवश्यकतानुसार परिवर्तन किया जा सकेगा, उनका उपयोग किया जा सकेगा।

इन सबके बाद एक बात रह जाती है, वह है व्यक्तित्त्व की। अच्छा अभिनेता होने के लिए अच्छा व्यक्तित्त्व अर्जित करना चाहिए। चाहिए ही चाहिए। पर उसे अर्जित किया कैसे जाये? चौरंगी के फ़ुटपाथ पर सस्ता सीरीज़ की किताब देखी है—व्यक्तित्त्व कैसे बनायें? चार्ल्स ऐटालास में विज्ञापन देखा है—व्यायाम करके अपना व्यक्तित्त्व बनाओ, लड़कियाँ टपाटप तुम्हारे प्रेम में पड़ जायेंगी। तथापि इन पुस्तकों के अनुसार व्यायाम करके बहुत से लोग व्यक्तित्त्वविहीन होकर इधर-उधर ठोकर खा रहे हैं।

और जिनका व्यक्तित्त्व बन रहा है, वह यह सब किये बिना ही विकसित हो रहा है। असल में व्यक्ति यदि बड़ा हो, काम करने वाला हो, चिन्तनशील हो तो उसका चरित्र अपने आप ही विकसित होगा। हममें से प्रायः सभी को जीवन में नाना तरह के प्रश्नों के सम्मुखीन होना पड़ता है। कुछ लोग सभी प्रश्नों का उत्तर देते हैं और उसे अपने मूल बोध के साथ मिलाकर देखते हैं। इस प्रकार जिस व्यक्ति की जितनी बातें अच्छी तरह एक-दूसरे से मिल जाती हैं, उसका व्यक्तित्त्व उतना ही अधिक और प्रस्फुटित होता है। हममें से अधिकांश लोग विचारों की उलझन सुलझाना ही नहीं चाहते। ऐसी स्थिति में ही हम दैव या फिर पुरस्कार की ओर दौड़ते हैं। अर्थात् आज के लोगों के जीवन में बोध का कोई महत्त्व ही नहीं होता।

लेकिन कलाकार होने के लिए हमें दायित्त्वसम्पन्न होना ही होगा। अच्छी तरह सोच-विचार करके समझने की चेष्टा करना एक कलाकार का काम होता है। केवल इन्द्रियों द्वारा प्रकृति का उपभोग करना चाहेंगे तो हम प्रकृति के क्रीतदास हो जायेंगे। और इस एक ही पथ पर किसी अभिनय सीखने की इच्छा रखने वाला व्यक्ति चेष्टा शुरू करेगा तो मैंने जो कुछ भी कहा है, उससे उसका कोई नुकसान नहीं होगा, वरन् मेरे कथन की भूलें ही उसको आगे बढ़ने में सहायक होंगी।

रक्तकरबी

रवीन्द्रनाथ के नाटकों के सम्बन्ध में हममें से अनेक व्यक्तियों की अनेक तरह की धारणाएँ हैं। उनमें से एक है कि उनके नाटक नाटक नहीं, काव्य हैं; उनमें नाटकीयता नहीं है। एक समय वर्तमान लेखक की धारणा थी कि नाटकीयता हो तो भी उनके संवाद इतने जकड़े हुए हैं, इतने अस्वाभाविक हैं कि उनके माध्यम से न तो आम आदमी अपने मन की बात व्यक्त कर पाता है और न ही उनमें रस प्राप्त करता है। किन्तु बाद में बार-बार पढ़ते-पढ़ते एक नयी बात समझ में आयी और 'चार अध्याय' तथा 'रक्तकरबी' का मंचन करने की परिकल्पना करने के दौरान जैसे एक नया बोध हुआ। उस बोध में सबसे खास बात यह थी कि रवीन्द्रनाथ के नाटकों को पूरी तरह आत्मसात किये बिना सम्भवतः बांग्ला नाटक का मान उन्नत नहीं होगा।

रवीन्द्रनाथ ने 'विसर्जन', 'चिरकुमार सभा' और 'शेष रक्षा' नामक नाटकों की रचना की। उन्हें लेकर कभी कोई बात नहीं उठी। उनका व्यावसायिक और शौक़िया दोनों मंचों पर अनेक बार मंचन हुआ और वे लोकप्रिय भी खूब हुए। किन्तु वही लेखक क्रमशः क्यों अन्य तरह के नाटक लिखने लगा, जिन्हें लेकर इतनी ग़लतफ़हमियाँ हुईं कि उनके बारे में गम्भीर चर्चा वांछित हो उठी। अवश्य ही उम्र होने पर क्षमता के अभाव में यदि वे ऐसा आलतू-फ़ालतू लिखना शुरू करते तो किसी को इतना माथा मारने की ज़रूरत न पड़ती, किन्तु नाना विधाओं में जिस व्यक्ति का लेखन आजीवन नाना तरह के परीक्षण में सफलतापूर्वक लगा रहा, वे नाटक लिखते समय ही ऐसी उलटी-पुलटी बात क्यों लिखने लगे, यह बात युक्तिपूर्ण नहीं लगती। अतएव, इस सम्बन्ध में अच्छी तरह बात समझने और बोध प्राप्त करने की आवश्यकता है। तभी भविष्य का बांग्ला नाटक रवीन्द्रनाथ से ऊपर उठकर और बड़ी भूमिका में प्रवृत्त हो सकेगा।

रवीन्द्रनाथ के नाटकों के सम्बन्ध में सबसे पहली शिकायत यह है कि आंगिक की दृष्टि से वे किसी माने में शेक्सपियर या इब्सन के निकट नहीं हैं, अर्थात् यूरोपीय नहीं हैं तथापि पुराने ग्रीक नाटकों में जिसे स्थान और काल की अन्विति (यूनिटी ऑफ़ टाइम ऐंड स्पेस) कहा जाता है, उसका प्रतिपादन तो 'रक्तकरबी' में खूब अच्छी तरह प्राप्त होता है। फिर जिसे अज्ञान से ज्ञान की ओर उत्तरण करना कहते हैं, वह भी उनके नाटक में है। पर न जाने कैसा एक प्रकार का अन्तर भी प्राप्त होता है।

बहुत प्राचीन काल में जब नाटक का अभिनय शुरू ही हुआ था तब दर्शक और अभिनेता के बीच एक तरह की दूरी हुआ करती थी। अतः अभिनेता मुखौटों का इस्तेमाल करते थे, पैर में बाँस बाँधकर चलते थे, गरजकर बोलते थे और वीरों या देवताओं को लम्बाई-चौड़ाई सभी में साधारण मनुष्य से थोड़ा बड़ा करके दिखलाते थे। यह दूरत्व दो रूपों में पाया जाता था। पहला तो खुले में बैठे दर्शक और अभिनेताओं के बीच की शारीरिक दूरी और दूसरा अभिनेय चरित्र के बारे में लेखक और अभिनेताओं के बोध में अन्तर अर्थात् मानसिक दूरी। तब तक मनुष्य का एक अन्य मनुष्य के सम्बन्ध में ज्ञान आज की तरह गहरा नहीं हुआ था और इतनी तरह से मनुष्य को उलट-पुलट कर जाँचा-परखा भी नहीं गया था। अतः कला में उसका जो रूप उभरकर आता था, वह बलिष्ठ हाथों द्वारा बनाये कुछ आकार होते थे—उसके आवेगों की स्थूल अभिव्यक्ति-भर; हल्के रंग के नाना तरह के सम्मिश्रण से तैयार नवीनता और वैचित्र्यवाले रूपाकार नहीं।

इसके अलावा उस समय अभिनय का एक ऐसा सामाजिक स्वरूप था कि व्यक्ति जितनी बार किसी पुरानी कहानी को देखता था, उतनी बार ही वह उसमें निमज्जित होकर उठता था। जैसा कि अभी भी रामलीला में देखने को मिलता है—वही राम, वही सीता और वही हनुमान। सैकड़ों साल से लीला होती चली आ रही है। वही एक रूप, कोई गहरी अनुभूति की अभिव्यक्ति नहीं। मनुष्य के मन के किसी गूढ़ तत्त्व की न कोई अभिव्यक्ति दिखती है न ही घटनाओं का कोई एपिक चेहरा उभरकर आता है। उसका कारण यह है कि उसकी ज़रूरत ही नहीं रहती। जो देखते हैं, वे भी उसे एक सामाजिक अनुष्ठान के रूप में देखते हैं और निर्धारित समय पर समवेत स्वर में सभी जय सियाराम का जयकारा लगाते हैं। इस क्षेत्र में दर्शकों की निर्दिष्ट भूमिका

रहती है—निर्दिष्ट समय पर उपरिलिखित जयकारा लगाना और राम-सीता के विवाह के समय सचमुच की मिठाई और उपहार आदि देकर अपनी भागीदारी करना। सारी दुनिया में इस तरह की परम्परा रही है। इससे भी पुराने ज़माने में अँधेरी रात में एक बड़े से कुंड में आग जलाकर लोग उसके चारों ओर बैठकर एक ही वाक्य मन्त्र की तरह बार-बार दोहराते-दोहराते एक तरह से नशे में आ जाते थे। होली या चांचर आदि के अवसर पर ऐसी उन्मत्तता आज भी देखने को मिलती है। अतः इस तरह के सामाजिक अनुष्ठान के माध्यम से जिस नाटिकाभिनय की शुरुआत हुई थी, उसका स्वरूप उस अनुष्ठान के फ़ॉर्म के अनुरूप ही अनगढ़ बनाये रखना ज़रूरी था, जिसके फलस्वरूप यह मानसिक दूरी अवश्यम्भावी थी।

उसके बाद धीरे-धीरे मंच खुले स्थान से घिरी जगह में पहुँच गया। अस्वाभाविक रूप में गर्जन करने की आवश्यकता नहीं रही और सामाजिक परिवर्तन के फलस्वरूप अभिनय भी स्वाभाविक जीवन के निकट आने लगा। दर्शकों के साथ शारीरिक निकटता ने अभिनेताओं को अभिनेय चरित्र को और गहराई से प्रस्तुत करने का अवसर प्रदान किया। किन्तु यह अन्तरंगता तो आयी, पर साथ ही नाट्याभिनय का वह सामाजिक आनुष्ठानिक रूप मरने लगा। समाज नाना दृष्टियों से नाना श्रेणियों में विभक्त होने लगा और धीरे-धीरे उसका एक केन्द्रिक रूप लुप्त होने लगा। फलस्वरूप पहले वाला समूहगत पागलपन भी नहीं रहा। लेकिन लोगों का मन जीतने का नशा, एक ज़बरदस्त पागलपन होता है। इसके बुरे पक्ष की ओर केवल संकेत मात्र करूँगा। पर हाँ, इसके आवश्यक अंश के बारे में विस्तार से चर्चा करना चाहता हूँ।

शेक्सपियर में इनका मिलन हुआ था, व्यक्तिसत्ता की सुस्पष्टता के साथ काव्य की झंकार के नशे का। दर्शकों के निकट आकर जिस प्रकार प्रत्येक चरित्र का वैशिष्ट्य प्रगट हुआ, वैसे ही उसके अनुभव के नाना रंग भी प्रगट हुए। इसीलिए शैतान को बतलाने के लिए शैतान का मुखौटा पहनाने की जरूरत नहीं पड़ी वरन् मनुष्य के अन्दर जो शैतान होता है, उसी को प्रगट किया गया। काम, क्रोध, लोभ इत्यादि रिपुओं को रूपाकार देकर सामने खड़ा कराने की ज़रूरत नहीं पड़ी, मनुष्य में ही इन सब रिपुओं को समाहित कर दिया गया, उनका मिश्रण दिखाया जाने लगा। साथ ही साथ महान काव्य के अजस्र सुर-वैचित्र्य के द्वारा कानों को नशे से धुत् किया जाने लगा।

ऐसी घटना इतिहास में फिर कभी नहीं घटी, इसीलिए बार-बार शेक्सपियर को मूल में रखकर नाटक पर विचार-विमर्श किया जाने लगा और उन्होंने आधुनिक नाटक का गति-पथ नियंत्रित करना चाहा। लेकिन यूरोप में शेक्सपियर दुबारा नहीं हुए। इसके बाद जिस नयी पद्धति ने अपने समय का चित्रण किया, वह थी इब्सन की पद्धति। सामाजिक अवस्था, सामाजिक समस्या का चित्रण कहानी का मुख्य तत्त्व होने लगा और व्यक्ति-जीवन पर हमने उसका प्रतिफलन होते देखा। इब्सन और चेखव के हाथों जिस नये युग की शुरुआत हुई, उसका सार्थक और स्मरणीय स्वरूप देखने को मिला स्टानिस्लवास्की में।

हमारे देश में नाटक या अभिनय के सम्बन्ध में पांडित्यपूर्ण विचार करने में इस वास्तवनिर्भर पद्धति को ही प्रायः एकमात्र पद्धति माना जाता है और नाटककार दीर्घकाल से इसी पद्धति का अनुकरण करके नाटक लिखने का प्रयत्न करते चले आ रहे हैं, तथापि यूरोप की युक्तिवादी वस्तुनिष्ठ कोई प्रज्ञा हम लोगों के बोध के पीछे नहीं थी।

इधर यूरोप में ही क्रमशः वास्तव-जैसी अभिव्यक्ति के विरोध में एक विद्रोह शुरू हुआ। कारण कुछ लोगों का कहना था कि इतना अधिक वास्तविकता का अनुकरण होने के कारण नाटक संकीर्ण होता जा रहा है, मनुष्य के आवेगों में जो काव्य है और जीवन की जो गहरी जटिलता है, वह अति वास्तविकता को आधार बनाने के कारण नाटकों में खंडित और संकीर्ण होती जा रही है। इसीलिए वे नाटक को, अभिनय को, और मंच-सज्जा को वास्तविक सामाजिक आनुष्ठानिकता से मुक्त करके सत्य पर आधारित करने की चेष्टा में लगे। इसके साथ ही पुराने सामाजिक स्वरूप को फिर से लाना चाहा। इस विद्रोह का एक और कारण था। वे पुराने नाटक के सामाजिक और आनुष्ठानिक रूप को लाना चाहते थे। इस सबको लेकर नाना देशों में अनेक तरह की जाँच-पड़ताल हुई है—सुर्रियलिज़्म, एक्सप्रेशनिज़्म, एपिकज़िम आदि सभी में आप्राण चेष्टा की जा रही है कि नाटकाभिनय की अभिव्यक्ति को कैसे इतना विस्तृत कर दिया जाय, जिससे आज के जीवन की अन्तर्निहित जटिलता और नाना विचित्र सत्यों को एक साथ पकड़ा जा सके। फलस्वरूप टॉलर, ओ नील आदि कितने ही लोग न जाने कितने परीक्षण कर चुके हैं या कर रहे हैं। इनके बारे में हम लोगों के समीक्षकों या विद्वानों द्वारा कोई प्रतिकूल मन्तव्य कभी नहीं सुना, कभी यह नहीं सुना कि कॉकटेल पार्टी में काव्य हो सकता

है, पर नाटक नहीं है।

जो भी हो, जब यूरोप में इस तरह नाना रूपों में चीज़ों को टटोलना शुरू हुआ, तब रवीन्द्रनाथ ने कुछेक नाटक लिखे। उनमें से एक के बारे में चर्चा करने की मेरी इच्छा हो रही है। निबन्ध का शीर्षक ही उसे बतला रहा है—'रक्तकरबी'। अभिनय करते-करते हमें लगा कि इस नाटक में समाज जितना स्पष्ट है, व्यक्ति भी उतना ही स्पष्ट है। जिस तरह व्यक्ति का वैशिष्ट्य प्रगट हुआ है, उसी तरह प्रतीक के रूप में वह और भी व्यापक सत्य को प्रगट करता चित्रित हुआ है। जैसे मान लीजिए, इब्सन का 'ऐन एनमी ऑफ़ दि पीपुल'। इसका प्रारम्भ होता है एक व्यक्ति, डॉक्टर स्टॉकमैन को लेकर, लेकिन चौथे अंक तक पहुँचते-पहुँचते लगने लगता है कि ये कोई व्यक्ति मात्र नहीं हैं वरन् ये उन सारे विप्लवियों के प्रतीक हैं, जिन्होंने इतिहास में किसी न किसी समय किसी सत्य के लिए लड़ाई लड़ी थी। लेकिन जो किशोर नन्दिनी को फूल देने आता है, वह क्या एक प्रतीक है या किशोर नाम का कोई व्यक्ति विशेष? इसको नाम ही ऐसा दिया गया है कि शुरू से ही एक प्रतीक का इंगित मिल जाये। और इन सब बातों को छोड़कर यदि केवल लाइनों को पढ़ा जाय या अभिनय देखा जाय तो लगेगा कि, किशोर वयस का एक विशेष बालक है। यह रवीन्द्रनाथ का एक कलात्मक कौशल था जो जीवन के लिए ज़रूरी सभी उपादानों के समन्वय के साथ ही उसका प्रतीकी स्वरूप भी अक्षुण्ण रख पाते थे। जिस विस्तृति को पाने के लिए ओ नील ने मुखौटे का इस्तेमाल किया, प्राचीन काल की कहानी को आज के लोगों के बीच रखा, टॉलर ने 'हिकेमान' लिखा, इलियट ने कोरस का प्रारम्भ किया, वही विस्तृति बंगाल में एक अन्य तरह से आयी। मगर कैसे?

आइए, बंगाल की जात्रा और जात्रा से विकसित थियेटर की कुछेक विशेषताओं की ओर ध्यान दिया जाय। यहाँ कर्ण के साथ नियति बात करके जाती है। या लौकिक कहानी में जब राजा कोई अन्याय करते समय अतिरिक्त उत्तेजित हो उठते हैं तब अचानक विवेक आकर गान गाकर सावधान कर जाता है या दिल्ली ध्वंस होने के बाद सैकड़ों सन्तान की मृत्यु के शोक से उन्मत्त माँ की तरह लाल साड़ी पहने खुले केश भारतमाता आकर नादिरशाह को रोते-रोते अभिशाप दे जाती हैं। लौकिक और अलौकिक के सम्मिश्रण का यह वैशिष्ट्य और कहीं है या नहीं, पता नहीं पर इतना जानता हूँ कि बंगाल

में विशेष रूप से है। इसके फलस्वरूप नाटक न प्रतीकी बन जाता है न ही फ़ैंटैसी, वरन् एक साधारण ग्रामवासी के सहज-स्वाभाविक सम्वाद से लेकर प्रतीकी गम्भीरता तक यह फैला रहता है। और इस देशज आंगिक को ग्रहण करके रवीन्द्रनाथ ने अपने नाटकों में विभिन्न स्तरों पर अबाध विचरण करने का सुयोग प्रदान कर दिया है।

हम लोगों के देश में कला पर विचार करने में आम तौर पर दो तरह की पद्धतियों का अनुसरण किया जाता है। एक, पुरानी पद्धति जिसके अनुसार जो कुछ भी किया जाय, वाह! वाह! या फिर किसी पाश्चात्य पद्धति का अनुकरण हो तो प्रशंसा की जाये। रवीन्द्रनाथ की बुद्धि आम माप-जोख से थोड़ी बड़ी ही थी, इसीलिए उन्होंने पुराने देशज ढाँचे को आज के दिन की आवश्यकता को ध्यान में रखते हुए और अधिक सुषमामंडित तथा कलात्मक स्वरूप प्रदान किया, किसी तरह का भदेसपन नहीं आने दिया। इस देशज फ़ार्म को इस्तेमाल करने में बहुत तरह की सुविधाएँ हैं। कारण, अनेक युग-युगान्तर से जिस पद्धति को हमारे पूर्वज इस्तेमाल करते आ रहे हों, वह हमारे रक्त की चीज़ होती है, हमें अपनी ओर टानती है, स्वाभाविक है। जैसे, मैंने देखा था कि कीर्तन की एक कड़ी ने किस प्रकार हिन्दू-मुसलमान सबके कान समान रूप से खड़े कर दिये थे। हठात् जैसे प्राणों को गहरे कहीं कुछ आन्दोलित कर देता है। सम्भवतः उस कीर्तन को मैं बैठकर पूरा सुन नहीं पाऊँ, लेकिन 'कृष्णकलि आमि तारेइ बोली' गान एकदम सीधे मन को अवचेतन के स्तर पर स्पर्श करता है।

इतनी बातें कहने का तात्पर्य मात्र इतना ही था कि देशज फ़ॉर्म के माध्यम से आत्मप्रकाश की चेष्टा पैट्रियटिज़्म के नाम से अभिनन्दित न हो जाये। इसका कारण और अनेक गहरा होता है, जिसे कॉडवेल ने किसी जाति के अवचेतन स्तर तक आवेदन को पहुँचाना कहा था।

जो भी हो, रवीन्द्रनाथ ने इसी तरह एक ही नाटक में एक ही दृश्यपट पर अनेक तरह के अन्वय प्रस्तुत किये हैं। आज इसका प्रयोजन है, क्योंकि मनुष्य का जीवन विशेषकर भारतवर्ष में इतने टुकड़ों में बँट गया है कि सबको एकत्रित किये बिना उसका सामग्रिक रूप समझा नहीं जा सकता। और इस तरह एक ही चित्र में नाना स्तरों की वस्तुओं को एकत्र करने की चेष्टा

पश्चिम की शिल्प कला में की गयी है, पर उसके फलस्वरूप किसी तरह का स्वाच्छन्द्य नहीं मिला, केवल बौद्धिक विलास ही दिखलाई पड़ता है। अर्थात् साधारण लोगों के प्रेम के नशे में वह शामिल नहीं हो सका। 'रक्तकरबी' में राजा, अध्यापक, सरदार, मुखिया, पुराणवागीश—ये किसी के नाम नहीं, उपाधि मात्र हैं। दूसरी ओर फागुलाल, चन्द्रा, गोकुल आदि सबका अपना-अपना नाम है। ये एक-एक आदमी हैं, लेकिन ये नामवाले और उपाधिवाले परस्पर ऐसे मिले-जुले हैं कि कहीं किसी तरह का खटका नहीं होता। अध्यापक जब आता है तो यह समझने में तनिक भी असुविधा नहीं होती कि वह अध्यापक है। यह समझने में भी कोई असुविधा नहीं होती कि वस्तुतत्त्वविद् सारी वस्तुओं के बारे में जान-समझकर एक तरह की निराशा की स्थिति में पड़ गया है और इसीलिए नन्दिनी जैसी रोशनी को देखकर वह उसका अर्थ नहीं कर पाता, लेकिन आकृष्ट होता है। आकृष्ट होता है पर जाने कैसा डर भी लगता है। नन्दिनी पंचमुख रंजन की बात करती है, अध्यापक को वह अच्छी नहीं लगती, बरदाश्त नहीं होती, शायद डर ही लग रहा हो। उसी का एक दूसरा मन नन्दिनी को जाने को कहता है।

> **नोट** : *कुछ लोगों का कहना है कि दुनिया में कोई अध्यापक इस तरह बात नहीं करता। अतः यह एक अस्वाभाविक चरित्र है।—ऐसा विचार 'एलिस इन दी वंडरलैंड' की रानी को ही शोभा देता है। कारण शेक्सपीयर के चरित्र जिस भाषा में बात करते हैं, उस भाषा में क्या किसी ने आज तक बात की है? फिर भी वे सब जीवन्त चरित्र हैं। यह क्या शेक्सपीयर साहब हैं, इसीलिए कहा जाता है?*

जाने की सलाह भी देता है कि कहीं और जाकर रंजन के साथ सुख से रहे। यह पुरी यक्षपुरी की ग्रहणग्रस्त पुरी है, जहाँ सोने के गर्त के राहु ने बकोट खाया है। वहाँ वह न रहे, जल्दी ही कहीं और चली जाये।

लेकिन इससे भी बड़ा एक और भय अध्यापक को है। नन्दिनी रक्तकरबी के गहने क्यों पहनती है? पता नहीं लाल रंग से क्या लिखने के लिए तुम आयी हो? मालती का फूल था, मल्लिका का था, चमेली का था। सबको छोड़कर इस फूल को क्यों चुना?—पता है, मनुष्य इसी तरह बिना सोचे-समझे अपना भाग्य चुन लेता है।

'रक्तकरबी' एक ऐसा नाटक है, जिसके अनेक आश्चर्यमय अर्थ किये

गये हैं। एक समय कुछ लोगों को लगा था कि इसकी रचना अंग्रेज़ सरकार के विरुद्ध की गयी है और दो-एक साल पहले कुछ लोगों को (पता नहीं पहलेवाले ही लोग थे या दूसरे) यह नेहरू सरकार के विरुद्ध लिखा गया था और उनके अनुसार, बहुरूपी द्वारा खेला गया आलेख इसकी पुष्टि करता था। दिमाग़ ख़राब होने पर आदमी कहाँ तक पगला सकता है, यह उसका प्रमाण था।

लेकिन उन लोगों के विचलित होने का कारण स्वयं रवीन्द्रनाथ ने ही जुटा दिया था। नाटक के शुरू में ही उन्होंने दो-तीन बार लाल रंग को खूब स्पष्ट रूप में उपस्थित किया है, जिससे उसे लेकर आगे कोई भूल न हो। शुरू में ही वह अध्यापक के साथ है, फिर ज़रा देर बाद ही गोकुल के संवाद में है। नन्दिनी जब पूछती है कि तुम आज भयंकर क्यों लग रहे हो तो गोकुल कहता है कि देखकर लगता है, जैसे तुम लाल रोशनी की मशाल हो। चलूँ, उन नासमझों को बतला दूँ कि सावधान! सावधान! सावधान!

वही एक ही दृश्य, वहीं अध्यापक आता है, और गोकुल भी आता है। सामने ही राजा का दरवाज़ा भी है। और वहीं पर फागुलाल, चन्द्रा, बिशु आदि आकर ऐसे बातचीत करते हैं मानो यह उसके घर के सामने वाला चबूतरा हो। ऐसा इसलिए कि इस नाटक का सम्बन्ध न किसी एक व्यक्ति से है न ही समाज की किसी विशेष श्रेणी से। यह कवि द्वारा किया गया सभ्यता के एक स्तर के रूप का विश्लेषण है। इस कहानी की परिधि इतनी बड़ी है कि किसी एक विशेष जगह इसका दृश्य सजाकर सारे चरित्रों को अनेक कला-कौशल से एक ही जगह प्रस्तुत करने में इसकी विस्तृति भी खंडित होती और इसका सुछन्द भी। इसीलिए पूरा शहर ही इसकी पट-भूमिका है। वह शहर न कलकत्ता है न बम्बई, न न्यूयॉर्क न ही फ़ोर्ड के कारख़ाने का शहर। रवीन्द्रनाथ ने एक जगह लिखा है—

> *घटना के वास्तविक स्थान के सम्बन्ध में भौगोलिकों के एकमत होने की आशा करना व्यर्थ है। स्वर्णलंका सिंहल द्वीप में ही थी, इस विषय पर आज भी कितनी बातें उठती रहती हैं। असल में सारी पृथ्वी पर नाना जगहों पर स्वर्णलंका के चिह्न प्राप्त होते हैं। कविगुरु ने उसी अनिर्दिष्ट तथापि सुनिर्दिष्ट लंका के सम्बन्ध में जानकारी प्राप्त की थी, इसमें कोई सन्देह नहीं। कारण, यदि वह अकेली स्वर्णलंका होती तो एक ही जगह होने के कारण पूँछ की आग से*

और चमकदार हो जाती।

इसीलिए इस यक्षपुरी का चिह्न पृथ्वी पर नाना जगहों में नाना रूपों में पाया जाता है, अतः प्रस्तुत नाटक का दृश्य उसी एक अनिर्दिष्ट तथापि सुपरिनिर्दिष्ट यक्षपुरी ही है। अवश्य ही इसका दृश्य ऐसे भी सजाया जा सकता था कि राजा का दरवाज़ा, फागुलाल की बस्ती का चबूतरा, सरदार और चिकित्सक का मन्त्रणाकक्ष, बिशु और नन्दिनी की बातचीत के लिए एक आड़वाली जगह, सभी एक साथ मंच पर ही सजाये जाते। लेकिन तब वह विलायतिया होता, उससे पूरे दृश्य के एक छन्द में बँधे होने के बदले उनका वैषम्य ही आँख में उँगली डालकर दिखलाया गया होता। इसीलिए बहुरूपी ने वह काम नहीं किया, क्योंकि रवीन्द्रनाथ पूरे समाज का स्वरूप दिखलाना चाहते थे, हज़ार लड़ाई-झगड़े के बावजूद सब मिलाकर समाज तो एक ही है।

उस समाज का एक राजा है। लेकिन वह **मुक्तधारा** के राजा या **राजा** नाटक के राजा जैसा राजा नहीं लगता। वह एक जाल की ओट में रहता है। नन्दिनी शुरू से ही चाहती है कि उस असुन्दर जाल को तोड़कर इसके पीछे छिपे आदमी का उद्धार करे। नन्दिनी पूछती है—दूर से उस गाने को सुन पा रहे हो? राजा नहीं सुन पाता। पूछता है—किसका गाना? नन्दिनी—पौष का गाना। फ़सल पक गयी है, उसे काटना होगा। उसी का गाना।

पौष पुकारे तुम्हें ओ भैया,
आओ आओ आओ
पकी फ़सल से भरा है डाला
आओ आओ आओ।

इस गाने का अर्थ क्या है? किसी-किसी का कहना है कि यह अपनी धरती की, अपनी मिट्टी की पुकार है, सोने का लोभ छोड़कर राजा को धान के खेत में आने का आह्वान है। लेकिन यह बात हमें पूरी-पूरी ठीक नहीं लगती। वैसी बात थी तो माटी तुझे पुकारे कहने में क्या असुविधा थी? असल में उनके एक और नाटक में ठीक इसी बात को लेकर एक और गाना है। तो फिर यहाँ ज़बरदस्ती पूस को क्यों घुसा रखा है? पौष पर कवि की कोई ख़ास आसक्ति तो थी नहीं और उन्होंने पौष को लेकर और-और गाने बनाये हैं। तब? हमें

ऐसा लगता है कि यहाँ पर नन्दिनी राजा से कह रही है कि तुम्हारा परिश्रम सार्थक हुआ, पौष की फ़सल का डाला भरा तैयार है। अब तुम निकलकर बाहर आओ और छुट्टी लो। एक युग बीत गया, उसकी फ़सल को उठाकर रख लो ताकि नये युग की फ़सल बोयी जा सके। तुम छीन-छीनकर लाये उन हाड़ों को ऐश्वर्य समझना छोड़ो और बाहर रोशनी में निकलो, पृथ्वी खुश हो उठे। लेकिन राजा अपने अस्तित्त्व को दीर्घ काल तक टिकाये रखने के लिए अत्यन्त आतुर है, वह उस कोटरवाले मेंढ़क से (दीर्घ काल तक) टिके रहने का रहस्य जानने के लिए अधीर हो रहा है।

गाने के इस अर्थ में एक और छोटी-सी युक्ति है। नाटक के अन्त में जब बिदाई करनेवाले बिशु का उद्धार करके ले जाते हैं, जब बिशु उन्हें ललकारता है—चलो भाइयो, चलो लड़ाई को इस बार...तब दूर से यह गाना सुनाई पड़ता है, पर इसके शब्द बदले हुए हैं—

आँचल भरा धूल का,
डाला पकी फ़सल का,
वारी जाऊँ
हाय हाय हाय।

रवीन्द्रनाथ को हम यदि बुद्धिमान और सचेतन कलाकार मानते हैं तो फिर उन्होंने हमें जो इतने सारे इंगित दिये हैं, हमें उन पर भी सश्रद्ध विचार करना चाहिए। हम लोग बहुत मन लगाकर यह जानने की चेष्टा करते हैं कि शेक्सपियर ने अपने नाटकों में कितने ऐसे संकेत दिये हैं, हम यह भी जानना चाहते हैं कि 'अंकल वान्या' में चेखव ने बिना कुछ कहे उसके ड्रेस का इतना विस्तृत वर्णन क्यों किया है। तो क्या रवीन्द्रनाथ के सम्बन्ध में चार बार जीवनदेवता इज़ ईक्वल टू जीवनदेवता कह देने से ही सब ऋण चुक जायेगा?

इस सम्बन्ध में इतनी बात कहने का तात्पर्य यही था कि किसी एक रवीन्द्रभक्त (जिनकी रवीन्द्रभक्ति सम्भवतः उनकी व्यावसायिक पूँजी थी) हमें हमारे अभिनय की अनेक त्रुटियों के बारे में बतला रहे थे। मैं भी नतमस्तक मानने को राज़ी था, क्योंकि हम खुद भी जानते थे कि साध जितना साधन हमारे पास नहीं था। लेकिन जब उन्होंने यह कहा कि शब्दों में कोई बदलाव

किये बिना भी हम लोगों ने अभिनय के माध्यम से गुरुदेव के नाटक को एकदम बदलकर अपनी मर्ज़ी का अर्थ आरोपित किया है, तब मेरे लिए चुप रहना सम्भव नहीं था। और बहुत-सी बातों के साथ ही मैंने इस गाने के बदलने की बात भी की। उस पर वे बड़ी सहजता से बोले—यह तो आप बात का बतंगड़ बना रहे हैं। ऐसी उलटी-पुलटी बहुत-सी बातें उन्होंने लिखी हैं, जिनका कोई माने ही नहीं है। आहा, कैसी अपूर्व भक्ति का नमूना।

अब देखा जाय कि राजा कौन था या क्या था। रवीन्द्रनाथ के शब्दों में—हमें दिखलाई नहीं पड़ता, पर वैज्ञानिक शक्ति के कारण मनुष्य के हाथ, पैर, खोपड़ी आदि बहुत बड़े हो गये हैं। हमारे नाटक के राजा उस शक्तिबाहुल्य के माध्यम से ही ग्रहण करते हैं, ग्रास करते हैं, नाटक में इसका स्पष्ट इंगित है। हमारे छोटे आकारवाले इस नाटक में रावण के वर्तमान प्रतिनिधि के रूप में एक ही देह में रावण और विभीषण दोनों विद्यमान हैं। वह स्वयं ही स्वयं को परास्त करता है।

राजा बड़ा शक्तिशाली है। पृथ्वी के नीचे पत्थर, लोहा और सोने के पिंड भरे पड़े हैं। वहाँ से वह शक्ति इकट्ठा करके उन्हें अत्यन्त सहज रूप में ऊपर लाकर उनका पहाड़ बनाता है, जिसे देखकर नन्दिनी मुग्ध हुई थी। राजा कहता है—सृष्टिकर्ता की चतुराई को मैं टुकड़े-टुकड़े कर रहा हूँ। उसने धरती के नीचे जो कुछ छिपाकर रखा है, मैं उसे छीन लेना चाहता हूँ। उन सब छिन्नप्राणों का रुदन उसके चारों ओर आर्तनाद कर उठता है, राजा अविचल बैठा रहता है।

यही था राजा। यही था यक्षपुरी का सृष्टिकर्ता। पृथ्वी का कलेजा चीरकर, उसका ऐश्वर्य छीनकर राजा ने अपने प्रताप की वृद्धि की थी। वैज्ञानिक शक्तिबाहुल्य के साथ मिलकर उसकी शक्ति कई गुना बढ़ गयी है।

यह सृष्टिकर्ता कौन है? आज सारी पृथ्वी पर स्टील के ढाँचे पर जो बड़े-बड़े नगर खड़े हो रहे हैं, उनके सृष्टिकर्ता वे वैज्ञानिक ही हैं। इस पृथ्वी का हर नगर यक्षपुरी जैसा लगता है। इसका ऊपरवाला दर्पपूर्ण आकार जितना ही बढ़ता जाता है, उतना ही उसे वहन करने के लिए छोटे लोगों की बलि देनी पड़ती है। छोटे जलकर राख होते रहते हैं और ऊपर शिखा प्रज्वलित होती रहती है। इस प्रदीप के जलते रहने के लिए पृथ्वी को खोद-खोदकर रॉ

मैटिरियल जुटाना पड़ता है। इसी के लिए अनेक-अनेक मकरमुख तैयार किये गये हैं, जहाँ गाँव वालों को रखा जाता है और उनकी मांस-मज्जा, मन-प्राण सब निचोड़ लिया जाता है। तथापि विज्ञान ने ठीक ऐसा नहीं चाहा था। चाहा तो नहीं था पर अब कोई दूसरा रास्ता भी नहीं दिख रहा है, इसलिए छटपट कर रहा है।

वर्तमान युग लौह युग है। उसी लोहे की बुनियाद पर यान्त्रिक सभ्यता की उन्नति हो रही है और वह हो रही है वैज्ञानिकों की शक्ति से। लेकिन इस विज्ञान के साथ साधारण आदमी का कोई सम्पर्क नहीं है। साधारण समाज की सुविधा के लिए इसकी शक्ति का उपयोग नहीं किया जाता, इसीलिए राजा एक जाल की ओट में रहता है। यह जाल उसने स्वयं नहीं बनाया है। नन्दिनी कहती है—इसीलिए उन लोगों ने तुम्हें एक जाल में, विचित्र साज में सजाकर रखा है। इस तरह डरावने गुड्डे जैसा सजे रहने में तुम्हें शर्म नहीं आती? नन्दिनी की बात की यह सच्चाई, यह स्पष्टता राजा को बरदाश्त नहीं होती। वह ग़ुस्से में आकर कहता है—क्या कह रही हो नन्दिनी?

अन्दाज़ से समझ में आता है कि इस जाल की रचना की है सरदार ने। अंग्रेज़ी अनुवाद में इस व्यक्ति को गवर्नर कहा गया है, अर्थात् जो शासन करता है। उन्हीं लोगों ने राजा को जाल की ओट में रख रखा है और उसकी शक्ति से ही यक्षपुरी का शासनकार्य सम्पन्न करते हैं। यह बात राजा को अन्त में समझ में आती है, जब वह सरदार को सेना लेकर आते देखता है। वह कहता है—मेरी ही शक्ति से मुझे बाँध रखा है।

इसीलिए राजा को साधारण लोगों के साथ ही सरदार से लड़ाई लड़ने के लिए जाना पड़ता है।

लेकिन नाटक के शुरू में राजा को स्वयं की इस स्थिति का ज्ञान नहीं था। उस समय उसे याद आती है उस एक पहाड़ की, जिसे देखकर उसके मन में आया था—देखो, शक्ति का भार कैसे अनजाने स्वयं को अपने ही भार से पीस डालता है। लगता है शक्ति कितनी भी बढ़े, वह यौवन तक नहीं पहुँच पाती। और यह भी कि जो दान विधाता की मुट्ठी में बँधा है, उस तक नन्दिनी की चम्पाकली जैसी उँगलियाँ जहाँ तक पहुँच सकती हैं, वहाँ तक उसके शरीर का पूरा ज़ोर भी नहीं पहुँच सकता।

विज्ञान की यान्त्रिक दृष्टिभंगी के कारण यह स्व-विरोध अवश्यम्भावी है। नन्दिनी जब कहती है कि लगता है कि जिस चीज़ को मन से जाना नहीं जा सकता, केवल प्राण से अनुभव किया जा सकता है, उससे तुम्हें कोई लगाव नहीं है तो राजा इसे स्वीकार करता है और कहता है—उस पर विश्वास करने का साहस नहीं होता। कहीं ठगा गया तो? यहीं उसकी दुर्बलता है और दुर्बलता के कारण मिट्टी पर निकली घास के बीच, फूलों के बीच जो जादू का खेल चलता रहता है, उसे वह अपना नहीं बना पाता। इसीलिए उसको लगता है कि यदि रंजन की तरह का यौवन उसमें होता तो नन्दिनी को मुक्त छोड़कर भी वह उसे बाँधे रख सकता था।

तथापि एक दिन उसमें यौवन अवश्य ही था नहीं तो किस शक्ति से वह इतनी बड़ी यक्षपुरी की रचना कर पाता और नन्दिनी जैसी लड़की क्यों उस पर मुग्ध होती। अतः यौवन उसमें था और आज भी वह शक्तिधर है, किन्तु प्राण के अभाव में वह एक मरुभूमि में परिवर्तित हो गया है। वही प्राण वह नन्दिनी से पाना चाहता है, क्योंकि नन्दिनी है प्राणमयी। लेकिन जब नन्दिनी दरवाज़ा खोल देने को कहती है, बाहर आने को कहती है तब वह उस पुकार पर भी भरोसा नहीं कर पाता और नाटक के अन्त में अनजाने में रंजन को मार डालने के बाद अपना कारनामा देखकर चीत्कार कर उठता है—मैंने यौवन को मारा है। इतने दिनों तक मैंने अपनी सारी शक्ति यौवन की हत्या करने में लगायी है। मरे यौवन का अभिशाप मुझे लग गया है।

ख़ाली राजा को ही यौवन का अभाव हो, सो नहीं। ऐसा लगता है जैसे इस राज्य के हर कोने से यौवन का अपहरण हुआ है। नन्दिनी इसीलिए चाहती है कि रंजन एक बार इस पुरी में आवे। इसी से वह इस यक्षपुरी में बैठी रंजन की प्रतीक्षा कर रही है। रंजन दोनों हाथों में दो डाँड़ लेकर उसे तूफ़ानी नदी पार करवा सकता है। नागाई नदी में कूदकर जिस तरह वह जल के साथ खेल कर सकता है, उसी तरह वह नन्दिनी के साथ भी खेल सकता है। प्राणों को हाथ पर लिये अपने सर्वस्व की बाज़ी लगाकर वह खेल खेलता है। उसी खेल में उसने नन्दिनी को जीत लिया है।

यही तो यौवन का काम हुआ। प्राणों को हाथों में ले अपने सर्वस्व की बाज़ी लगाकर वह खेल खेलता है और उसी खेल में वह जीवन को जीत लेता

है। रंजन उसी यौवन की प्रतिमूर्ति है और उसकी जीती गयी वह वधू ही हुई प्राण की, जीवन की प्रतीक। वह है नन्दिनी। इसीलिए इस निर्जीव यक्षपुरी में अकेली बैठी वह—प्राण-जीवन की प्रतीक्षा करती है।

बिशु भी एक दिन उन बाज़ी लगाकर खेलनेवालों में था। पर अन्त तक वह टिक नहीं पाया और अधःपतन की अन्तिम सीमा पर पहुँचकर गुप्तचर तक हो गया। उसके बाद वहाँ समझ आने पर दिखावटी सम्मान और आराम दोनों को खोकर वह फिर गाँव की टान के कारण लौट आया। इसीलिए उसकी बातें और गाना बाज़ी लगाकर न खेल पाने की अक्षमता के दुख से भाराक्रांत हैं।

किन्तु प्राण का आवेदन इतना तीव्र था कि सत्य बात कहने के लिए बिशु को निर्यातन सहना पड़ा और उस निर्यातन में ही उसकी आत्मा की मुक्ति हो गयी। जिसे एक दिन डर लगा था, वही आज सबका आह्वान करता है—आओ भैया, चले लड़ाई को हम सब।

प्राण की इस टान की ख़ातिर ही किशोर एक दिन प्राण देना चाहता है, अध्यापक आकृष्ट होता है, राजा छटपट करता है। यहाँ तक कि सरदार की आँखों में भी रक्तकरबी का मोह जागता है, तथापि इनमें से कोई भी पूर्ण-यौवन नहीं था, इसीलिए नन्दिनी रंजन की प्रतीक्षा कर रही है।

रंजन आया पर मृत्यु के माध्यम से। नन्दिनी कहती है—फागूलाल, मैं रंजन को तुम सब लोगों के बीच लाना चाहती थी। देखो, मेरे वीर को देखो, मृत्यु को तुच्छ प्रमाणित करता हुआ वह आया है।

फागुलाल नहीं समझ पाता कि रंजन आकर उनके बीच घूम गया है। इसीलिए वह आर्तनाद कर उठता है—"यह क्या? वह क्या रंजन है, निःशब्द पड़ा?"

"निःशब्द नहीं। मृत्यु के माध्यम से मैं उसका अपराजित कंठस्वर सुन पा रही हूँ। रंजन जी उठेगा, वह कभी मर नहीं सकता।"

फिर कहती है—"वह आयेगा, इसीलिए तो प्रतीक्षा कर रही थी। वह आया भी। उसके फिर आने के लिए मैं प्रस्तुत रहूँगी। वह फिर आयेगा।"

युग-युग से प्राण इसी तरह प्रतीक्षा करता है कि कब उसका वांछित वह

प्रचंड यौवन दोनों हाथों में डाँड़ लेकर उसे नदी पार करा देगा, हथेली पर प्राण लिए सर्वस्व की बाज़ी लगाकर वह जीत जायेगा, क्योंकि यह शक्तिहीनों को उपलब्ध नहीं।

किन्तु इस तरह विश्लेषण करने में एक मुसीबत है। बहुत से लोग यह भूल जाते हैं कि ऐसे लोगों का एक व्यक्ति रूप भी होता है। बहुत से लोग नन्दिनी को ईथर-आरोहिणी, कल्पलोकवासिनी, प्रायः विदेहिनी एक आइडिया मान लेते हैं। और सारा झमेला इसी कारण होता है। आइडिया तो है ही, पर केवल आइडिया नहीं। सुना है कि एक बार किसी विदेशी ने उनसे कहा कि उनके चरित्र वास्तविक नहीं होते, वे होते हैं काल्पनिक। रवीन्द्रनाथ ने उत्तर में कहा था—लेडी मैकबेथ यदि वास्तविक हैं तो मेरे भी सब चरित्र वास्तविक हैं। अवश्य ही ये सारी बातें ख़ाली चतुराई दिखलानेवाली नहीं हैं।

इसी से पता चलता है कि नन्दिनी किस स्तर की लड़की है। फागुलाल कहता है—नन्दिन, ठीक से समझ नहीं पा रहा हूँ। हम लोग सरल आदमी हैं। दया करके हमें धोखा मत देना। तुम हम लोगों के घर की ही लड़की हो।

नन्दिनी ऐसे ही घर की लड़की है, जिनके नाम अभी तक हैं। सरदार और मुखिया ने उनकी संख्या देखकर उनके कपड़े की पीठ पर नम्बर दाग़ दिया है। किन्तु रवीन्द्रनाथ ने उन्हें नाम दिया है। उपाधि दी है केवल सरदार या मुखिया आदि को। वे चिरकाल तक मनुष्य के प्रति आस्थावान रहे, इसीलिए इतिहास जिन लोगों पर निर्भर करता है, काल के रथ की रस्सी जिन अवहेलित लोगों के टानने से ही चलती है, उनका समय आ गया है। रवीन्द्रनाथ ने ऐसे लोगों को सुस्पष्ट एक व्यक्तिगत नाम दिया है और नन्दिनी उनमें से ही एक के घर की लड़की है। नन्दिनी एक घर विशेष की लड़की है पर उसमें जो प्राण की प्रेरणा है, वह सभी लड़कियों की है। और वही लड़की जिसने यौवन के गले में माला डाली थी, वही इस यक्षपुरी में आने के बाद पहली बात कहती है—हुकुम मानकर काम करने की मेरी आदत नहीं है। कंठस्वर में जहाँ शासन का स्वर लगा कि वह हो-हो करके हँस पड़ा। पूछने पर—गाम्भीर्य नासमझो का मुखौटा होता है। मैं उसे उतारने के लिए आया हूँ। यौवन के इस चेहरे से हम सब परिचित हैं। इतिहास में बार-बार अचलायतन तोड़ने के लिए इन्हीं लोगों का अभ्युत्थान होता है। उनकी काम करने की पद्धति है

गा-गाकर काम करना, क्योंकि काम करने में वे आनन्द भी प्राप्त करते हैं। काम उनके लिए बन्धन नहीं, मुक्ति है। लेकिन इस समाज के सरदार और मुखिया लोग हँसी बिल्कुल पसन्द नहीं करते। यहाँ छोटे बाबू पर बड़े बाबू, बड़े बाबू के ऊपर छोटे साहब, छोटे साहब के ऊपर बड़े साहब, उनके ऊपर और बड़े साहब—सहज प्राण को पीस-पास कर गम्भीरता के मुखौटों की क्या बहार। यहाँ ल्याजारस की हँसी कान में पड़ते ही सब चौंक उठते हैं, सन्देह करते हैं, ग़ुस्सा होते हैं।

किन्तु इस हँसमुख यौवन के दूत रंजन का दल देखते-देखते भारी पड़ने लगा। यहाँ तक कि सरदार के दल में कुछ लोग थे, जैसे मँझले सरदार, जो रंजन को समझ सकते थे, नन्दिनी को प्रश्रय देते थे, क्योंकि उनके रक्त के साथ सरदारी के रक्त का मिश्रण नहीं हुआ था। और ठीक उसी कारण से बड़े सरदार की आँखों की लालिमा भयंकर से भयंकरतर हो उठती थी।

यह मिलन, साधारण और विशिष्ट का जिसे अंग्रेज़ी में टाइप और पर्टिकुलर कहा जाता है, इसकी चेष्टा हर बड़े कलाकार में होती है। यूरोप किसी वस्तु को जैसा देखता है, उसे वैसा ही दिखलाकर आत्मा के अन्तर्लीन अर्थ को प्रकट करने की चेष्टा करता है। चीन, जापान और भारत में मानो वस्तु को मन में आत्मसात करके फिर उसे एक ऐसे रूप में प्रकट किया जाता है, जिसमें एक समाहिति होती है। इसके कारण यूरोपीय प्रस्तुति की पद्धति में वस्तुरूप की जो प्रखरता, जो नग्नता, जो संघात प्रकट होता है, वह भारतीय पद्धति में अनुपस्थित रहता है। यहाँ पर कलाकार की करुणा समस्त वस्तु की नग्नता को पोंछकर एक समाहित शुद्ध चित्तता के माध्यम से आत्मप्रकाश करती है। और इसी के फलस्वरूप जीवन की नाटकीयता यूरोप के पुराने युग में लिखे लेखों से जिस तरह प्रकट हुआ है, हमारे संस्कृत साहित्य में नहीं है। यहाँ तक कि उसी के फलस्वरूप हमारे देश में तेलरंग की सार्थक सृष्टि नहीं हो पायी है। हमारा मन टेम्परा में प्रगट होता है, उसकी गहरी उपलब्धि, उसका समाहित दृष्टिकोण। और इसी की जल-रंग के साथ कुछ समानता है। इसीलिए जलरंग का इतना प्रयोग हुआ है। लेकिन तेलरंग में जो नाटकीयता, जो संघात चित्रित किये जा सकते हैं, उन्हें हम नहीं प्रकट कर पाये। यदि उस दिशा में चेष्टा की भी गयी तो वह पूरी-पूरी विदेशियों की नक़ल मात्र होकर

रह गयी। भारतीय भंगिमा में जिस तरह टेम्परा होता है, पानी के रंग से चित्र बनाया जाता है, तैलरंग के माध्यम से उस रंग की कोई भी सृष्टि अपने यहाँ आज तक देखने में नहीं आयी।

इसी प्रकार नाटकीय अभिव्यक्ति के क्षेत्र में भी भारतीय परम्परा में तत्कालीन जीवन पर टीका होने के बदले हमारी यात्रा नाना तरह की कथाएँ मात्र होकर रह गयी हैं। वस्तु और कलाकार के बीच की वह दूरी अनेक स्थलों पर चटक-मटकवाली वस्तु होकर रह गयी। वस्तु और कलाकार के बीच की यह दूरी वस्तु के प्रति कलाकार की उदासीनता की ओर इंगित करती है। फलस्वरूप समसामयिक काल के वस्तु-जगत या जड़-जगत के सम्पर्क में ही उदासीनता परिलक्षित होती है। जो कला अपने समसामयिक काल को पकड़ने और उसका विश्लेषण करने की चेष्टा नहीं कर पाती, वह जीवन्त नहीं होती। दूसरी ओर यूरोप में यह वस्तुरूप ही इतना प्रबल हो उठा कि उसका अन्तर्लीन स्वर ही अस्पष्ट हो गया, इसीलिए शुरू होता है विद्रोह, शुरू होता है इम्प्रेशनिज़्म से सुर्रियलिज़्म तक का आन्दोलन।

यहाँ पर एक बात स्पष्ट करने का प्रयोजन है। विषयवस्तु के प्रति कलाकार की जो दृष्टिभंगी होती है, उसमें दोनों महादेशों के कलाकारों में बहुत अन्तर आ गया है। यहाँ मूर्तिकला, चित्रांकन और गायन नाना रूपों में प्रकट हुआ है। कहाँ कोणार्क, कहाँ ऐलिफ़ैंटा, कहाँ हैदराबाद। इन सब कलाकारों को सिखाने के लिए अवश्य ही कोई एक स्कूल नहीं बना था, तथापि सबने एक ही तरह कैसे सोचा? और यूरोप में प्रातःकालीन संगीत की रचना करने के लिए अलग-अलग तरह की आवाज़ों का संकलन करके उन्हें वाद्य के सुर से मिलाकर कैसे प्रातःकाल के संगीत की रचना की गयी? और हमारे यहाँ कुछेक पदों को एक साथ मिलाकर, उन स्वरों का संचरण करवा कर प्रातःकालीन वातावरण की रचना होती है। इसमें किसी तरह की प्रशंसा या निन्दा का प्रश्न नहीं है। यह केवल बात को समझने की चेष्टा है। इस चेष्टा में समझ में आया कि यूरोपीय कलाकारों के विद्रोह का क्या प्रयोजन था, तथापि हम लोगों से कितना भिन्न।

नाटक एक ऐसी चीज़ है जिसमें पात्र-पात्रियों के माध्यम से ही सब

भावों की अभिव्यक्ति करनी पड़ती है। उपन्यासकारों की तरह अपनी बात या अपनी टीका द्वारा कुछ भी समझाने की गुंजाइश नहीं होती। जो कुछ कहना है, वह नाना घटनाओं और नाना लोगों के मन पर उनके पड़नेवाले प्रभाव के माध्यम से ही कहनी पड़ेगी। यदि पात्रों को पूरी तरह से हूबहू दिखलाना होगा तो उनके दैनन्दिन स्वरूप को दिखलाना होगा। सौ दिन में नब्बे दिन और सौ में से नब्बे घटनाओं में ऐसा कुछ नहीं घटता, *जिससे पात्र अतिरिक्त उद्वेलित हो जाये या जिसके फलस्वरूप जीवनमूल्य के स्वरूप पर कोई बड़ी चर्चा हो सके।* फलस्वरूप चरित्रों की वास्तविकता की रक्षा करने के लिए मूल मुद्दे तक पहुँचने में नाटककार को थोड़ा समय लग जाता है। अर्थात् उपकरण का रूप ही बड़ा हो उठता है, उनके अन्तर में स्थित वक्तव्य को उतना मौक़ा ही नहीं मिलता। इसीलिए बर्नार्ड शॉ ने अपने मूल वक्तव्यों को पात्रों की दैनन्दिन घटनाओं के भरोसे नहीं छोड़ा है। फलस्वरूप लोग कहते हैं कि वह चरित्र नहीं, वरन् मुखपात्र मात्र है।

एक और तरह की चेष्टा हुई है, ओ नील से मिलर तक। लेकिन अधिकतर होता क्या है कि जब भी कोई पात्र विशेष से साधारण होता है तो दोनों चरित्र पूरी तरह मिल नहीं पाते और दोनों के बीच एक दरार-सी रह जाती है। यह सब कहकर मैं ओ नील आदि की प्रचेष्टा को एकदम व्यर्थ नहीं घोषित करना चाहता। कहना केवल इतना ही है कि चेष्टा दोनों ओर से एक ही सुछन्द तक पहुँचने के लिए हो रही है। जैसे एक आधुनिक नाटक लीजिए—डेथ ऑफ़ ऐ सेल्समैन। इसके वक्तव्य ने बिल्कुल प्रेरित न करने के बावजूद इसकी शैली ने मुझे मुग्ध किया। इसमें वह संचरण बड़ी खूबसूरती से सम्पन्न हुआ है। इसमें भी नशा पैदा करने का वह उपादान मौजूद है जो नाटककार के लिए बड़ा प्रयोजनीय होता है। फिर भी वह मेरा रास्ता नहीं है। ओ नील से लेकर आधुनिक अमरीकी नाटककारों तक के लेखन में जो नग्नता और आवेगों का जो उच्छ्वसित रूप मिलता है, वह हमारे यहाँ की चित्रकला, गान या धर्मबोध आदि किसी में प्राप्त नहीं होता। प्रथम महायुद्ध के बाद जर्मन जन-साधारण एक ऐसी मनःस्थिति को प्राप्त हुआ था कि कैबिनेट ऑफ़ डॉक्टर कैलिगरी या डॉक्टर मब्यूस या इसी तरह की अस्वस्थ उत्तेजना मिली थी, लेकिन हमारे देश में इससे बहुत बड़ी यन्त्रणा सहने के बावजूद वैसा कुछ अभी तक नहीं घटा है। और हमारे देश का नाटक हमारे देश के लोगों की ही मनःक्षुधा के

निवारण के लिए होगा।

हम लोग अपने कुसंस्कारों को थोड़ा अलग रखते हुए यदि धैर्यपूर्वक विचार करें तो पायेंगे कि रवीन्द्रनाथ के नाटकों के जोड़ अनायास मिल गये हैं और उनमें हृदय और बुद्धि के आवेदनों में साम्य परिलक्षित होता है। मैंने गाँवों में जात्रा में कहानी के बीच में इस तरह का ज्ञान का सुन्दर समन्वय होते देखा है। दोष केवल इतना ही होता है कि वह ज्ञान रामायण-महाभारत काल का ज्ञान होता है, वह आज की दुनिया को समझने में विशेष सहायक नहीं होता। रवीन्द्रनाथ ने वही काम किया है। और अद्‌भुत तरीक़े से किया है। यदि कुछ लोगों के मतानुसार वैसा नहीं किया है तो भी मुझे आपत्ति नहीं। मैं केवल इतना ही कहना चाहता हूँ कि अब और नये लोगों के और अच्छी तरह काम करने का दायित्त्व उठाने का समय आ गया है, रवीन्द्रनाथ की इस ''एकमात्र'' की स्थिति को भंग करके नये बंगाली नाटक का सृजन करने का समय आ गया है।

एक और बात को लक्ष्य करने की बात कहकर मैं अपना यह आलेख समाप्त करूँगा। समय को लेकर भी रवीन्द्रनाथ ने 'रक्तकरबी' में काफ़ी खेल किया है, लेकिन उससे कोई पीड़ा नहीं पहुँचती। पहली, किशोर जब आता है तो लगता है सुबह है, काम पर जाने का समय है। ज़रा देर बाद फागुलाल आता है और कहता है कि आज छुट्टी का दिन है। उसके बाद बिशु काम पर जाना चाहता है और नन्दिनी उसमें बाधा डालती है। अर्थात् एक ही दिन में इतनी सब बातों को ज़बरदस्ती घुसाने की बात नहीं है। अनेक दिनों से होती चली आती घटनाओं को बड़े कौशलपूर्वक एक साथ प्रस्तुत करके—''धूल भरा आँचल है भैया, आओ आओ आओ'' अनिवार्य हो उठता है।

यह लेख लिखना मेरी हिमाकत ही थी, पर इसे लिखे बिना और कोई उपाय भी नहीं था। कारण, हमारी पृष्ठभूमि और हमारे आवेगो के स्वरूप को स्पष्ट रूप में समझे बिना हम अपने जैसा नाटक नहीं लिख पायेंगे। जो नाटक हम लोगों की पृष्ठभूमि और हम लोगों के आवेगों के स्वरूप को स्पष्ट कर पायें। हमारे आवेग और हमारी अनुभूतियाँ आपस में एकाकार हो जायें। जिस नाटक में हमारी बोलचाल की भाषा और हमारे चिन्तन की भाषा एक-सी हो जाये, जिसमें हमारी आँखों-देखा सत्य और हमारे स्वप्न की वायवी दुनिया एक

ही नाटक में साथ-साथ मुखर हो।

और वैसा नाटक मिले बिना हम लोगों का—हम अभिनेताओं का कल्याण नहीं।

पाद-टिप्पणी

'रक्तकरबी' रवीन्द्रनाथ ठाकुर (सन् 1861-1941) का सर्वाधिक महत्त्वपूर्ण नाटक। सन् 1954 में बहुरूपी द्वारा की गयी रक्तकरबी की प्रस्तुति ने रवीन्द्रनाथ के सम्पूर्ण नाट्य साहित्य के अध्ययन एवं उनकी प्रस्तुति के लिए प्रेरित किया। समय-काल एवं स्थान की अन्विति, आन्तरिक भावों की गहन अनुभूति और अभिव्यक्ति ने उनकी श्रेष्ठता एवं सार्थकता को पुष्ट किया। सन् 1958 में संगीत नाटक अकादमी द्वारा आयोजित अखिल भारतीय नाट्य प्रतियोगिता में बांग्ला की सर्वश्रेष्ठ प्रस्तुति के रूप में पुरस्कृत किया जाना 'रक्तकरबी' की बड़ी उपलब्धि थी। प्रयोजना और अभिनय तो उत्तम स्तर के थे ही, केवल वाणी द्वारा, संवाद द्वारा दर्शकों को मन्त्रमुग्ध रखकर शम्भु मित्र ने अपनी वाचिक अभिनय-क्षमता का अपूर्व दृष्टान्त प्रस्तुत किया था। इनके साथ ही मंच-परिकल्पना और निर्माण के क्षेत्र में विविध वस्तुओं द्वारा संगीत और ध्वनि प्रभाव की सृष्टि करके खालिद चौधरी ने वास्तविक और कल्पना के मिलन का एक अद्भुत दृष्टान्त पेश किया था। लेख में उल्लिखित सभी व्यक्ति 'रक्तकरबी' के विभिन्न चरित्रों के नाम हैं।

परिशिष्ट-1

तुलसी लाहड़ी लिखित नाटक *छेड़ा तीर* में तृप्ति मित्र, आरती मित्र, शम्भु मित्र एवं शाओली मित्र। निर्देशक : शम्भु मित्र प्रस्तुति : बहुरूपी, कोलकाता (1950)

शम्भु मित्र लिखित नाटक *बिभाव* में शम्भु की भूमिका में स्वयं शम्भु मित्र एवं बोउदी की भूमिका में तृप्ति मित्र। निर्देशक : शम्भु मित्र। प्रस्तुति : बहुरूपी, कोलकाता (1951)

इब्सन के नाटक *एन एनीमी ऑफ द पीपुल* (बांग्ला अनुवाद : दशचक्र) में डॉ. पुणेन्दु की भूमिका में शम्भु मित्र। निर्देशक : शम्भु मित्र प्रस्तुति : बहुरूपी, कोलकाता (1952)

रवीन्द्रनाथ टैगोर लिखित नाटक *रक्तकरबी* में राजा की भूमिका में शम्भु मित्र। साथ में नंदिनी की भूमिका में तृप्ति मित्र। निर्देशक : शम्. भु मित्र। प्रस्तुति : बहुरूपी, कोलकाता (1956)

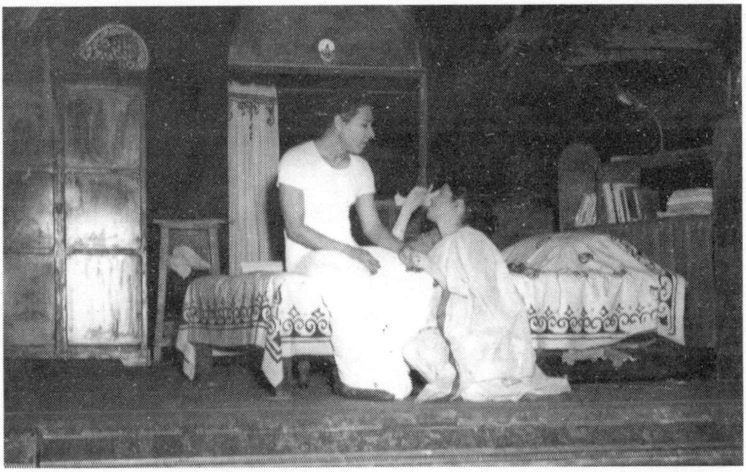

हेनरिक इब्सन के नाटक *ए डॉल्स हाउस* (बांग्ला अनुवाद : पुतुल खेला) में शम्भु मित्र तपन की भूमिका में एवं तृप्ति मित्र बुलू की भूमिका में। निर्देशक : शम्भु मित्र प्रस्तुति : बहुरूपी, कोलकाता (1958)

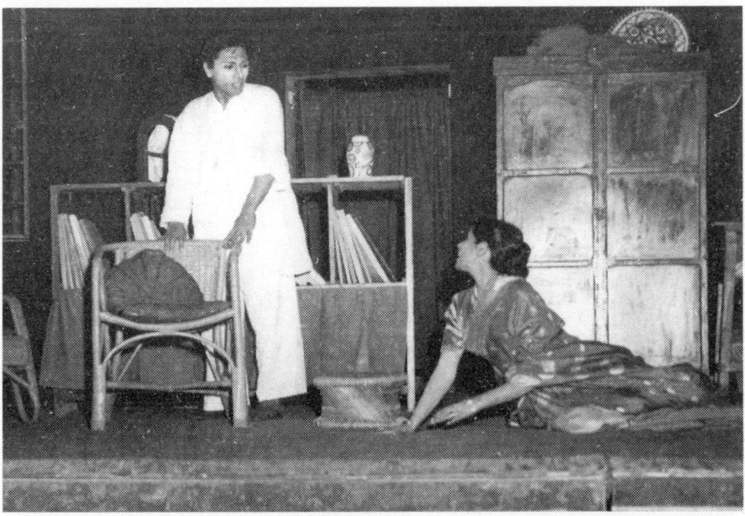

हेनरिक इब्सन के नाटक *ए डॉल्स हाउस* (बांग्ला अनुवाद : पुतुल खेला) में शम्भु मित्र तपन की भूमिका में एवं तृप्ति मित्र बुलू की भूमिका में। निर्देशक : शम्भु मित्र प्रस्तुति : बहुरूपी, कोलकाता (1958)

हेनरिक इब्सन के नाटक *ए डॉल्स हाउस* (बांग्ला अनुवाद 'पुतुल खेला') में शम्भु मित्र तपन की भूमिका में एवं तृप्ति बुलू की भूमिका में। निर्देशक : शम्भु मित्र प्रस्तुति : बहुरूपी, कोलकाता (1958)

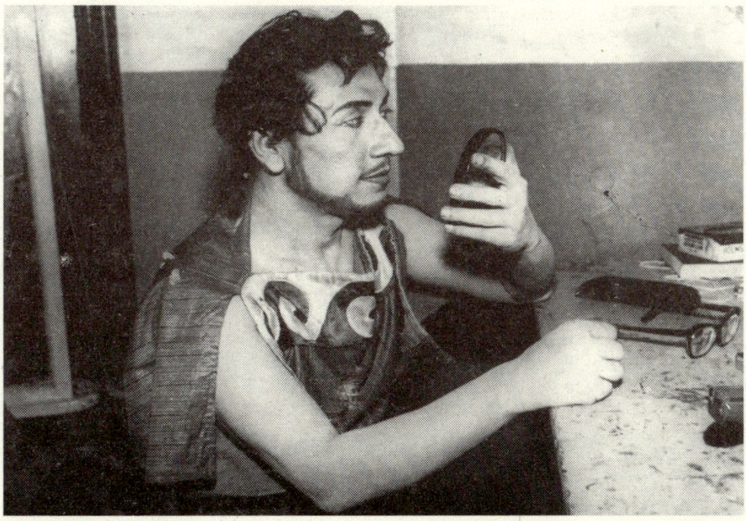

राजा आउदिपस की भूमिका के लिए मेक-अप करते हुए शम्भु मित्र। निर्देशक : शम्भु मित्र प्रस्तुति : बहुरूपी, कोलकाता (1964)

सेफ़ोक्लीज़ लिखित नाटक *राजा आउदिपस रेक्स* पर आधारित नाटक में आउदिपस की भूमिका में शम्भु मित्र एवं जुकास्टा की भूमिका में तृप्ति मित्र। . निर्देशक : शम्भु मित्र प्रस्तुति : बहुरूपी, कोलकाता (1964)

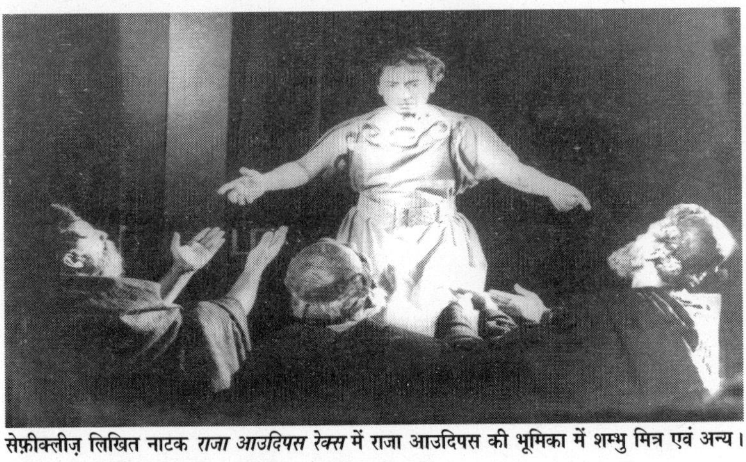

सेफ़ीक्लीज़ लिखित नाटक *राजा आउदिपस रेक्स* में राजा आउदिपस की भूमिका में शम्भु मित्र एवं अन्य। निर्देशक : शम्भु मित्र प्रस्तुति : बहुरूपी, कोलकाता (1964)

परिशिष्ट-2

निर्देशन एवं अभिनय

नाटक	नाटककार	भूमिका	नाट्य दल	दिनांक
जबानबन्दी	बिजन भट्टाचार्य	पराण मंडल	इप्टा	1943
अन्तिम अभिलाषा	बिजन भट्टाचार्य	पराण मंडल	इप्टा	1944
नबान्न	बिजन भट्टाचार्य	दयाल	बहुरूपी	13 सितम्बर 1948
पथिक	तुलसी लाहिड़ी	असीम राय	वही	16 अक्टूबर 1949
उलूखागड़ा	श्री संजीव	विनोद	वही	12 अगस्त 1950
छेंड़ा तार	तुलसी लाहिड़ी	रहीमुद्दीन	वही	17 दिसम्बर 1950
घूर्णि	शम्भु मित्र	केवल निर्देशन		14 दिसम्बर 1950
बिभाव	शम्भु मित्र	शम्भु	वही	20 अप्रैल 1951
चार अध्याय	रवीन्द्रनाथ ठाकुर	इन्द्रनाथ	वही	21 अगस्त 1951
दशचक्र	हेनेरिक इब्सन/शान्ति बसु	डॉ. पूर्णेन्दु गुहा	वही	1 जून 1952
स्वप्न	यूजीन ओ नील	केवल निर्देशन	वही	18 अप्रैल 1953
धर्माघात	मन्मथ रे	केवल निर्देशन/नटवर	वही	9 दिसम्बर 1953
रक्तकरबी	रवीन्द्रनाथ ठाकुर	राजा	वही	10 मई 1954
पुतुल खेला	हेनरिक इब्सन/शम्भु मित्र	तपन	वही	10 जनवरी 1958
मुक्तधारा	रवीन्द्रनाथ ठाकुर	कंकर	वही	15 दिसम्बर 1959

कांचनरंग	शम्भु मित्र-अमित मैत्र	पाँचू	वही	24 जनवरी 1961
विसर्जन	रवीन्द्रनाथ ठाकुर	जयसिंह	वही	11 नवम्बर 1962
राजा आउदिपस	सोफ़ोक्लीज़/शम्भु मित्र	राजा आउदिपस	वही	12 जून 1964
राजा	रवीन्द्रनाथ ठाकुर	राजा	वही	13 जून 1964
बर्बर बंशी	नितीश सेन	ज्ञात नहीं	वही	7 मई 1969
पागला घोड़ा	बादल सरकार	केवल निर्देशन	वही	28 फ़रवरी 1971
चोप, अदालत चलछे	विजय तेंडुलकर रूपा. एस.बी. जोशी-नीतीश सेन	केवल निर्देशन	वही	9 दिसम्बर 1971

अनुवाद एवं रूपान्तर

पुतुल खेला–इब्सन के ए डॉल्स हाउस का रूपान्तर (1958)
राजा आउदिपस–सोफ़ोक्लीज़ के ईडिपस का रूपान्तर (1969)

प्राप्त सम्मान

1. जागते रहो फ़िल्म के लिए कारलवी वैरी फ़िल्म फ़ेस्टिवल, ग्रां पी में पुरस्कृत (सून 1957)।
2. संगीत नाटक अकादमी का सम्मान (सन् 1959)
3. संगीत नाटक अकादमी के फ़ेलो (1966)
4. पद्मभूषण (सन् 1970)
5. रेमन मैगसेसे एवार्ड (सन् 1976)
6. कालिदास सम्मान (सन् 1983)
7. विश्वभारती विश्वविद्यालय द्वारा देशिकोत्तम सम्मान (सन् 1992)

❑❑